Mariée à un vétérinaire

*

Le secret du Dr Delgado

LUANA DaROSA

Mariée à un vétérinaire

Traduction française de
MARIE-JOSÉ LAMORLETTE

BLANCHE

HARLEQUIN

Collection : Blanche

Titre original :
THE VET'S CONVENIENT BRIDE

HARPERCOLLINS FRANCE
83-85, boulevard Vincent-Auriol, 75646 PARIS CEDEX 13
Service Clients — www.harlequin.fr
ISBN 978-2-2804-9928-6 — ISSN 0223-5056

Édité par HarperCollins France.
Composition et mise en pages Nord Compo.
Imprimé en avril 2024 par CPI Black Print (Barcelone)
en utilisant 100% d'électricité renouvelable.
Dépôt légal : mai 2024.

FSC
www.fsc.org
MIXTE
Papier issu de sources responsables
FSC® C159065

Pour limiter l'empreinte environnementale de ses livres, HarperCollins France s'engage à n'utiliser que du papier fabriqué à partir de bois provenant de forêts gérées durablement et de manière responsable.

1

Maria laissa échapper un profond soupir. Les nombreuses nuits sans sommeil des semaines précédentes l'avaient épuisée. Et elle n'en voyait pas la fin...

— Tu regardes de nouveau les comptes ?

Maria leva les yeux de son ordinateur. Avec un sourire reconnaissant, elle prit la tasse de café que sa sœur, Celine, lui tendait.

— *Obrigada*, c'est exactement ce qu'il me fallait, murmura-t-elle.

— Alors, où en est-on ?

Maria but une longue gorgée, se cachant derrière sa tasse afin d'éviter le regard perçant de sa sœur cadette.

— Cela... cela ne se présente pas trop bien, Celine, avoua-t-elle finalement avec un froncement de sourcils appuyé.

Le visage de sa sœur s'assombrit.

— Daniel nous a vraiment mises dans le pétrin, marmonna-t-elle, ce qui arracha un petit bruit moqueur à Maria.

— Pour le dire poliment !

Elle aurait employé des termes bien plus vulgaires pour décrire leur bon à rien de frère. Sans la malheureuse décision de ce dernier et la façon dont il avait trahi la famille, elle ne bataillerait pas ainsi pour que leur refuge animalier puisse rester ouvert.

Leur activité n'était pas vraiment rentable. Même si le refuge constituait un élément essentiel de la communauté de Santarém, le fruit de leur travail ne leur permettait pas de couvrir leurs besoins. Niché le long de l'Amazone et entouré par la forêt tropicale, ce lieu d'accueil venait en aide aux êtres les plus vulnérables de la société – les animaux sauvages. Ceux-ci ne pouvaient pas protester contre la déforestation et ses conséquences, aussi les grands-parents de Maria et Celine avaient-ils fondé cet asile pour eux. Les deux sœurs ne pouvaient peut-être pas arrêter la destruction de la forêt vierge, mais elles pouvaient au moins essayer d'en secourir les victimes.

Personne n'était au courant de leurs problèmes financiers. Elles n'avaient pas voulu s'en ouvrir aux habitants au grand cœur de Santarém, qui auraient probablement vendu leurs biens les plus précieux pour que le refuge de Rodrigo et Alma Dias perdure. Les parents de Maria avaient continué l'œuvre de ces derniers. Lorsqu'ils avaient quitté le Brésil pour passer leur retraite en Suisse, la responsabilité de poursuivre cette activité avait incombé à leurs enfants, Maria, Celine et Daniel.

Comme les animaux qu'ils recueillaient n'avaient pas de propriétaires, et donc personne pour payer leurs soins, les héritiers Dias comptaient presque exclusivement sur les donations de différents bienfaiteurs. La plus grande partie de leurs ressources provenait d'un riche entrepreneur du Minas Gerais – jusqu'à ce que Daniel parte avec la femme de ce dernier.

Les versements s'étaient arrêtés, et Maria n'avait pas réussi à attirer de nouveaux donateurs pour combler le trou dû à l'inconséquence de son frère. Elles avaient besoin de tellement d'argent pour rester à flot, tellement plus que les habitants de Santarém ne pourraient en fournir, qu'elle ne voulait rien leur demander. Car ces gens généreux, elle le savait, ne refuseraient pas de les aider – ils donneraient au-delà de leurs moyens.

Face à cette situation critique, il ne restait qu'une issue.

— Nous devons fermer, annonça Maria dans le silence qui s'était installé entre sa sœur et elle. Même avec les revenus de la clinique vétérinaire, nous sommes loin de pouvoir équilibrer les comptes.

Dans un ultime effort pour empêcher son héritage familial de disparaître, elle avait engagé un vétérinaire supplémentaire et s'était mise à offrir des soins pour toute sorte d'animaux domestiques.

Elle s'occupait des animaux exotiques et sauvages qui avaient besoin d'être réintégrés dans la nature, tandis que Celine couvrait les fermes des environs en tant que vétérinaire pour le bétail. Trois mois plus tôt, le Dr Rafael Pedro avait rejoint leur clinique.

Le regret lui contracta la poitrine quand elle pensa à Rafael. C'était un homme réservé, peu enclin à parler de lui-même, mais ils s'étaient liés d'amitié en partageant le même espace – à la fois au refuge et à la maison. Son contrat incluait l'usage de la chambre d'amis des Dias.

Leurs domaines d'intervention se recoupaient rarement. Néanmoins, une sorte de connivence s'était mise en place entre eux tandis qu'ils travaillaient à proximité l'un de l'autre, avec peut-être une aspiration voilée à une relation un peu plus poussée.

Leurs conversations tournaient presque toujours au flirt, un flirt anodin qui laissait Maria avec un goût d'inachevé. Il était indéniable qu'un léger trouble couvait entre eux, mais une frontière invisible l'empêchait de réagir à cette attirance. Elle était la patronne de Rafael, et même si elle ne s'était pas sentie attirée ainsi par un homme depuis longtemps, elle ne pouvait pas succomber aux charmes d'un employé. Ce serait susciter des problèmes jusque sous son propre toit. Elle ne savait même pas si Rafael était vraiment intéressé par elle, ou s'il se montrait simplement poli en se prêtant avec elle à ce jeu sensuel sans conséquence.

La dernière fois que quelqu'un lui avait fait des avances, elle avait été prise de court. Maurice, un *gringo* qui possédait une société offrant des tours en bateau sur l'Amazone, avait trouvé un serpent blessé. Au lieu de le tuer, il l'avait apporté à Maria afin qu'elle puisse le guérir et le relâcher dans la nature. Après ça, il était revenu deux ou trois fois avec des trouvailles faites le long du fleuve, et finalement il lui avait proposé de sortir avec lui.

Bien qu'il lui ait assez plu, leur relation n'avait rien donné – le travail et les responsabilités de Maria prenant la première place dans sa vie. Et cela n'avait pas changé. Si elle n'était pas au refuge, elle était chez elle, à s'occuper de sa nièce dont elle avait la charge.

Ce qui ne laissait pas de place à une romance, quoi qu'elle sentît dans l'air entre elle et Rafael.

Celine sembla avoir lu dans son esprit, car elle lui décocha un sourire malicieux.

— Peut-être que si Rafael n'est plus notre employé, tu pourras enfin l'inviter à sortir.

Maria leva les yeux au ciel, mais son pouls s'emballa aux mots de sa sœur. Elle devait reconnaître que son beau collègue captait son attention. Mais si ses bras musclés et son torse solide avaient piqué son intérêt dès son arrivée, c'était la chaleur de ses yeux noisette qui la troublait le plus. Et la façon dont il parlait aux animaux souffrants, les traitant avec autant de soin que s'il s'agissait de membres de sa famille, lui donnait effectivement envie d'envisager ce que Celine venait de suggérer. Mais elle ne se sentait pas libre. Quand son frère était parti avec sa maîtresse, il avait laissé derrière lui sa fille de douze ans, Mirabel, pour qui Maria incarnait maintenant une figure maternelle. Elle avait du mal à comprendre comment Daniel avait pu en arriver là, et il était encore plus difficile d'essayer de l'expliquer à sa nièce.

— Tu devrais peut-être le faire, toi, vu qu'il semble t'obséder, rétorqua Maria, ce qui provoqua le rire de Celine.

— Légalement, je suis toujours mariée, je te rappelle. Et en plus, ce n'est pas moi qui lui fais des yeux de biche chaque fois que je le vois.

— Je suis en train de te dire que nous devons fermer notre refuge, et tu ne peux parler que du séduisant vétérinaire que j'ai recruté ?

— Ah ! ainsi tu le trouves séduisant…

— Celine ! Comprends-tu ce que j'essaye de te dire ?

— Bien sûr, répondit sa sœur en soupirant. Que veux-tu que je te réponde ? Je suis dévastée à l'idée de fermer cet endroit, mais nous savons toutes les deux que nous avons tout tenté pour repousser l'inévitable.

Maria soupira à son tour, le cœur lourd.

— Je vais parler à Rafael avant d'appeler l'avocat. Il doit savoir qu'il est sur le point de perdre son travail.

Celine la rejoignit et lui tapota l'épaule pour la réconforter.

— Quand tu auras parlé à l'avocat, fais-moi savoir quelles seront nos prochaines étapes.

Maria acquiesça. Lorsque sa sœur referma la porte derrière elle, elle renversa la tête en arrière sur le dossier de son fauteuil de bureau. Elle ferma les yeux un instant, intimant à son cœur de se calmer.

Elle devait reconnaître sa défaite et se concentrer sur les besoins de sa nièce – même si cela reportait ses plans pour sa propre vie, de nouveau. Sa quête de l'amour, d'une personne avec qui fonder une famille, n'avait plus guère compté quand Mirabel avait été abandonnée par celui qui était censé prendre soin d'elle. Même avant, Maria avait ignoré pendant longtemps l'aspiration qui lui gonflait parfois la poitrine, voulant se consacrer d'abord à sa carrière. Elle s'était dit qu'à un moment donné tout se mettrait en place… Mais avait-elle laissé passer ce moment sans s'en rendre compte, en refusant obstinément de s'intéresser aux hommes ?

Elle ne devait même pas y penser. En particulier parce qu'elle n'avait pas demandé à l'objet de son attirance s'il ressentait la même envie qu'elle. Si elles fermaient le refuge, la clinique vétérinaire, plus lucrative, serait tout ce qui resterait. Et Maria avait beau souhaiter garder Rafael, elle était elle-même vétérinaire et n'aurait pas besoin d'un doublon qu'elle ne pourrait pas payer.

Elle allait devoir licencier Rafael sans attendre.

L'adorable et superbe Rafael. Les sourires innocents et les coups d'œil furtifs qu'ils échangeaient dans la journée étaient des moments de légèreté dans une vie professionnelle souvent rude. Elle accordait du prix à son amitié, et leur passion commune pour les animaux les avait tout de suite rapprochés. Renoncer à lui revenait à mettre du sel sur ses blessures.

Si seulement les choses avaient été différentes ! Dans des moments de calme, Maria aimait s'échapper dans un monde rêvé où son traître de frère et son compte bancaire vide ne pouvaient l'atteindre, et où il n'y avait de place que pour les doux baisers de son amant potentiel.

Non pas que Rafael ait jamais exprimé un tel désir pour elle, mais leur connivence existait bel et bien, accompagnée d'une agréable familiarité. Il était bon de l'avoir comme ami.

Maria soupira de nouveau et enfouit le visage dans ses mains. Cette simple amitié était peut-être pour le mieux. Avec la fermeture prochaine du refuge, elle passerait plus de temps avec sa nièce, en marge de la clinique. Elle serait suffisamment occupée pour ne pas avoir besoin d'ajouter une aventure romanesque à sa vie.

Il n'en restait pas moins que cette conversation allait être pénible.

Rafael était assis derrière le comptoir de la réception et tapait ses notes sur son ordinateur quand la porte de la clinique s'ouvrit.

— Désolé, nous sommes fermés, dit-il sans lever les yeux de son écran.

Mais le glissement de pieds nus sur le carrelage ne fit que s'approcher. Rafael était épuisé et ne pouvait vraiment pas prendre un autre client. Il était déjà plus de 21 heures, et il avait été réveillé aux aurores par un appel de Manuel, le propriétaire du café local. Son chien, Rex, avait fouillé dans un placard et s'était intoxiqué avec du chocolat.

Du fait de sa journée chargée, il avait manqué le dîner avec les sœurs Dias et les enfants. Même s'il n'était qu'un locataire, Maria l'avait régulièrement invité à dîner, jusqu'à ce que cela devienne une habitude. Ces repas décontractés qu'ils passaient à parler de leur travail étaient un moment fort de sa vie à Santarém – avec les marchés du dimanche auxquels ils allaient ensemble.

Rafael détestait manquer une de ces occasions de s'entretenir avec Maria, mais ce n'était pas lui qui décidait quand ses patients avaient besoin de lui.

Paulo, le fils âgé de dix ans d'Irina, qui tenait l'épicerie de la petite ville, portait une boîte en carton et paraissait soucieux. Rafael se leva, les sourcils froncés, et contourna le comptoir.

— Qu'y a-t-il, Paulo ?

— Ma *mãe* m'a dit d'apporter ça ici. Elle a dit que vous vous occupez des animaux perdus, répondit-il en mettant le carton dans les mains de Rafael.

Il le posa sur le comptoir et émit un sifflement en l'ouvrant pour regarder à l'intérieur. Un chaton était couché sur de l'herbe que la mère et le fils avaient ramassée pour rendre le carton plus confortable. Une partie de sa fourrure avait été arrachée au niveau du cou, et Rafael vit une profonde entaille au-dessous. Le sang avait déjà séché, fermant la blessure, mais on ne pouvait dire si des organes vitaux avaient été touchés.

— Où l'as-tu trouvé ? demanda-t-il au jeune garçon.

— Près du fleuve. Il était couché près d'un petit feu, mais il n'y avait personne.

Rafael hocha la tête, referma le carton et l'ôta du comptoir.

— Ce chaton pourrait avoir une chance de s'en sortir grâce à vous deux, dit-il avec un petit sourire et un signe de la main à Paulo qui s'en allait, soulagé.

Il passa dans la salle d'examen et installa l'animal blessé sur la table.

— Bon, nous allons regarder ça.

Il s'approcha et commença l'examen, avec douceur. Mais il se figea en voyant les rayures de la fourrure restante et fronça les sourcils.

— Toi, tu n'es pas un chat domestique...

Il souleva le petit animal, l'observa et lui ouvrit la gueule pour examiner ses dents.

— Es-tu un bébé ocelot ?

L'animal ne tressaillit même pas quand Rafael toucha sa blessure. Après quoi il lui prit sa température, qui était un peu élevée.

— Cela vient peut-être du stress, marmonna-t-il.

Il reposa la petite bête, le front plissé. Les grands chats sauvages qu'étaient les ocelots faisaient partie de la formation générale qu'il avait reçue à l'école vétérinaire, mais il n'en avait pas revu depuis. Néanmoins, il était assez sûr de ce qu'il devait faire – une échographie pour vérifier s'il n'y avait pas d'hémorragie interne, puis, si tout allait bien, des points de suture et un bandage. Après quoi il laisserait l'ocelot se reposer. Mais les anesthésiques étaient-ils les mêmes que pour les chats domestiques ? Le doute s'insinua dans son esprit, et il soupira. Il fallait qu'il voie ça avec Maria. Il jeta un coup d'œil à la pendule et fronça les sourcils. Il n'avait pas envie de la déranger aussi tard, même s'il savait qu'elle voudrait être au courant pour ce dernier patient.

Depuis que Rafael avait commencé à travailler à la clinique, la très belle propriétaire du refuge avait envahi tous ses moments de tranquillité. Chaque fois que son esprit vagabondait, il pensait inévitablement à elle, se demandant où elle était ou ce qu'elle faisait. Et elle lui manquait lorsqu'il ne l'avait pas vue pendant une journée.

Comment pouvait-il être déjà aussi attaché à elle, quand tout ce qu'ils faisaient était de parler du bien-être animal ? Était-ce ce genre de simplicité qui l'attirait chez elle, justement ?

Maria était différente de toutes les femmes qui avaient traversé sa vie. Ces dernières avaient souvent été des mondaines assoiffées de célébrité, avides de profiter de la fortune que promettait un mariage avec lui. Par la presse people et les réseaux sociaux, elles savaient que la personne qui épouserait Rafael Pedro débloquerait le fonds de garantie que ses célèbres grands-parents avaient constitué pour lui des années plus tôt.

L'une d'elle avait presque réussi à le piéger dans le mariage, manigançant tout si parfaitement qu'il n'avait rien soupçonné jusqu'à ce qu'il tombe par hasard sur la vérité. C'est à ce moment-là qu'il avait désavoué en bloc sa famille et l'amour, dédiant sa vie à son travail comme chirurgien vétérinaire.

Et Maria était son *amie*, une amie qu'il chérissait beaucoup plus qu'il ne l'avait prévu au départ – avec toute la communauté de Santarém. Ce qui, a priori, avait été censé n'être qu'une échappatoire le mettant à l'abri de ses parents était devenu pour lui un vrai foyer. C'était en grande partie grâce à Maria, qui avait pris le temps de se lier d'amitié avec lui et de lui présenter tous les habitants du village.

Il reconnaissait aisément tout cela. Cependant l'aspiration qui l'habitait se faisait plus forte, plus brûlante au fur et à mesure de leur collaboration. Et il devait éteindre rapidement ce qui s'épanouissait malgré lui dans sa poitrine – avant que ça échappe à son contrôle.

Rafael reprit l'ocelot et le plaça dans une petite cage où il serait bien pour la nuit. Le bâtiment principal était dédié au refuge. En plus de deux petites salles de soins, il y avait une salle d'opération et plusieurs pièces pour accueillir les caisses contenant leurs patients. Près de ce bâtiment se trouvait une maison plus petite où la famille Dias et lui vivaient, vers laquelle il se dirigea.

Il poussa un soupir soulagé quand il vit les lumières encore allumées dans la cuisine. Il ouvrit la porte et la referma doucement derrière lui pour ne pas réveiller les enfants. Maria était assise à la table, ses doigts délicats entourant une tasse de thé fumante. Son air complètement défait, lorsqu'elle leva les yeux vers lui, le figea. Un instant, il oublia pourquoi il était là tandis qu'un désir irrationnel de la protéger s'emparait de lui.

— Qu'est-il arrivé ? demanda-t-il sans réfléchir.

Il vit qu'elle était surprise, comme si elle n'avait pas réalisé qu'il la connaissait assez bien pour déchiffrer ses expressions.

Elle secoua la tête.

— Rien, répondit-elle un peu trop vite.

Il plissa les paupières, mais décida de ne pas insister. Il y avait des choses plus urgentes à régler, dans l'immédiat.

— J'ai besoin de vous pour une rapide consultation, dit-il, écartant ses sentiments et ses réactions malvenus envers Maria.

— Que se passe-t-il ?

Son air défait disparut, remplacé par une expression préoccupée tandis qu'elle se levait.

— Quelqu'un a amené un jeune ocelot avec une étrange blessure au couteau. Je ne sais pas très bien de quoi il s'agit, mais je voulais vérifier ce qu'il y a à faire, car je ne suis pas sûr de savoir à quel point le traitement des chats sauvages diffère de celui des chats domestiques.

Maria hocha la tête et passa devant lui, lui faisant signe de la suivre jusqu'à la clinique.

— Est-ce qu'ils ont arraché sa fourrure, aussi ?

Rafael acquiesça.

— Il a souffert et est fatigué. Je pensais faire une échographie avant de le recoudre.

Elle se mit à genoux devant la cage qui contenait l'ocelot et lui caressa le poitrail.

— Certaines personnes, dans la région, tuent rituellement des bébés ocelots ou des singes. De temps à autre, nous recueillons les sacrifices ratés pour les soigner.

— Quoi ? Les communautés indigènes ne feraient pas ça, n'est-ce pas ?

Maria secoua la tête.

— Elles connaissent la valeur de la vie d'un animal beaucoup mieux que nous. Non, c'est une secte occulte qui s'en prend aux animaux.

Rafael jura à mi-voix. Il était scandalisé.

— Il respire correctement, dit-il. Je ne pense pas qu'ils aient touché un de ses organes, mais sa température est élevée.

— Ce n'est peut-être que le stress, suggéra Maria. Donnez-moi l'échographe.

Il obéit, puis passa du gel sur le poitrail de l'ocelot avant que Maria pose la sonde sur la peau.

— Apparemment, il n'y a pas de blessure interne, dit-il.

— La lame a failli toucher cette artère, là.

— Devons-nous recoudre la plaie ?

Maria prit une éponge et la nettoya délicatement.

— Non. La blessure ne date que de deux ou trois heures. Nous ferions plus de mal que de bien en la recousant. Mieux vaut surveiller et intervenir si nous voyons une infection.

Elle saisit l'ocelot et le serra un instant sur sa poitrine, roucoulant en lui caressant la tête.

— Pauvre petite chose. Nous te remettrons dans la nature une fois que tu seras guéri.

Rafael sourit, appréciant la compassion qu'elle montrait. Sa profession regorgeait de gens dévoués et passionnés, mais depuis trois mois qu'il était ici Maria l'avait étonné par le soin qu'elle accordait à tous ceux qui franchissaient sa porte – animaux ou humains.

Quel dommage que les manigances de ses parents lui aient fait perdre toute confiance en une relation normale avec une femme, songea-t-il. Après avoir perdu la seule personne qu'il ait jamais aimée à cause des complots de sa famille, il ne se fiait plus facilement à quelqu'un. Laura – son ex – avait été de mèche avec ses parents depuis le début, lui chuchotant des mots doux et lui faisant croire qu'il pouvait enfin trouver l'amour. Y repenser ne faisait que renforcer les défenses qu'il avait dressées autour de son cœur.

Des défenses qui ne semblaient pas assez solides. Regarder Maria travailler avait un impact si profond sur lui qu'il se surprenait parfois à fantasmer sur le fait de l'avoir dans sa vie. Pour de bon. Pas seulement comme l'amie qu'elle était pour lui actuellement.

La part de lui qui avait été blessée par le passé le mettait en garde, lui recommandant la prudence, et ces avertissements se mélangeaient à la peur de perdre ce qu'il s'était bâti ici. Risquer l'amitié qu'ils partageaient pour avoir quelque chose de plus en valait-il la peine, alors qu'il craignait d'être irrémédiablement brisé ?

Maria sentait la chaleur du regard de Rafael sur sa nuque, ce qui la fit frissonner. Elle resta un moment immobile, bataillant pour trouver la force d'engager la conversation qu'elle devait avoir avec lui. Le fait qu'il soit resté plus tard pour soigner un ocelot blessé ne l'aidait pas ; cela accroissait encore son estime pour lui.

Elle se mordit la lèvre. Ses réactions étaient plus que ridicules. Au cours des trois mois où il avait été là, Rafael n'avait pas fait un seul geste montrant qu'il souhaitait davantage de sa part. Chaque fois qu'ils se parlaient, elle ne sentait entre eux qu'une familiarité détendue. Leurs petits flirts inoffensifs mis à part… Il n'y avait aucune raison pour qu'un simple regard lui enflamme ainsi la peau.

Prenant une grande inspiration, elle se redressa. Un silence embarrassé plana entre eux alors qu'ils se jetaient des coups d'œil hésitants. Comment entamait-on une telle conversation ? se demanda-t-elle, aux abois.

Elle déglutit péniblement avant d'ouvrir la bouche.

— Écoutez, pendant que nous sommes ici tous les deux…

Rafael se tourna vers elle, appuyant la hanche contre la table d'examen, et la regarda avec ces yeux noisette qui la faisaient fondre. Oh ! Seigneur, pourquoi s'était-elle laissée aller à flirter avec lui ? Maintenant, sa langue lui semblait trop épaisse pour sa bouche, et incapable de former les mots qu'elle devait prononcer.

— Le refuge ne marche pas très bien, en ce moment. Pour être honnête, cela dure depuis un certain temps.

Elle inspira, ses lèvres tremblant lorsqu'une préoccupation sincère s'alluma dans les yeux de Rafael.

— Est-ce ce qui vous tourmentait ces dernières semaines ? demanda-t-il.

Les yeux de Maria s'agrandirent à cette question. Elle repensa aux moments qu'ils avaient partagés depuis qu'elle s'était réveillée neuf jours plus tôt en admettant que le refuge devait fermer. Bien sûr, qu'il avait remarqué son air soucieux.

Elle ferma les yeux, se concentrant sur la tâche qui l'attendait. Son esprit s'égara, et une chaleur intense la gagna tandis qu'elle sentait l'attirance qui les liait se réveiller une fois de plus. C'était la dernière chose dont elle avait besoin.

Mais lorsqu'elle rouvrit les paupières, le visage de Rafael était si inquiet pour elle que la chaleur qui s'amassait au creux de son ventre se répandit dans toute sa personne.

— L'an dernier, nous avons perdu notre donateur principal. Depuis, nous avons bataillé pour garder la tête hors de l'eau. Ouvrir la clinique vétérinaire était la dernière chance de joindre les deux bouts avec les revenus supplémentaires qu'elle génère.

Elle se mordit la lèvre, heureuse que sa voix ne craque pas tandis qu'elle annonçait ces si mauvaises nouvelles.

Rafael croisa les bras, et un soupir souleva son torse.

— Comment pourrais-je vous aider ?

La main de Maria se porta à sa poitrine tandis que son pouls s'emballait. Même si elle savait déjà qu'il ne pouvait rien faire, sa question ébranla en elle un endroit sensible qu'elle souhaitait tenir caché. Pour se protéger. Maintenant qu'ils avaient engagé cette conversation, il allait bientôt partir, emportant avec lui une excitation et une attirance qu'elle n'avait pas éprouvées depuis si longtemps.

— Je ne vois pas, répondit-elle. À moins que vous ne connaissiez quelqu'un prêt à donner beaucoup d'argent, ajouta-t-elle avec un demi-sourire.

Une drôle d'expression passa sur le visage de Rafael, et une étrange acuité qu'elle ne comprit pas s'alluma dans ses yeux. Elle l'observa pendant qu'il prenait quelques inspirations, souhaitant connaître les pensées qui l'animaient.

— En fait, il se trouve que je connais quelqu'un qui serait prêt à devenir votre nouveau bienfaiteur.

Un froid surprenant envahit le corps de Maria tandis qu'elle digérait ses mots. Elle espérait désespérément qu'ils étaient vrais et qu'elle ne les imaginait pas simplement parce que c'étaient ceux qu'elle souhaitait entendre. Un nouveau bienfaiteur ? Quelqu'un pour remplacer celui dont Daniel les avait privées à cause de sa libido déplacée ?

— Quoi... ? Qui ?

Peu lui importait que le nom ne lui dise rien. S'il connaissait quelqu'un qui pourrait garder ouvertes les portes de leur refuge, elle se moquait du reste.

— Moi, répondit-il.

Cette fois ce fut une onde de chaleur qui la balaya, provoquant en elle une vraie tempête.

— Vous ? Mais... vous vivez dans ma chambre d'amis.

— Hélas ! mon argent est pour ainsi dire sous scellés.

Il détourna les yeux, des yeux où passa un éclair d'embarras.

— Mes grands-parents ont constitué pour chacun de leurs petits-enfants un important fonds de garantie, mais ils voulaient que l'argent qu'ils avaient durement gagné ne nous revienne que lorsque nous serions prêts à fonder notre propre famille. J'ai un frère et une sœur.

Les sourcils froncés, Maria plissa les paupières en le regardant. Qui étaient ses grands-parents, pour lui avoir laissé autant d'argent ?

— Sous scellés ? répéta-t-elle.

Il eut un petit rire, et ce son attisa encore la tempête qui agitait l'estomac de Maria.

— Ils ont ajouté une clause spéciale à leur testament : nous ne pourrons accéder à nos fonds qu'une fois mariés.

Le cœur de Maria bondit dans sa poitrine, heurtant ses côtes. Elle porta vivement les yeux à la main gauche de Rafael, mais n'y vit aucune alliance. S'il n'était pas marié, comment allait-il devenir leur nouveau bienfaiteur ?

La pensée de Rafael se mariant lui causa un léger choc, et elle secoua la tête pour se débarrasser de cette sensation.

— Si vous m'expliquez tout ça, j'imagine que vous n'êtes pas marié et que vous n'avez pas accès à vos fonds.

L'élan d'espoir qu'elle avait éprouvé un moment plus tôt disparut aussi vite qu'il était apparu.

— Non, je ne suis pas marié. Du moins, pas encore. Mais cela peut s'arranger, avec votre accord.

Il se tut un instant, et l'intensité qui brilla subitement dans ses yeux fit que le souffle de Maria se coinça dans sa gorge.

Elle ne pouvait rien entendre en dehors de son cœur qui tambourinait dans ses oreilles, alors qu'elle réalisait ce qu'il venait de suggérer. Ce qui se passait là ne pouvait pas être réel. Suggérait-il sérieusement qu'ils devraient se marier ? *Eux* ? Non, une chose pareille n'arrivait pas dans la vraie vie. C'était l'intrigue d'une *telenovela*, ces feuilletons télévisés qui passionnaient les Brésiliens.

— Je ne suis pas sûre de suivre, se força-t-elle à dire, sa voix lui semblant lointaine. Parce qu'à mon avis ce que vous dites n'a aucun sens.

— Maria, dit-il en s'approchant d'elle. Je pense que la solution à vos problèmes est de m'épouser.

2

Comme les mots tombaient de ses lèvres pour prendre vie, Rafael relâcha le souffle qu'il retenait. Un sentiment de panique l'avait saisi lorsqu'il avait réalisé ce que Maria était sur le point de faire. Le refuge n'avait plus d'argent, et s'il voulait garder son travail, aider son amie et rester près d'elle, il devait régler le problème.

Mais il n'y avait qu'une façon pour lui de le régler, et cela impliquait d'épouser Maria, par qui il avait été attiré depuis qu'il avait commencé à travailler là. Un acte dont il n'était pas sûr qu'il serait très intelligent, étant donné ce qui était en jeu. Connaissant les membres de sa famille, il savait qu'ils sortiraient du bois dès qu'ils réaliseraient qu'il était marié et avait accès à son argent – ce qui placerait Maria et les siens en ligne de mire. Ses parents, son frère et sa sœur avaient essayé pendant des années de mettre la main sur son héritage, et ils ne reculeraient devant rien pour s'en emparer.

S'ils n'avaient pas eu de scrupule pour payer une femme afin qu'elle feigne de tomber amoureuse de lui, ils trouveraient un moyen de tourner Maria contre lui – ou ils se serviraient de ses sentiments pour elle afin d'obtenir ce qu'ils voulaient. Cette pensée était déplaisante, et semait le doute dans son esprit alors qu'il souhaitait s'engager.

Sauver le refuge n'était-il pas le meilleur usage pour son argent, même si cela signifiait qu'il devrait renoncer à son emploi ? En effet, par précaution, il ne pourrait pas s'attarder à Santarém. Sa fortune lui avait empoisonné la vie depuis toujours, peut-être était-ce la seule façon de la rendre inoffensive.

Seulement, pouvait-il en toute conscience proposer une chose pareille à Maria ? Il savait qu'elle était quelqu'un de bien, une amie – et plus que ça dans ses rêves. Une personne, finalement, à qui il pouvait faire part d'une idée aussi saugrenue – même si elle le trouvait ridicule.

C'était un acte de foi, de sa part. Le pire qu'elle pourrait faire serait de dire non.

— Vous ne pouvez pas être sérieux, dit-elle, brisant le silence pesant qui régnait entre eux. Nous ne sommes pas…

— Ce serait par nécessité et rien d'autre. Si je peux fournir un certificat de mariage à la banque, ils débloqueront les fonds, et l'argent sera à moi – à vous, si vous le voulez.

Rafael hésita un instant. Il savait que Maria était dans une position vulnérable, et la dernière chose qu'il souhaitait était lui imposer une pression quelconque.

— Ce ne serait que temporaire. Quelques semaines pour toucher l'argent, puis nous pourrons demander le divorce, ajouta-t-il pour la rassurer, en voyant son regard sceptique.

Maria fit un pas en arrière, s'adossant à la table d'examen, les bras croisés sur la poitrine. Une myriade d'émotions passèrent sur son visage, chacune si fugace qu'il n'aurait su dire ce qu'elle avait à l'esprit. Il n'était pas sûr non plus de ce qu'il pensait, lui.

Même si cette proposition était une décision spontanée, née de la nécessité de trouver une solution à un problème urgent, il devenait plus convaincu de son bien-fondé à mesure que le moment se prolongeait. Son sacrifice vaudrait vraiment la peine s'il signifiait que le refuge pourrait rester en activité. Bien qu'il n'ait été là que depuis trois mois, les habitants de Santarém lui avaient tout de suite ouvert les bras, l'acceptant simplement parce qu'ils voyaient en lui l'âme errante qu'il était – et lui avaient offert un foyer. Ce qu'il n'avait pas eu pendant tant d'années.

N'était-ce pas à cela que son argent devrait servir ? Comment pourrait-il rester sans rien faire en regardant Maria et toute la petite ville souffrir d'une telle perte, alors qu'il avait tout ce qu'il fallait pour les aider ? Tout sauf une chose...

— C'est...

Maria s'arrêta, se frottant le visage des mains.

— Je ne peux pas croire que je prenne en considération une telle absurdité.

Sa voix trahissait son incrédulité – un sentiment qu'il comprenait très bien. Après tout, proposer le mariage à sa splendide patronne était une première pour lui aussi. Sa proposition impromptue n'avait peut-être pas été la façon la plus délicate de présenter la chose, mais Maria avait été sur le point de prendre une décision définitive au sujet du refuge, ignorant qu'il existait une solution pour le garder ouvert.

— J'admets très bien que vous ayez besoin de temps pour réfléchir, dit-il afin de dissiper la tension. Je veux juste que vous sachiez que je suis sérieux concernant cette affaire. À la fois pour vous donner l'argent nécessaire à votre refuge, et sur le fait que cet arrangement n'entraînera aucune obligation entre nous. Rien ne changera.

Inutile de lui révéler à quel point il avait résisté pour ne pas épouser les femmes que ses parents lui avaient constamment présentées – et que la seule qu'il avait songé à prendre pour épouse avait laissé en lui des cicatrices si profondes qu'il s'était juré de ne plus jamais s'attacher à quelqu'un. Pas tant que la malédiction de son héritage durerait. Une fois que les gens apprenaient combien il valait, leur perception de lui changeait.

Il espérait vivement que ce ne serait pas le cas là.

— Dans quel délai pourriez-vous avoir l'argent ? demanda Maria au bout d'un moment.

Sa question lui gonfla le cœur d'espoir.

— Dès que j'aurai transmis le certificat de mariage aux avocats, ça ne devrait pas prendre plus de quelques semaines.

Maria baissa les yeux sur ses pieds, donnant à Rafael un aperçu de la jolie courbe de son cou. Sa peau brune paraissait à la fois douce et vibrante, même à la lumière crue de la salle d'examen. Il dut réprimer l'impulsion de tendre la main pour la toucher, de promener les doigts sur les courbes sensuelles qu'il discernait sous l'uniforme qu'elle portait pour travailler. Une impulsion qu'il avait dû réprimer plus souvent qu'il n'aurait été prêt à l'admettre, durant les semaines précédentes. Sa gracieuse sensualité l'avait pénétré, et il avait constaté un jour que son regard s'attardait de plus en plus longtemps sur elle, alors qu'il n'avait pas à le faire.

Un parfum de fleurs printanières arriva jusqu'à ses narines, allumant en lui le désir qu'il combattait depuis si longtemps. L'envie de se rapprocher d'elle, de glisser les mains dans ses cheveux épais pour attirer son visage vers le sien le tortura. Il voulait inspecter ses lèvres rose foncé des yeux, puis de la bouche, pour s'assurer qu'elles étaient aussi douces qu'elles en avaient l'air. Il voulait regarder ses yeux bruns s'agrandir de surprise et de plaisir tandis qu'il l'explorerait longuement…

Sa gorge se serra. Sa proposition avait-elle été une bonne idée, ou avait-il juste offert quelque chose qu'il n'aurait pas dû offrir ?

L'air entre eux s'épaississait à chaque seconde de silence qui passait. Maria bataillait pour réconcilier la suggestion de Rafael et la réaction qu'elle avait eue après cette suggestion. Le mot « non » s'était immédiatement formé dans son esprit, mais ses lèvres avaient refusé de le prononcer. Bien sûr, qu'elle ne l'épouserait pas. Cette idée était ridicule. Alors pourquoi faisait-elle s'emballer son cœur ?

Les regards fugaces, les moments où ils travaillaient côte à côte, la chaude sensation que Rafael faisait naître sous sa peau – ces choses-là n'étaient pas censées exister. C'étaient de petits plaisirs qu'elle s'accordait, des fantaisies anodines pour une femme qui n'était pas disponible pour davantage. Pas quand elle se retrouvait avec une enfant à élever et des problèmes financiers croissants.

Tout ce qu'elle pouvait se permettre, c'était un « Et si ? » qui ne l'engageait à rien. Mirabel et le refuge lui prenaient tellement de temps et d'énergie qu'il n'y avait pas de place pour autre chose dans sa vie – en particulier sous la forme de Rafael. Sa seule présence dans la pièce exigeait tant d'elle. L'air devenait irrespirable, et elle ne pouvait penser qu'à ses lèvres pleines bougeant sur les siennes. Le tout s'accompagnant d'une question à laquelle elle ne parvenait pas à trouver de réponse.

— Pourquoi offrez-vous une chose pareille ? Qu'avez-vous à y gagner ?

Une question qui lui parut indélicate lorsqu'elle l'exprima, et la fit se crisper. Elle n'avait pas eu l'intention de l'accuser de quoi que ce soit. Rafael fronça légèrement les sourcils.

— Je...

Il s'arrêta, hésitant. Réfléchissait-il à ce qu'il pouvait retirer de la situation ?

— Vous êtes mon amie, et il se trouve que j'ai la solution à votre problème. Il est naturel que j'offre de vous aider, puisque j'en ai la possibilité.

Il haussa les épaules.

— Je vous demande quelque chose d'assez important en échange. Même si je n'en tire aucun bénéfice, je sais que c'est beaucoup exiger de vous.

Maria hocha la tête, sa suspicion fondant sous le regard concerné que Rafael lui lançait. Le dernier homme à qui elle s'était fiée avait été son frère, et il l'avait trahie dans de si grandes largeurs qu'elle avait du mal maintenant à faire confiance à quelqu'un – même à l'homme qui était devenu son ami au cours des semaines précédentes. Et qui deviendrait davantage si elle l'écoutait...

— Combien pensez-vous recevoir ? demanda-t-elle avec une légère hésitation.

Elle n'était pas sûre de vouloir le savoir. Mais l'assurance avec laquelle il avait proposé ce faux mariage lui faisait penser qu'il s'agissait d'une belle somme.

Pourquoi posait-elle la question ? Ce n'était pas comme si elle allait dire oui ! C'était impensable. Lorsqu'elle songeait à son futur mari, elle voyait un homme avec qui elle aurait un lien profond, un homme lui offrant une union aussi harmonieuse que celle de ses parents. Mais ce prince charmant n'était nulle part en vue, et elle s'inquiétait d'avoir repoussé trop longtemps le moment de le chercher. Était-ce ainsi qu'elle allait se marier, finalement ? Par convenance, et non par amour ?

Rafael sourit comme pour cacher son embarras.

— Mes grands-parents ont amassé une grande fortune durant leur carrière. Ils ont légué beaucoup d'argent à leur fils, mon père. Mais leurs petits-enfants n'ont pas à se plaindre.

Il hésita un instant, plissant ses yeux noisette pour la regarder, ce qui fit passer un frisson sur son échine.

— J'attends environ soixante-quinze millions de *reais*.

Un silence de plomb tomba sur la pièce, au point que Maria put entendre les animaux qui bougeaient dans leurs cages dans la pièce voisine. Incapable de prendre la mesure d'une somme pareille, elle avait la bouche sèche.

— Soixante-quinze millions ? répéta-t-elle.

Avec une réserve de cette importance, elle n'aurait plus jamais à se soucier de trouver d'autres donations. Mais pourquoi avait-il proposé ce mariage ? Parce qu'il voulait avoir lui-même accès à son argent ? Elle n'était toujours pas sûre de comprendre ses motivations.

Pourquoi ne pas choisir quelqu'un à épouser pour de bon ? Il avait tout ce qui ferait se pâmer une femme. Un beau visage, des cheveux ondulés juste assez longs pour passer les doigts dedans, une carrure athlétique contre laquelle se laisser aller avec délice et les yeux les plus séduisants qu'elle avait jamais vus. Les regards sombres qu'il lui lançait quand ils se croisaient la faisaient frissonner en secret.

Il pourrait trouver une femme à aimer, et dont prendre soin. Pourquoi se donner de la peine avec une fausse épouse quand il pourrait en trouver une vraie en l'affaire de quelques semaines ?

Les yeux de Maria se posèrent sur la pendule accrochée au mur.

— Allons à la cuisine et prenons place à la table, dit-elle. Une telle discussion mérite une autre tasse de thé.

Il fallait aussi qu'elle regagne la maison au cas où l'une des filles aurait besoin d'elle, car sa sœur, comme souvent, travaillait ce soir-là.

Personne n'était dans la cuisine et la salle de séjour quand ils arrivèrent – à part le grand danois, Alexandre, qui reprit aussitôt son somme. Maria mit la bouilloire à chauffer et prépara deux tasses d'earl grey, la tête bruissant encore de toutes les informations que Rafael lui avait données. Lorsqu'elle s'assit en face de lui, elle réussit à le regarder de nouveau en lui tendant une tasse fumante. Le voir installé à sa table était devenu si normal… Trop normal, en fait. Partager ces moments avec lui était quelque chose qu'elle chérissait. Cela disparaîtrait-il s'ils concluaient un faux mariage ?

— Qui étaient vos grands-parents, pour avoir acquis une telle fortune ? demanda-t-elle.

Cela l'intriguait depuis qu'il avait révélé l'importance de son héritage.

— Ils ont investi dans une société de production qui montait des *telenovelas*, répondit-il brièvement, des feuilletons qui ont connu un grand succès.

Maria se mordit la lèvre pour ne pas en demander plus. Ses grands-parents avaient mis le mariage comme condition à leur héritage. Pour que leurs petits-enfants suivent leur exemple, s'ils avaient connu une union harmonieuse ?

— Comment les choses se passeraient-elles ? Nous signons un papier, et ça suffit ? Comment nous imaginez-vous… au travail, une fois mariés ?

La pensée que c'était un type de situation où il fallait dire « nous » était si étrange pour elle que son cœur se contracta dans sa poitrine.

Rafael baissa les yeux sur son thé, ses longs doigts jouant nerveusement avec le sachet – ce qui ne lui ressemblait pas. Au travail, il émanait de lui une assurance qui la fascinait. L'idée d'être mariée à cet homme provoquait en elle une multitude d'émotions contradictoires, et elle avait du mal à se concentrer sur ses pensées.

Si jamais elle acceptait, ce mariage ne serait pas effectif. Même s'ils signaient un papier, cela ne ferait pas d'eux un couple au vrai sens du terme. Il leur manquerait l'engagement, l'attention portée à l'autre, l'amour et les relations physiques. Les fondements d'un partenariat authentique.

— Je n'ai pas vu aussi loin, répondit enfin Rafael. Jusqu'au moment où je vous ai proposé cette idée, elle ne m'avait pas effleuré. Mais quand vous avez parlé de vos problèmes financiers, j'ai voulu vous aider. Faire partie de la communauté de Santarém est devenu important pour moi.

Il y avait autre chose, elle en était sûre. Elle avait le sentiment qu'il ne voulait pas jouer cartes sur table. Était-ce à cause de sa famille ? Elle devinait l'existence de certaines tensions et avait envie d'en savoir plus.

Il but une gorgée de thé et reprit :

— Nous pouvons aller à Manaus et rencontrer mon avocat. Je suis certain que nous pourrons nous entendre sur les conditions de cette... union. Si cet accord nous convient à tous les deux, nous nous rendrons au palais de justice pour y être mariés.

Maria scrutait son visage pendant qu'il parlait, cherchant à y déceler une expression qui l'éclairerait sur ses intentions. N'importe quoi qui hisse un drapeau rouge, un indice l'avertissant de ne pas se lancer dans cette histoire – alors qu'elle était si près de le faire... C'était la solution inattendue pour laquelle elle avait prié depuis que Daniel était parti.

Tandis qu'elle considérait sa proposition, elle réalisa qu'elle pourrait sacrifier beaucoup pour sauver son refuge. Le principal étant que si elle suivait Rafael dans cette voie, elle fermerait à jamais la porte à l'attirance qu'elle éprouvait pour lui. Leur tractation altérerait ce qui les liait, quoi que ce soit. Cela pourrait même modifier leur amitié.

— Très bien, dit-elle, si nous devons en arriver là, il faudra traiter ce mariage comme un arrangement d'affaires et rien d'autre. Il n'est pas question que des sentiments interviennent entre nous parce que nous serons prétendument mariés et forcés d'agir comme tels de temps à autre.

Elle marqua une pause pour mettre l'accent sur un élément que ni l'un ni l'autre n'avait reconnu ouvertement depuis l'arrivée de Rafael.

— Plus de flirt entre nous. Cela ne ferait que brouiller les choses.

Voilà. C'étaient ses conditions. Une part d'elle-même était convaincue de faire une grosse erreur, certaine que deux personnes ne pouvaient pas se marier juste par intérêt. Cela contredisait tout ce qu'elle avait toujours cru du mariage. Sauf qu'il ne s'agirait pas là d'un mariage réel. Et elle ferait n'importe quoi pour sauver l'héritage de sa famille, pour continuer à aider les animaux les plus vulnérables qui dépendaient d'elle pour être soignés et mis en sûreté.

Sa mère avait tant sacrifié pour ce refuge ; elle ne pouvait pas laisser l'inconséquence de son frère mettre un terme à ce qui était l'engagement d'une vie. La pensée de devoir y renoncer l'avait privée de sommeil, lui avait ôté sa confiance en elle et sa motivation. Elle ne pouvait pas lâcher ce qui lui apportait tant de joie, ce à quoi elle avait voué son existence. En particulier quand il y avait une solution à portée de main. Et peu importait la façon étrange dont cette opportunité avait fait irruption dans sa vie.

Une expression de surprise passa sur le visage de Rafael. Avait-il cru qu'elle refuserait ?

Rafael ne s'était pas rendu compte qu'il retenait son souffle. Il le relâcha, vidant ses poumons dans l'air chaud du soir. Elle avait accepté. La réponse qu'il avait espérée, en dépit de ses appréhensions.

Il ne faisait pas de doute dans son esprit que sa famille aurait tôt ou tard vent de cet arrangement. Le besoin que ses parents avaient de sa fortune était bien trop grand pour qu'ils le laissent vivre sa vie en paix. Dès l'instant où leur société de médias avait commencé à perdre de l'argent, ils lui avaient réclamé d'investir dedans – en brandissant comme une arme leur statut de parents, le côté sacré de la famille dans un pays comme le leur. Ils voulaient atteindre le même degré de réussite que ses grands-parents, et il avait appris par de nombreux et pénibles exemples que rien ne les arrêterait dans leur quête. Par leur duperie, ils lui avaient fait perdre à jamais sa confiance dans l'amour vrai.

Ce qui le poussait à remettre sa décision en question était le doux parfum de fleurs printanières qui venait jusqu'à ses narines tandis qu'il observait Maria. C'était un parfum auquel il souhaitait s'habituer, un parfum qu'il brûlait de sentir dans sa chambre en s'endormant – ce qui était à l'opposé des mots qu'elle venait de prononcer.

Maintenant, il lui fallait oublier la fragrance sensuelle que cette femme laissait sur son passage. Cet arrangement ne marcherait pas s'il laissait son attirance pour elle prendre le dessus.

— Ces conditions me semblent raisonnables, dit-il. Et plus de flirt, c'est entendu.

— Alors que faisons-nous, à présent ?

Maria fixa sa tasse, ses cheveux cachant à moitié son visage et ajoutant au mystère presque irrésistible qu'elle incarnait.

— J'appellerai mon avocat demain matin pour mettre les choses en route. Je vous ferai savoir quels documents il lui faudra. Une fois que nous aurons un rendez-vous au tribunal, nous nous rendrons à Manaus.

Tandis qu'il dressait la liste des démarches qu'ils auraient à faire, il la regarda de nouveau, voulant voir si elle était à l'aise avec ce plan. Il l'avait assaillie d'informations capitales. L'accord qu'ils passeraient serait surtout pour son bénéfice à elle, se dit-il. Lui n'avait pas besoin d'un papier pour se sentir redevable de ce qu'il lui avait promis, et il savait sans le moindre doute qu'elle n'abuserait pas de leur faux mariage. Son intégrité se voyait dans chacune de ses actions, ce qu'il admirait chez elle. Mais il comprenait qu'elle ait besoin de preuves pour être sûre que ses intentions à lui étaient sérieuses.

Elle sortit son téléphone de sa poche et fit défiler l'écran quelques instants.

— Que diriez-vous de vendredi prochain ? Celine peut s'occuper de la clinique, ce jour-là. Je lui dirai juste que nous devons nous rendre tous les deux à Manaus pour nous occuper d'un cas, et elle veillera sur les enfants.

Vendredi ? Déjà ?

Rafael savait qu'ils devraient respecter des délais assez brefs, mais il ne s'était pas attendu que cela arrive si vite. Qu'avait-il escompté ? Il ne le savait pas très bien, sauf que cette date lui semblait très proche, tout à coup.

— Je vais voir avec mon avocat si nous pouvons avoir un rendez-vous vendredi prochain. Simplement...

Il hésita.

— Prenez le temps de réfléchir.

Maria hocha la tête et se leva, repoussant sa chaise.

— Je passerai voir l'ocelot demain.

— Merci.

Rafael sourit, et son cœur manqua un battement quand elle releva la tête pour lui répondre, mettant sur son visage une lumière qui était aussi captivante qu'elle l'était, elle. Leurs yeux restèrent joints une seconde, et il combattit l'envie de tendre la main, brûlant de sentir son doux sourire sous ses doigts.

Pourquoi ces aspirations se faisaient-elles jour maintenant, alors que l'enjeu entre eux était plus important ? Une explication lui vint à l'esprit : se pourrait-il qu'il ait eu l'idée de faire cette proposition à Maria en raison de ce qui couvait entre eux, justement ?

3

Ils allaient vraiment le faire. Grâce à ses relations, l'avocat de Rafael avait réussi à leur obtenir un rendez-vous au palais de justice une semaine plus tard. Cela faisait-il seulement sept jours qu'ils avaient concocté ce plan démentiel ? Le cœur de Maria tambourinait contre ses côtes, et un flux nerveux parcourait son corps tandis qu'elle était assise dans un fauteuil en cuir de l'opulent bureau de Me Sebastião Pardo.

Une partie d'elle-même se demandait encore si cette histoire était une bonne idée – question à laquelle elle n'avait pas de réponse. Techniquement, non. Épouser l'homme qui l'avait attirée dès qu'il avait franchi le seuil de son refuge était une très mauvaise initiative. Et le mariage était un acte si intime, un acte qu'elle voulait vivre pour de bon comme ses parents et ses grands-parents. Avait-elle attendu trop longtemps pour se mettre en quête de la bonne personne avec qui fonder une famille ?

Elle avait toujours pensé qu'elle avait du temps devant elle pour s'occuper d'abord du refuge, et qu'elle pourrait penser à l'amour après. Mais les batailles qu'elle avait dû mener l'avaient forcée à renoncer à ce plan.

Et maintenant elle se retrouvait face à un mariage blanc qui l'empêcherait de nouveau de chercher ce qu'elle désirait vraiment, une relation vraie. Mais – et cet argument l'emportait dans toutes les disputes intérieures qu'elle avait avec elle-même – elle n'avait pas eu d'autre choix. L'argent que Rafael lui promettait permettrait au refuge de rester ouvert pendant quelques années au moins, lui laissant le temps de trouver un autre donateur permanent. En regardant le papier que l'avocat lui tendait, elle mesura une fois de plus de quelle somme énorme ils parlaient.

— Vous allez vraiment me donner ça ?

La voix de Maria n'était qu'un murmure tandis qu'elle regardait fixement le document. Il s'agissait là de tellement plus que ce que sa signature pouvait valoir !

Depuis l'heure qu'ils avaient passée ensemble dans l'avion, ses sens bourdonnaient. Elle avait une conscience aiguë de l'homme assis près d'elle. Et la raison pour laquelle elle avait insisté sur le fait qu'ils ne flirteraient plus s'estompa dans son esprit. Pourquoi avait-elle posé cette condition, alors que ces moments partagés étaient ceux qu'elle attendait avec le plus d'impatience durant sa journée ?

— Cette somme est déjà promise à votre refuge et vous sera versée dès que la banque débloquera les fonds, répondit Rafael. Je pense que vous trouvez le reste des termes acceptable, non ?

Sans doute amusé par son choc, il sourit. Il avait dû grandir dans la richesse, à voir l'aisance avec laquelle il naviguait dans cette situation. Maria sentit ses paumes moites, alors qu'il paraissait calme et posé.

L'accord stipulait que ni l'un ni l'autre ne demanderait de partage des biens conjugaux ni de prestation compensatoire lorsqu'ils négocieraient leur divorce. Maria n'avait pas besoin d'un papier pour s'en tenir à ça. Puisque ce n'était pas un vrai mariage, elle ne voulait rien qui appartienne à Rafael.

— Combien de temps ceci… va-t-il durer ? demanda-t-elle.

Elle s'aperçut qu'elle ne savait même pas combien de temps elle devait s'attendre à rester mariée avec lui.

— La bureaucratie peut être lente, répondit le jeune avocat. L'état-civil peut prendre jusqu'à six mois pour délivrer un acte de mariage définitif. Mais en général il arrive dans les trente jours.

Maria décocha un regard interrogateur à Rafael. Elle savait

qu'il y avait beaucoup de choses qu'il ne lui disait pas – comme sa motivation profonde. Il affirmait qu'il voulait seulement l'aider, qu'il ne supportait pas de regarder une amie se débattre dans les difficultés. Mais était-ce vraiment tout ce qu'il y avait ? La trahison de son frère avait-elle ébranlé pour toujours sa confiance dans les bonnes intentions des autres, ou son intuition que Rafael avait ses propres raisons était-elle juste ?

— Avant que vous partiez, je dois vous dire que j'ai demandé à mon assistante de changer votre réservation à l'hôtel pour prendre une seule chambre, dit Sebastião en regardant Rafael.

Les sourcils de ce dernier se haussèrent, reflétant la surprise de Maria. Une chaleur soudaine et intense cascada à travers son corps, agaçant les terminaisons de ses nerfs déjà ébranlés. Ils devraient partager une chambre d'hôtel ? Elle porta vivement les yeux vers Rafael, et sa nervosité dut se lire sur son visage, car il se tourna vers l'avocat.

— Est-ce bien nécessaire ? Ce n'est que pour une nuit, et c'est vous qui avez réservé aussi les billets d'avion. Ils ne peuvent pas savoir que je suis ici.

Les oreilles de Maria se dressèrent à cette dernière phrase. Qui étaient ces « ils » ? Sa famille ? Des personnes mal intentionnées ?

L'avocat haussa les épaules, comme s'il s'attendait à cette protestation de son client.

— Vous les sous-estimez, Rafa. Ils vous épient peut-être de plus près que vous ne le pensez.

Rafael se figea un instant. Ses yeux foncèrent et prirent un éclat dangereux qui fit passer un frisson sur l'échine de Maria. Qui que soient ces gens, ils n'étaient pas en bons termes avec Rafael. Et à voir l'expression de son regard, elle sut que jamais elle ne voudrait être son ennemie.

Un étrange désir de le protéger s'empara d'elle. Que lui voulaient ces personnes ?

— Entendu, dit-il d'une voix lasse, et il prit un stylo pour signer leur accord.

Il passa ensuite le stylo à Maria, qui s'aperçut que ses mains tremblaient quand elle le saisit. Il avait dû le remarquer aussi, car un pli apparut entre ses sourcils.

— Maria, est-ce que vous êtes...

— Tout va bien, affirma-t-elle en carrant les épaules.

Pendant la majeure partie de sa vie d'adulte, elle avait relevé des défis. Elle avait géré le refuge toute seule, et quand son frère était parti elle s'était occupée de sa nièce comme si elle était sa propre fille. Ce n'était pas un petit bout de papier qui allait la vaincre. Surtout pas quand ce bout de papier lui promettait tout ce dont elle avait besoin pour un avenir meilleur.

Tout sauf peut-être une chose.

C'est ce que chuchota une petite voix dans sa tête tandis qu'elle griffonnait sa signature. Concernant Rafael, le fantasme qu'elle avait été tentée de faire devenir réalité avait maintenant disparu. Malgré les difficultés et les batailles des mois précédents, elle croyait toujours à l'amour et désirait trouver la personne qui la complèterait vraiment. Au fil des années, elle avait ignoré ses propres rêves et ses propres désirs parce que ce n'était jamais le moment. Et elle continuait à les ignorer maintenant en s'engageant dans ce faux mariage... même si, parfois, elle se surprenait à rêver de plus.

En secouant la tête, elle chassa ces pensées et rendit le document à l'avocat.

— Et maintenant ? demanda-t-elle en s'éclaircissant la voix, troublée.

— Une voiture vous attend pour vous conduire au tribunal. Un de mes clercs a pris rendez-vous pour vous, si bien que vous passerez sans attendre.

L'avocat se leva de son fauteuil et tendit le bras par-dessus son bureau pour serrer la main de Rafael, avant de se tourner vers

Maria. Elle prit sa main et afficha sur son visage son sourire le plus convaincant.

Encore un papier, et son refuge serait sauvé.

L'atmosphère du tribunal était très différente de ce à quoi Rafael s'était attendu. Des couples d'âges divers étaient assis dans la salle d'attente, certains sur leur trente et un, d'autres plus décontractés. Ils avaient en commun l'aura qui les entourait, une aura de tranquille célébration… et d'amour.

Ce constat fit passer un frisson sur son échine. À côté d'eux, Maria et lui devaient paraître bien ternes. Jadis, il s'était trouvé dans le camp de ces personnes, excité à l'idée de passer le reste de sa vie avec la femme dont il était tombé amoureux – pour se rendre compte finalement qu'elle n'en voulait qu'à son argent. Aucun moment de sa vie n'avait été aussi douloureux, lui enseignant une leçon qu'il n'oublierait jamais. À partir du moment où une relation débloquerait son héritage, il devait en conclure que l'autre partie ne serait pas sincère. Il ne pourrait plus faire confiance à personne. La seule raison pour laquelle Maria était différente, c'était parce que les choses étaient claires entre eux et qu'ils étaient amis. Des amis qui échangeaient peut-être des regards brûlants, mais des amis quand même. Elle n'avait jamais prétendu être autre chose.

— On dirait que nous ne reflétons pas l'humeur générale, murmura-t-elle, faisant la même observation que lui.

Ses paroles le calmèrent. Au moins, ils admettaient tous les deux que la situation était… étrange.

— Vous ne ratez ça que pour une brève période. Je suis sûr que vous connaîtrez cet aspect du mariage lorsque tout ceci sera terminé, dit-il, en espérant que son sourire paraisse plus sincère qu'il ne l'était.

L'idée de Maria avec un autre homme le dérangeait curieusement. Un élan de colère l'envahit, qu'il s'empressa de contenir. Elle n'était pas sienne et ne le serait jamais. La rage ne pourrait rien y changer.

Dès qu'ils se présentèrent au bureau d'accueil, un employé les fit passer dans une autre salle, avec d'autres personnes qui attendaient d'être mariés. Certains couples étaient venus avec leur famille. Il s'imagina la sienne debout à côté d'eux, et son sourire s'évanouit. Même si ça avait été un vrai mariage, ils auraient trouvé un moyen d'interférer pour avoir ce qu'ils voulaient. Ils auraient menti, trompé, tournant contre lui ses sentiments pour Maria. Ou pis, ils l'auraient convaincue qu'il n'était pas fiable, qu'il représentait un problème à éviter à tout prix.

Son sang se glaça dans ses veines. Plus vite il pourrait donner l'argent à Maria et disparaître, mieux ce serait.

Trente jours, avait dit Sebastião. Dans trente jours, il serait en chemin pour se trouver un autre endroit où il pourrait se sentir à sa place. Il avait pensé l'avoir trouvé à Santarém, mais il ne pourrait pas y rester.

Quitter la petite ville qui l'avait accueilli avec tant de chaleur serait dur. Mais son avocat avait raison. Sa famille avait déjà lancé des détectives privés à ses trousses, par le passé. Il devrait rester sous les radars jusqu'à ce que tout soit terminé. Qui savait ce qu'ils inventeraient s'ils apprenaient qu'il s'était marié ? Ils pourraient essayer de mettre la main sur son argent avant qu'il puisse le virer au refuge. En toute conscience, il ne pouvait pas introduire cette énergie toxique dans le monde de Maria alors qu'elle avait une enfant à protéger.

Il tourna le regard vers elle alors qu'ils suivaient un huissier dans un couloir. Il ne lui avait jamais demandé quelles circonstances avaient amené sa nièce à vivre avec elle. Cela avait-il un rapport avec leurs difficultés financières ? Avait-elle un autre frère ou une autre sœur qui était mort, sa disparition les plongeant dans des soucis financiers ? Il retint cette question qui lui brûlait les lèvres lorsqu'ils s'arrêtèrent devant un autre bureau.

— Docteur Pedro et docteur Dias ? Oui, je vous ai sur ma liste. Veuillez suivre ma collègue.

La réceptionniste fit un signe à une autre employée et lui tendit l'enveloppe qui contenait tous les documents nécessaires. Peu après, ils franchirent une nouvelle porte.

— Le juge va vous recevoir, dit la femme en remettant l'enveloppe à Rafael.

La salle contenait un bureau, au fond, et des rangées de sièges. Un couple était assis au premier rang, entouré d'amis qui parlaient à voix basse. Rafael leur jeta un coup d'œil avant d'offrir un siège à Maria et de s'asseoir à côté d'elle. Il remarqua ses doigts entrelacés, posés sur ses genoux. Le dos raide, elle regardait droit devant elle avec une expression indéchiffrable.

— Ça va ? lui demanda-t-il.

Elle hocha la tête, les lèvres serrées.

— Puis-je vous poser une question ? demanda-t-elle après un silence prolongé.

Sa voix basse et mélodieuse transperça la peau de Rafael et alluma une étrange chaleur dans sa poitrine.

— Ce que vous voudrez.

— Par qui avez-vous si peur d'être trouvé ?

Elle releva ses yeux bruns, les paupières plissées. Rafael hésita et prit une grande inspiration. Il ne pouvait nier qu'elle méritait la vérité, au moins en partie. En dépit de ses efforts, il allait la placer en première ligne.

— Par mes parents, surtout. Ils ont essayé depuis pas mal de temps de me faire épouser une partenaire de leur choix, pour s'emparer de mon argent. Ils ont fait de mauvaises affaires et ont fait pression sur ma sœur, mon frère et moi, pour que nous investissions dans leur société. Comme mon frère et ma sœur visent la même notoriété que mes grands-parents, ils ont sauté sur l'occasion – et ont tout perdu.

Les traits de Maria s'adoucirent, et une lueur de compréhension s'alluma dans ses yeux.

— Vous les avez fuis aussi loin que vous avez pu. Je me demandais ce qui vous avait amené à Santarém. Quand des gens arrivent chez nous, c'est en général à cause de problèmes personnels.

Rafael hocha la tête, étonné de pouvoir parler si calmement de ses parents.

— Je savais que si je restais près d'eux, ils finiraient par m'avoir à l'usure. La famille compte beaucoup, dans notre culture – et échapper à une famille toxique est très dur.

Son cœur se contracta quand Maria acquiesça d'un air concerné. Il comprit qu'elle avait vécu quelque chose de similaire. L'envie de toucher son visage et d'effacer le léger pli entre ses sourcils le saisit, et il ferma le poing pour résister.

— Bon, et qui étaient vos grands-parents ? Ils devaient être très célèbres, pour être aussi riches.

Elle sourit. Sa curiosité fit du bien à Rafael. Il n'aimait guère parler de ses grands-parents, mais c'était mieux que céder à son envie de la toucher.

— C'était un couple d'acteurs qui a eu un immense succès dans des *telenovelas* des années 1960.

Il marqua une pause, un sourire ironique relevant les coins de sa bouche. La suite paraissait incroyable.

— Ils étaient surtout connus pour leurs rôles dans une histoire d'amour qui se déroulait dans… une clinique vétérinaire.

Les yeux de Maria s'agrandirent, et elle rougit d'une façon délicieuse. De nouveau, il fut tenté de toucher sa peau délicate.

— Non ! Vos grands-parents étaient les héros de *De l'amour et des pattes* ?

Rafael grogna.

— De grâce, ne me dites pas que vous l'avez regardée !

— Vous plaisantez ? Celine et moi la regardions avec notre mère. Elle dit qu'elle est devenue vétérinaire à cause de ce feuilleton. Sans ça, elle n'aurait jamais rencontré mon père.

Maria rit, d'un rire clair et joyeux. Le cœur de Rafael eut un soubresaut, et il eut du mal à respirer pendant un instant.

— Est-ce qu'ils n'ont pas exporté *De l'amour et des pattes* aux États-Unis ? demanda-t-elle, ignorant la chaleur qu'elle faisait cascader dans son corps.

Il acquiesça.

— C'est là qu'ils ont bâti la fortune que leurs descendants ont dilapidée dans leurs tentatives de devenir aussi célèbres qu'eux.

Elle baissa les yeux, perdant son sourire.

— Apparemment, personne n'échappe aux drames familiaux.

— Vous parlez d'expérience ?

Sa question dut toucher un point sensible, car une expression blessée passa sur les beaux traits de Maria. Puis elle releva les murs de ses défenses, le laissant à l'extérieur.

Le juge appela leurs noms, et tous deux se raidirent, revenant à la réalité.

— Vous êtes prête ? demanda Rafael.

Elle hocha la tête et déclara fermement :

— Allons-y.

L'autre couple et leurs amis étaient toujours assis au premier rang, attendant leur tour, quand Rafael et Maria s'approchèrent du bureau. Elle sentit son cœur cogner dans sa poitrine lorsqu'il remit l'enveloppe au juge, qui sortit les documents pour vérifier leur identité et établir le certificat de mariage.

— Êtes-vous accompagnés ? demanda-t-il.

Maria hésita, regardant l'homme qui allait devenir son mari dans quelques minutes.

— Non, répondit Rafael en secouant la tête. Ce mariage n'est qu'une formalité, nous vivons ensemble depuis longtemps.

Et même si le cœur de Maria battait déjà très vite, son pouls s'emballa encore plus quand Rafael la regarda avec un beau sourire, lui prit la main et posa un léger baiser sur ses doigts. Cette connexion provoqua une étincelle, et la chaleur qui lui monta dans le bras se répandit dans tout son corps.

Ce geste n'était pas sincère, ce n'était qu'une autre facette de leur ruse pour rendre leur mariage crédible. Sebastião les avaient avertis : ce mariage devait paraître réel pour quiconque à part eux. Alors Maria fit quelque chose de dangereux – elle cessa de combattre l'attirance qui croissait entre eux. Cela l'aiderait, se dit-elle, à feindre qu'ils étaient un vrai couple. Elle le regarda et lui décocha le sourire plein d'attente qu'elle avait toujours eu envie de lui adresser.

Le juge hocha la tête, prit son stylo et signa les formulaires. Puis il tamponna le dernier feuillet avec un bruit sourd qui résonna dans les os de Maria.

Rafael lâcha sa main et s'avança pour signer. Elle pouvait sentir la chaleur de son corps qui irradiait jusqu'à elle. Il signa sans hésitation sur la ligne indiquée. Puis il recula, lui tendant le stylo. Maria le prit et se concentra sur la feuille devant elle. Un petit tremblement agita sa main, et elle hésita, le poids de ce qu'elle allait faire lui tombant brusquement sur les épaules. C'était le prix qu'elle avait à payer pour sauver son refuge de la ruine.

Elle ravala la boule qu'elle avait dans la gorge et signa en tremblotant. Le stylo retomba sur la table avec un bruit définitif. C'était fait.

Elle était mariée à Rafael.

Ils se tournèrent pour se regarder, un courant troublant passant entre eux. Maria frémit et se mordit la lèvre pour ralentir les battements de son cœur et garder l'esprit rivé au présent. Rien de ce qu'ils faisaient n'était vrai. Tout n'était que supercherie. Les émotions qu'elle ressentait étaient le résultat des circonstances et non de sentiments sincères.

Des applaudissements la tirèrent de ses pensées, et elle tourna vivement la tête. L'autre groupe présent dans la salle leur lançait des vivats, saluant une union qu'ils pensaient être aussi authentique que la leur. Le dos de Maria se raidit quand quelqu'un s'exclama :

— Vous n'embrassez pas la mariée ?

Des acclamations joyeuses résonnèrent de nouveau, et Rafael la regarda en fronçant légèrement les sourcils. La question dans ses yeux était claire. Il voulait savoir s'il pouvait l'embrasser.

Ce n'était pas ainsi qu'elle avait imaginé leur premier baiser. Dans ses rêves, il y avait eu beaucoup plus de romantisme. Elle déglutit et hocha faiblement la tête. Les traits de Rafael s'adoucirent, et tout autour d'elle se déroula au ralenti tandis qu'il lui prenait les mains pour l'attirer à lui. Son odeur l'enveloppa, un parfum de lavande mêlé à des effluves sensuels qu'elle ne pouvait décrire. Un tremblement l'agita lorsqu'elle vit ses yeux noisette se plisser et son visage approcher du sien. Elle se raidit sans le vouloir.

Pendant un instant, Maria ne put respirer tant la tension épaississait l'air. Puis les lèvres de Rafael effleurèrent les siennes, et ce contact transforma la petite flamme qui l'habitait en un feu grondant se répandant dans ses veines à chaque battement désordonné de son cœur. Avec son sang qui pulsait à ses oreilles, elle pouvait à peine entendre les cris du groupe derrière eux. Et alors que ses lèvres à elle s'animaient, exprimant un désir qui la consumait, Rafael mit fin à cette connexion. Il recula d'un pas pour la contempler, sans lâcher ses mains. L'ombre d'un sourire passa sur sa bouche, et le regard qu'il lui décocha la fit fondre.

Ils sursautèrent tous les deux quand le juge tamponna de nouveau le formulaire qu'ils venaient de signer, avant de le signer à son tour et de le leur tendre. Rafael lâcha les mains de Maria, ce qui la ramena à la réalité.

— Voilà, dit l'homme de loi tandis que Rafael prenait le papier. Vous êtes maintenant mari et femme, et ce certificat en atteste. Votre acte de mariage officiel vous sera envoyé dans les prochaines semaines.

Ce n'est pas réel.

Maria se répétait ce mantra dans sa tête tandis que la chaleur du baiser s'estompait. Mais elle avait beau faire, le souvenir du feu qui avait brûlé dans les yeux de Rafael s'incrustait dans son esprit. Était-ce son imagination, ou s'était-il attardé sur ses lèvres avant de s'écarter ?

— Allons-y.

Sa voix douce la tira de ses pensées, et elle le regarda. Il avait repris sa main et la tirait derrière lui tandis qu'ils quittaient le bâtiment pour rejoindre la voiture qui les attendait. La voiture qui les emmènerait à l'hôtel – où ils partageraient une chambre. Maria déglutit de nouveau.

Cela n'était pas réel, quoi qu'elle éprouve quand Rafael la touchait.

4

La trace du trop bref baiser qu'ils avaient échangé brûla les lèvres de Rafael pendant tout le trajet de vingt minutes jusqu'à l'hôtel, à la lisière de Manaus. Ils restèrent silencieux, l'air autour d'eux s'emplissant d'une telle tension que chaque inspiration leur demandait un effort.

Ce sentiment – le désir brûlant qu'il réprimait de toutes ses forces – ne faisait pas partie du plan. Son attirance pour Maria avait été indéniable dès qu'il avait commencé à travailler dans sa clinique, où ils étaient devenus assez proches pour se considérer comme des amis. Leur proximité au travail, les repas du soir, les dimanches au marché des fermiers – à cause de tout cela il s'était autorisé à croire qu'elle ressentait la même chose que lui. Que les œillades furtives et les sourires timides témoignaient d'un désir de passer à un autre stade, mais il savait qu'il n'avait pas intérêt à se laisser aller à ce fantasme. Parce que sa famille ferait n'importe quoi pour l'amener à lui remettre son héritage – y compris s'en prendre à sa femme.

Et la réaction de Maria à son baiser indiquait clairement qu'elle n'éprouvait pas la même attirance que lui. Pourquoi, sinon, se serait-elle raidie de la sorte avant qu'il l'embrasse ?

Avait-il déjà gâché tout leur plan par une seule action ? Ce n'avait même pas été son idée, bien que son cœur se soit emballé quand le groupe présent dans la salle lui avait crié d'embrasser la mariée. Embrasser ces lèvres pleines, il en avait rêvé ces dernières semaines.

— Que ferez-vous lorsque nous arriverons à la fin de cet arrangement ? demanda Maria, rompant le silence.

— Nous devons nous tutoyer, maintenant, lui dit-il. Et je...

Il hésita, ne voulant pas lui dire qu'il projetait de s'en aller. Comment le pourrait-il ? Lui-même n'avait pas envie d'entériner ce fait.

— Je n'y ai pas beaucoup réfléchi. Pour être honnête avec toi, je n'ai jamais pensé que j'aurais accès à mon argent un jour, parce que très tôt j'ai exclu l'option du mariage.

— Tu ne voulais pas te marier ?

— Non. J'ai su au début de mon âge adulte que la vie conjugale ne me satisferait pas.

— Pourquoi ? demanda-t-elle avec une pointe de désappointement qui serra le cœur de Rafael.

— Je n'ai pas grandi avec un modèle de mariage très stable. Ni mes parents ni mon frère et ma sœur n'ont réussi leur vie de couple. Ils étaient trop obsédés par la fortune de mes grands-parents pour prendre soin de leurs relations conjugales. Ils sont restés ensemble par cupidité, même s'ils se rendaient – et se rendent toujours – malheureux.

Il marqua une pause, tandis qu'une amertume trop familière montait dans sa gorge.

— Alors j'ai décidé de renoncer à l'idée du mariage, de l'amour. Je préférais rester seul plutôt que de soumettre une femme à la torture que je voyais tous les jours dans ma famille.

Il ne lui parla pas de Laura et de l'expérience cuisante qui l'avait changé à jamais, mais ses paroles sonnaient presque comme un avertissement.

Ne te risque pas à tomber amoureuse de moi.

— Je ne sais pas ce qui m'a rendu différent de mon frère et de ma sœur, et pourquoi je n'ai pas suivi leur exemple. Ils sont tous les deux un peu plus âgés que moi.

L'estomac de Rafael se crispa quand une main délicate se posa sur la sienne, nouée en un poing. La sympathie illuminait le visage de Maria, et il inspira vivement.

— Je suis contente que tu ne l'aies pas fait. Mais je regrette que tu n'aies pas eu plus de chance avec les tiens.

— Ne sois pas triste pour moi. J'ai grandi avec une nounou dont la famille possédait une ferme. Elle m'y emmenait souvent. Je pense que sans elle je ne serais pas devenu vétérinaire. J'adorais les chats qui vivaient dans les granges, et ils me le rendaient, au point qu'ils me suivaient partout.

C'était un doux souvenir auquel il n'avait pas repensé depuis des années, et qu'il était heureux de partager. Mais ensuite, il jugea nécessaire de préciser les choses en ce qui le concernait. Il ne voulait pas qu'elle pense qu'il l'épousait par nécessité.

— Ne t'inquiète pas pour nous, dit-il. Notre arrangement est différent de ce qui a motivé mes parents, mon frère et ma sœur. C'est pour toi et pour ton refuge que j'ai voulu m'engager. Si cela peut te laisser le temps de trouver un autre donateur à long terme, je supporterai volontiers un peu d'inconfort.

La main de Maria se figea à ces mots, et il regretta aussitôt ses propos. Ne venait-il pas d'insinuer qu'être avec elle ne lui était pas très agréable ? Comment lui expliquer que c'était son attirance pour elle qui rendait la situation inconfortable ?

— Je veux dire…, commença-t-il.

Mais l'arrêt de la voiture l'interrompit.

Avant qu'il ait eu une chance de se justifier, le chauffeur sortit pour venir ouvrir la portière de Maria. Elle regarda Rafael, et la déception dans ses yeux le toucha plus profondément qu'il ne l'aurait cru possible.

Ils allèrent jusqu'à la réception, où Maria vit qu'un employé les attendait. Rafael resta à côté d'elle, réglant l'affaire en quelques mots. Visiblement, Sebastião avait insisté pour que le personnel traite avec la plus grande discrétion possible ces clients arrivés dans une voiture aux vitres teintées.

Elle s'interrogea sur les mesures que Rafael prenait pour assurer sa sécurité – et la sienne par extension. Quelles abominations lui avait fait subir sa famille pour qu'il s'entoure de telles précautions ?

Il ne parlait pas beaucoup de son passé, ce qu'elle comprenait. Elle-même ne parlait pas de ce qui était le plus douloureux pour elle, Daniel. Mais ce jour-là, elle eut le sentiment qu'ils avaient franchi un cap. Son cœur s'était serré quand Rafael avait évoqué les siens et avoué qu'il ne croyait plus en l'amour, et qu'il n'aurait jamais pensé se marier. Comme leur mariage – même faux – devait lui peser !

Elle, elle *croyait* en l'amour. Une fois que tout serait terminé, elle espérait pouvoir se mettre à le chercher. Non pas qu'elle ait beaucoup d'expérience dans ce domaine. Sa dernière relation s'était terminée l'année précédente, avec la disparition de son frère. Même si elle avait pris plaisir à fréquenter Maurice, l'absence d'étincelle entre eux l'avait fait réfléchir.

Elle était persuadée qu'il existait quelqu'un, quelque part, qui la complèterait, et que lorsqu'elle rencontrerait cet homme elle n'aurait aucun doute. La pièce manquante à sa famille attendait juste qu'elle la trouve.

Et ce n'était pas Rafael Pedro. Un homme qui avait une vue aussi pessimiste de l'amour et du mariage ne pouvait pas être compatible avec elle. Mais ce qui l'inquiétait, à ce sujet, c'était la déception qu'elle ressentait en faisant ce constat.

Ses pensées furent interrompues quand la réceptionniste remit leur carte à Rafael et leur indiqua l'ascenseur. Il s'approcha d'elle et posa la main au creux de son dos, chacun de ses doigts la brûlant. Ils se rendaient dans leur chambre. Où ils partageraient un lit.

À cette pensée, elle sentit la chaleur qui se terrait sous la peau de son dos rayonner en elle, s'installant au creux de son ventre et empourprant ses pommettes. Rafael s'écarta quand la porte de l'ascenseur se ferma et pressa le bouton de leur étage, avant de lui décocher un sourire hésitant qui ne fit qu'accroître l'échauffement de son visage.

— Ne t'inquiète pas, dit-il. Je peux dormir par terre.

Maria allait répondre quand l'ascenseur s'arrêta. Un homme monta et choisit le huitième étage. Tous deux se turent, mais elle sentit Rafael se rapprocher d'elle tandis qu'il regardait l'inconnu fraîchement.

Elle resta silencieuse jusqu'à ce qu'ils arrivent à leur étage, le sixième. Rafael la fit sortir, une main fermement posée sur ses reins, et avant que les portes se referment il regarda leur compagnon de cabine dans les yeux.

— Tu le connais ? demanda-t-elle lorsqu'ils furent seuls.

— Non. Mais on ne peut jamais être trop prudent avec ma famille, marmonna-t-il.

— Que t'ont-ils fait ? demanda-t-elle sans réfléchir.

Il ne répondit pas, et marcha en silence avec elle jusqu'à leur chambre. Il ouvrit la porte, et ils entrèrent dans la pièce où ils allaient passer la nuit. Ensemble.

À cette pensée, Maria sentit sa tête se vider, et ses pieds se figèrent sur le seuil. Alors le souvenir de leur baiser refit surface. La chaleur et la douceur des lèvres de Rafael avaient été grisantes, même s'il n'avait fait qu'effleurer les siennes. Un frisson l'avait parcourue, qu'elle n'avait pas pu réprimer. Mais quand elle avait réalisé à quel point elle aimait ça, son corps était devenu rigide.

— Ça va ? demanda Rafael comme elle ne bougeait pas.

— Euh... oui, répondit-elle en s'avançant d'un pas.

Il prit les devants, allumant les lieux. Le souffle frais de la climatisation enveloppa Maria, et elle mesura par contraste la chaleur humide qui régnait dehors. Vivant près de l'Amazone et de la forêt vierge, elle y était habituée. Et même si Manaus était une grande ville, elle était largement bordée par la forêt amazonienne, si bien qu'ils avaient aperçu des singes dans des allées en venant à l'hôtel.

Elle remarqua alors qu'elle avait la peau moite, et se demanda si c'était dû à la température extérieure ou à Rafael. Pour sa tranquillité d'esprit, il valait mieux qu'elle se convainque que c'était à cause de la température.

— Ah ! c'est parfait, l'entendit-elle dire alors qu'il découvrait leur suite, spacieuse.

Elle le rejoignit et le vit affalé sur un canapé dans le salon adjacent à la chambre. Les bras sous la tête, il arborait un sourire satisfait.

— Je peux dormir ici.

Maria l'entendit à peine tant son cœur résonnait dans ses oreilles. Elle baissa les yeux de son visage vers son corps, et fut troublée par l'image d'une virilité qui lui mettait l'eau à la bouche. Il avait choisi de porter un costume pour aller au tribunal. Un costume qui lui allait beaucoup trop bien, accentuant sa minceur musclée et rendant ses beaux traits d'une superbe élégance.

Sa bouche s'assécha, et elle dut déglutir fortement pour s'éclaircir les idées. À son vif ennui, Rafael remarqua son regard qui s'attardait sur lui. Son sourire s'adoucit, puis devint plus intéressé tandis qu'il la fixait, les paupières plissées. Ses iris noisette se fixèrent une seconde sur sa bouche avant de remonter vers ses yeux.

La douce chaleur que le souvenir de leur baiser avait déclenchée flamba, irradiant le corps de Maria d'un frisson sensuel, complètement malvenu, qui lui fit crisper les orteils dans ses chaussures. Même si elle savait que cela ne pouvait mener nulle part, elle s'émut en voyant sa réaction reflétée sur le visage de Rafael.

Il éprouvait du trouble, lui aussi.

Cette pensée bloqua son souffle dans sa gorge, et la panique suivit la montée du désir, ne tardant pas à la dominer. Elle attrapa son sac à main et fuit l'image de Rafael en se tournant vers le lit. Ses affaires posées sur l'édredon blanc, elle prit quelques instants pour respirer, les yeux rivés au mur.

Derrière elle, elle entendit Rafael inspirer profondément. Et soudain, il répondit à la question qu'elle lui avait posée un bon moment plus tôt.

— Ma famille croit que la célébrité lui viendra, et avec elle la fortune. Ils pensent qu'ils n'ont qu'à injecter assez d'argent dans leur entreprise pour cela. Ils m'ont tourné autour depuis que j'ai quitté l'université, me pressant de me marier pour les aider. Ils ont manigancé pour moi plusieurs unions avec des femmes qui leur convenaient, et sont même allés jusqu'à saper de l'intérieur ce qui aurait pu être une vraie relation.

Un bruit d'étoffe emplit le silence tandis qu'il changeait de position, et Maria osa se retourner pour lui refaire face. Il était assis, maintenant, la tête dans les mains. Lorsqu'il releva les yeux, une sorte de détresse avait remplacé son calme. Ce que les siens lui avaient fait subir le faisait encore tellement souffrir que c'était inscrit sur son visage.

L'envie instinctive de le réconforter prit le dessus. Avant qu'elle puisse se demander si une telle proximité avec lui était sage, elle s'agenouilla devant lui et posa une main sur son genou. Elle devait renverser la tête en arrière pour le regarder, et son souffle devint irrégulier quand ses chauds yeux noisette se rivèrent sur elle.

— C'est pour cela que tu ne crois pas au mariage ?

Cette raison ne lui semblait pas suffisante pour renoncer au bonheur.

— Non, répondit-il en relâchant son souffle.

Ses épaules se détendirent peu à peu. Il se redressa, ôtant les coudes de ses genoux, et lentement il se pencha en avant avec un regard et un sourire pleins de douceur. Il leva la main gauche et, du bout des doigts, effleura la joue de Maria en un geste si affectueux qu'elle en trembla. Puis sa tête suivit sa main, et il posa un tendre baiser sur sa joue.

— Il est bon de voir à quel point tu te soucies de moi, Maria. Merci.

Rafael n'était pas prêt à dire à Maria la vérité sur Laura, et à quel point cet échec l'avait changé. Même s'il avait les mots sur le bout de la langue, il ne pouvait pas les prononcer. Le faire serait mettre à nu un endroit en lui qu'il n'avait jamais laissé voir à personne. Or, il n'était plus capable de se livrer ainsi.

S'il n'avait pas fait confiance à Laura, elle ne se serait pas glissée traîtreusement derrière ses défenses. Ses mots doux lui avaient même fait reconsidérer l'attitude de ses parents, l'avaient fait douter de leur toxicité. Elle voulait qu'il se réconcilie avec eux pour qu'une fois mariés ils forment une vraie famille – une valeur si importante chez les Latins. Mais il l'avait alors surprise conspirant avec ses parents, l'avait entendue affirmer le lendemain de sa demande en mariage qu'elle l'avait « retourné ». Cette trahison lui avait brisé le cœur. Il ne serait plus jamais assez stupide pour le confier de nouveau à quelqu'un.

Cette résolution incluait Maria Dias, même s'il brûlait de lui donner un deuxième baiser, sur ses lèvres sombres cette fois-ci. Il savait qu'il n'aurait pas dû avoir ce geste affectueux envers elle, mais il n'avait pu s'en empêcher en voyant le souci sincère peint dans ses yeux bruns.

Il s'écarta en se rendant compte qu'il appréciait beaucoup trop sa façon de rougir, beaucoup plus que cela était convenable entre deux personnes qui n'étaient *que* des amis. Il devait se rappeler cette vérité. Leur faux mariage avait supprimé les possibilités qui auraient pu se présenter s'il avait eu le courage d'exprimer plus tôt ses sentiments.

— Si nous trouvions un endroit où dîner ? proposa-t-il. La journée a été longue. Manger nous fera du bien.

Il n'avait pas faim, en réalité, mais se restaurer pourrait les aider à recouvrer leur calme, se dit-il. La nourriture avait toujours été un lien entre eux, que ce soit sous la forme d'un dîner rapide dans la cuisine à la fin d'une dure journée de travail, ou sur les marchés du dimanche. Mais dans ces occasions-là, ils n'avaient jamais été en tête à tête dans une salle dont les lumières tamisées et la musique en sourdine plantaient le décor de quelque chose de très différent d'un dîner amical. Sortir au restaurant était peut-être une très mauvaise idée, finalement.

— Je..., commença Maria en se relevant.

Il put voir ses pensées défiler dans ses yeux, ce qui n'arrivait pas souvent. C'était son talent pour prendre des décisions sans hésiter qui faisait d'elle une vétérinaire aussi excellente, ses mains prenant aussitôt le relais de son cerveau.

Ses mains délicates, expertes. Qu'est-ce que ce serait de les sentir aller et venir sur son dos nu, se cramponnant à ses épaules tandis qu'il la ferait sienne ?

— Oui, cela semble... une bonne idée, dit-elle avec une légère hésitation.

Rafael poussa un soupir de gratitude. Elle faisait bien d'interrompre le cours lubrique de ses pensées, car son cœur commençait à envoyer du sang dans son sexe.

— Bien, fit-il en se levant à son tour et en s'éclaircissant la voix. Laisse-moi enfiler quelque chose de plus confortable, et nous irons voir ce qu'il y a dans le coin.

Maria hocha la tête, et il espéra qu'elle ne voyait pas le désir évident dans ses yeux.

Dans la salle de bains, il ôta sa cravate et défit les premiers boutons de sa chemise. Puis il fit couler de l'eau froide pour se rafraîchir, à la fois physiquement et mentalement. Ensuite, il se dévêtit et attrapa dans son sac un T-shirt bleu foncé et un bermuda noir. Après quoi il se regarda dans le miroir et passa une main dans ses cheveux châtains, que leurs ondulations rendaient difficiles à discipliner.

Au souvenir du baiser qu'il avait posé sur la joue de Maria, il sentit son cœur s'emballer une nouvelle fois. Cela aurait pu être un geste amical et innocent, s'il ne lui avait pas demandé autant d'efforts pour ne pas réclamer sa bouche et reproduire sensuellement leur baiser du tribunal.

Il lui fallait être prudent. Les murs qu'il avait érigés pour dissimuler sa douleur et les dégâts causés par ses parents étaient là parce qu'il en avait besoin – autant pour lui-même que pour quiconque essayerait de les franchir.

Or, il s'était surpris à les oublier un instant pour se sentir plus proche de Maria. C'était là la seule incartade qu'il se permettrait, se promit-il, et maintenant que ce moment était révolu, il devait se forcer à retourner dans sa forteresse, où il projetait de passer le reste de sa vie dans la solitude.

5

Pour Maria, le jour de son mariage s'était avéré bien plus étrange que ce qu'elle avait imaginé quand elle avait commencé à y rêver, adolescente. En fait, le seul élément qui correspondait à ses attentes était la conscience aiguë qu'elle avait de son mari tandis qu'elle marchait dans la rue à côté de lui. Ils gardaient leurs distances, mais l'espace qui les séparait se réduisait de temps à autre, les rendant assez proches pour se frôler. Chaque minuscule contact envoyait des décharges électriques dans ses nerfs, et elle avait du mal à se concentrer sur leur conversation.

Ils avaient dîné de bonne heure dans un petit restaurant non loin de l'hôtel, et avaient évité les sujets pénibles dont ils avaient parlé dans leur chambre. Maintenant, Maria comprenait mieux quel genre de personnes nocives composaient la famille de Rafael, et cela l'amenait à penser qu'ils avaient beaucoup en commun dans ce domaine. Même si la blessure qui leur avait été infligée avait une cause différente, le résultat était le même.

— Es-tu déjà venue à Manaus ? demanda Rafael.

Au lieu de revenir par le même chemin, il avait suggéré un itinéraire plus pittoresque qui se rapprochait davantage de la forêt. Sans la circulation animée de la rue principale, ils pouvaient entendre les bruits des insectes et voir des lucioles s'animer tandis que le soleil baissait à l'horizon, jetant une douce lumière violette sur la ville et les arbres.

— Oui, de temps en temps j'y viens pour soumettre un cas à l'Institut fédéral, ou pour assister à un atelier avec des collègues.

— Tu fais le voyage pour ça ?

— Rarement, mais cela m'arrive. J'ai étudié ici, comme Celine, et nous avons gardé de nombreux contacts en ville. J'interviens parfois pour des serpents et des lézards. Les serpents les plus inoffensifs terrorisent les gens, qui les blessent parce qu'ils ont peur d'eux. Je répare les dégâts.

— J'ai trouvé Celine… un peu jeune, au début, mais je ne voulais pas la juger sur son apparence.

— Elle est brillante et têtue comme une mule. Il n'y a rien qu'elle ne puisse faire si elle le décide.

Maria sourit et sentit une chaleur familière se répandre dans sa poitrine alors qu'elle parlait de sa sœur cadette.

— Elle était si douée qu'elle a passé son bac très tôt et est entrée à l'université alors que j'y étais encore, malgré nos huit ans de différence.

Cela avait forgé entre elles un lien très fort qui perdurait toujours. Quoi que la vie leur réserve, Maria savait qu'elles l'affronteraient ensemble. Comme la crise qu'elles traversaient actuellement.

— Vu ses résultats exceptionnels, nous pensions tous qu'elle se consacrerait à la recherche ou deviendrait le vétérinaire d'État supervisant l'Institut fédéral de Manaus. Mais à la place, elle a choisi de rester dans notre petite ville et de gérer le refuge de nos parents avec moi et notre frère, Daniel.

Rafael détacha le regard des frondaisons pour le tourner vers elle, visiblement surpris.

— Elle a dû avoir Nina très tôt, non ?

Maria hocha la tête, se rappelant le jour où elle avait découvert la grossesse de sa sœur – apprenant en même temps que son mari, Darius, était reparti au Pérou pour y rester. Nina était sa nièce, mais elle se sentait comme une deuxième mère pour elle, remplaçant Celine quand elle était occupée et s'assurant qu'elle ait tout ce qu'il lui fallait.

— Celine s'est retrouvée seule, et cela a été un choc pour nous deux, mais nous nous en sommes sorties en décidant d'élever Nina ensemble. Et quand Mirabel est arrivée, j'avais au moins une certaine expérience de la maternité.

— Comment Mirabel est-elle venue vivre avec vous ? Elle doit être la fille de votre frère, n'est-ce pas ? Je ne savais pas que vous en aviez un.

Rafael ignorait sur quelle blessure à vif il appuyait. Le sourire de Maria s'éteignit quand elle pensa à Daniel, et elle eut un goût de cendre dans la bouche.

— Parce que je fais souvent comme si je n'en avais pas, répondit-elle d'un ton coupant. Il n'était pas vétérinaire comme Celine et moi. Il avait fait des études de commerce pour nous aider à gérer le refuge et peut-être même à étendre ses activités.

— Où est-il, maintenant ?

Maria hésita, humectant ses lèvres de la langue. Personne ne connaissait les circonstances de la disparition de Daniel, et elle n'avait jamais voulu les révéler à quiconque. Mais là, elle s'aperçut que Rafael lui rendait cette confidence facile.

— Il est parti avec sa maîtresse, la femme de notre principal donateur. Par sa faute, nous avons perdu l'argent dont nous dépendions, d'où nos problèmes actuels. Mirabel est sa fille, oui. Il l'a laissée derrière lui pour aller refaire sa vie ailleurs.

Dire ces mots à voix haute lui paraissait surréaliste. Elle jeta un coup d'œil à Rafael, dont l'expression s'était durcie.

— Il a abandonné sa fille sans penser aux conséquences, pour elle et pour vous ?

L'intensité de sa voix la surprit. Ses yeux avaient foncé. La blessure qu'elle avait subie semblait raviver quelque chose en lui. Elle allait répondre, quand une faible plainte l'interrompit. Un bruit qu'elle avait entendu si souvent qu'elle y réagit aussitôt. Elle s'arrêta brusquement, un doigt sur les lèvres, et tendit l'oreille pour définir d'où venait le gémissement. Rafael haussa les sourcils, l'air interrogateur, et ses yeux s'écarquillèrent lorsque le bruit se répéta, les attirant dans une impasse étroite entre des maisons.

Là, au milieu de l'allée, se tenait un petit singe. C'était lui qui geignait.

— C'est un tamarin, dit Maria en s'approchant avec précaution et en s'accroupissant pour regarder la petite bête, pas plus grosse qu'un écureuil.

— Ils vivent en ville ? demanda Rafael, étonné.

— Ils y sont obligés. Avec le développement urbain de ces dernières années, la ville mord de plus en plus sur leur territoire. Ils auraient pu fuir, mais ils ont vite réalisé que la ville était un parfait terrain de chasse pour la nourriture, avec tout ce que jettent les humains.

— Celui-ci se comporte étrangement.

— Oui…

Maria se rapprocha du petit singe. Il s'immobilisa en les regardant, la tête inclinée sur le côté, clignant de ses yeux intelligents. Puis il se détourna et courut un peu, avant de s'arrêter de nouveau pour pousser un autre petit cri.

Maria et Rafael échangèrent un coup d'œil.

— On dirait qu'il nous demande de le suivre, dit Rafael d'un ton sceptique.

Maria ne partageait pas son scepticisme. Elle avait travaillé avec assez de singes pour connaître leur intelligence et leur adaptabilité aux circonstances. Les petits tamarins en étaient un exemple parfait. Ils avancèrent, et lorsqu'ils arrivèrent à la hauteur de leur guide, celui-ci les entraîna un peu plus loin, jusqu'à ce qu'ils aperçoivent un autre singe allongé sur le sol, l'air mal en point.

L'instinct de vétérinaire de Maria revint immédiatement, comme celui de Rafael, car elle le sentit se raidir à côté d'elle. Ils coururent jusqu'à l'animal couché par terre, une femelle. Deux singes plus jeunes étaient assis près d'elle, probablement ses petits. La malade – ou la blessée – avait les yeux ouverts, mais sa respiration était très lente.

— Que s'est-il passé ? murmura Maria en s'agenouillant.

Elle tapota ses poches, cherchant son téléphone, mais Rafael la prit de vitesse et éclaira la famille de tamarins. Il suffit d'un regard à Maria pour voir ce qui n'allait pas : la patte gauche de la mère était visiblement cassée, et du sang séché maculait sa fourrure. Elle avait dû se faire prendre dans un piège et s'était déchiré la peau pour s'échapper.

Maria jeta un coup d'œil à Rafael, accroupi près d'elle.

— J'ai une trousse de premiers secours dans mon sac, à l'hôtel. Peux-tu aller me la chercher pendant que j'évalue la situation ? Il faut que nous transférions ces singes dans une clinique.

Il hocha la tête, lui donna son téléphone allumé et s'en alla. Elle appuya le portable contre un mur et s'approcha prudemment. Elle n'avait pas de protection, des manches longues ou des gants épais pour éviter les morsures.

— Tu as bien fait de nous avertir, dit-elle au tamarin qui les avait conduits jusque-là. Je peux vous aider.

Peu après, elle constata que la blessée était une mère qui allaitait encore. Les petits n'avaient pas dû manger depuis l'accident et devaient être très stressés. Elle continua à parler pour les rassurer, attendant que Rafael revienne pour essayer d'immobiliser la fracture et appeler l'Institut fédéral de médecine vétérinaire où elle avait étudié. Une fois soignés, les tamarins pourraient être remis en liberté dans la forêt.

Rafael se montra étonné et admiratif quand elle ouvrit sa trousse, incroyablement bien équipée. Il sut qu'il avait affaire à une experte et se coula dans le rôle d'assistant. Avec mille précautions, elle réussit à caresser la blessée en lui roucoulant des mots doux. Puis elle décida que c'était le moment de lui administrer un antalgique et lui demanda une seringue de kétoprofène. Elle fit la piqûre, après quoi elle mit une solution saline sur une compresse pour nettoyer la fourrure, Rafael lui tendant ce dont elle avait besoin avant qu'elle le demande. Quand il la vit sourire, il en eut le souffle coupé. Il savait qu'elle appréciait autant que lui la pureté de ce moment où ils travaillaient ensemble pour aider un animal blessé. Voir sa compassion et son habileté était une expérience qui le touchait plus profondément qu'il n'aurait jamais pu le croire et le changeait d'une certaine façon. Il se rendit compte alors qu'il voulait avoir plus de tout cela dans sa vie. Plus d'*elle*.

Toutes ces pensées passèrent en quelques secondes dans son esprit tandis que leurs regards se joignaient, que leurs mains gantées se frôlaient. Puis Maria détourna les yeux, et il eut soudain le vertige en revenant à la réalité. Que venait-il de se passer ?

Les gémissements du tamarin étaient à peine audibles. Maria, qui expliquait toujours ce qu'elle faisait, passa doucement une main sous sa patte cassée et ferma les yeux pour tâter la blessure. Rafael l'admira de se passer d'une radiographie, comprenant que c'était un luxe que souvent elle n'avait pas quand elle se rendait dans la forêt, appelée par des Indiens.

— Je pense qu'elle s'est cassé le tibia, dit-elle en rouvrant les yeux. Elle aurait besoin d'une attelle, mais je ne peux pas lui en mettre une sans voir la fracture. Les os risqueraient de mal se ressouder.

Rafael hocha la tête.

— Alors il faut l'emmener à la clinique, avec les autres. Mais comment les transporter ?

— Je vais appeler l'Institut pour voir s'ils peuvent venir les chercher.

Elle tira son téléphone de sa poche.

— Allez, décrochez ! murmura-t-elle après plusieurs sonneries.

Rafael éprouva dans le corps le soulagement qui se peignit sur le visage de Maria lorsqu'on répondit enfin à son appel.

Rafael était allongé sur le canapé, plongé dans la pénombre, et écoutait le bruit de la douche. Sa poitrine se contracta quand il pensa à Maria debout sous le jet d'eau, sa peau sombre luisant tandis que de petites gouttes s'accrochaient à sa gorge délicate…

Il secoua la tête, bannissant ces images déplacées dans un coin de son esprit où il pouvait les enfermer et les oublier. Parce que c'était ce qu'il devait faire dans cette situation. Il fallait qu'il oublie sa grâce et sa féminité, qu'il avait vues dans chacun de ses gestes pendant qu'elle examinait et soignait le tamarin blessé.

Après avoir appelé une de ses amies à l'Institut fédéral, ils avaient vu arriver un fourgon pour emmener la famille de tamarins, et le vétérinaire de service avait assuré à Maria que tout serait fait comme il fallait. Un instant, Rafael avait cru qu'elle allait sauter dans le véhicule pour accompagner ses protégés, mais finalement elle avait reculé, et ils étaient retournés à l'hôtel en silence.

Rafael avait toujours l'estomac noué alors qu'il pensait aux confidences qu'elle lui avait faites, lui laissant voir la profondeur de sa blessure. Mais il n'était pas prêt à lui parler de Laura. Cela ne regardait que lui. Cette histoire resterait enfermée derrière les murs épais qu'il avait érigés autour de son cœur pour se protéger. Des murs devant desquels Maria semblait danser comme s'ils n'étaient pas hauts et imposants.

La compassion qu'il avait vue en elle ce soir-là avait fendillé les vieilles briques dissimulant sa peur. De la lumière s'était insinuée à travers les fissures – une lumière qui venait d'elle et des soins si touchants qu'elle avait prodigués à ce singe.

Son talent et sa passion le rendaient fier de travailler pour elle au refuge, où chaque jour des actes comparables étaient nécessaires. Et la voir vivre selon les valeurs qu'elle prêchait à ses donateurs l'impressionnait. Elle n'était pas seulement une jolie femme – et Dieu savait à quel point elle était jolie. Non, elle mettait dans ce qu'elle faisait une profondeur qui pouvait rendre humble n'importe qui.

C'étaient de bonnes raisons pour lui donner son argent, même s'il hésitait encore. Toute la journée il avait surveillé ses arrières, regardant à deux fois tout inconnu qu'ils rencontraient tout en s'adonnant autant que possible à leur parodie de romance. Si sa famille fouinait dans le coin – et il n'en doutait pas – ils tenteraient le maximum pour faire invalider leur mariage s'ils suspectaient qu'il n'était pas véritable. C'était le seul risque qui pouvait faire échouer tout son plan. S'ils découvraient qu'ils n'étaient pas mariés pour de bon, comme l'avaient souhaité ses grands-parents, ils pourraient s'emparer de son argent au terme d'une longue bataille juridique. Ce qu'il ne pouvait se permettre s'il voulait que le refuge reste ouvert. Il fallait qu'ils aient accès à ses fonds dès que possible.

Mais qu'était-il censé faire ? Il n'avait aucune idée de ce que serait la vie conjugale, pour eux, lorsqu'ils seraient de retour à Santarém. Ils vivaient déjà pratiquement ensemble. Est-ce que cela changerait, maintenant qu'ils avaient modifié irrévocablement leur relation ? S'il voulait être honnête, il devait reconnaître qu'il n'avait pas vraiment réfléchi à tout ça. Ni au fait que l'attirance qu'il sentait crépiter entre eux dès qu'il regardait Maria une seconde de trop était indéniablement authentique. Au départ, il avait pensé que ce n'était rien de plus qu'un béguin passager de la part d'un homme qui avait depuis longtemps renoncé à l'amour et à toute intimité physique. Mais à présent…

L'eau cessa de couler, le tirant brusquement de ses réflexions et le projetant de nouveau dans la réalité. Il écouta le glissement des pieds nus de Maria sur les dalles et, un instant plus tard, la porte s'ouvrit. La lumière de la salle de bains découpait à contrejour sa silhouette, une ombre faite de courbes si sensuelles que du sang pulsa dans son sexe. Puis la lumière s'éteignit, et ses yeux eurent besoin d'un moment pour s'ajuster à l'obscurité, jusqu'à ce qu'il puisse y voir à la lueur du clair de lune qui filtrait à travers les stores.

Maria avait dû apercevoir ses yeux ouverts, car elle lui sourit avant de s'asseoir sur le lit, son regard allant de lui à un point du mur qu'elle était seule à distinguer.

Dans la pénombre, elle était absolument fabuleuse. Sa peau sombre luisait doucement, et il savait qu'elle était douce comme du satin. Il ravala la boule qui s'était formée dans sa gorge, et ses pensées se fixèrent sur le désir qu'il réprimait depuis des mois maintenant.

Ce désir s'était développé à travers leur amitié, si subtilement qu'il n'avait même pas réalisé à quel point il s'était attaché à elle, en parallèle. Il avait été attiré par d'autres femmes, certes, mais chez lui le désir n'avait jamais été aussi profond, le besoin de conquérir si pressant qu'il ne pouvait guère penser à autre chose en la présence de Maria. C'était le genre de passion qui provenait d'une connexion émotionnelle bien plus intense qu'il ne l'aurait souhaité. Et cela l'effrayait.

— T'ai-je réveillé ? demanda Maria à mi-voix comme si elle craignait de le réveiller tout à fait, alors que le sommeil était très loin de son esprit.

Comment pourrait-il dormir avec ce feu brûlant au creux des reins ? Avec la peur qui l'accompagnait, la peur d'avoir déjà glissé trop loin dans ce qui ne devait rester entre eux qu'un faux-semblant ?

— Non, je ne dormais pas, répondit-il, relevant la tête afin de mieux la voir – et le regrettant aussitôt quand la chaleur présente dans son ventre se répandit comme une traînée de poudre dans tous les recoins de son corps.

Elle portait un T-shirt trop grand avec une inscription passée qu'il ne pouvait lire d'où il était, et un short en toile qui cachait juste assez le bas de son corps pour que son imagination s'emballe. Même lorsqu'elle était en uniforme, il ne pouvait détacher les yeux d'elle, la suivant du regard quand il pensait qu'elle ne l'observait pas – et parfois il était pris en faute avec un sourire et un clin d'œil.

Il n'y avait pas de clin d'œil maintenant alors que ses yeux se promenaient sur elle, suivant la ligne fuselée de ses longues jambes avant de remonter le long de son corps. Sa poitrine se soulevait et s'abaissait de façon saccadée, et entre les lettres de son T-shirt il voyait la pointe de ses seins à travers le coton.

Il ramena vivement les yeux sur son visage alors que la chaleur qui l'habitait lui faisait bouillir le sang. À voir ses grands yeux étonnés, il put se rendre compte que sa réaction était aussi involontaire que la sienne. Ni l'un ni l'autre ne voulait être dans la situation où ils se trouvaient présentement.

— Tu es sûr que tu seras bien sur le canapé ? Il paraît un peu court, dit-elle en s'éclaircissant légèrement la voix.

— Je serai bien. Il ne s'agit que de quelques heures, et ensuite nous serons de retour à Santarém.

Elle hésita un instant, avant d'ajouter :

— Si tu as envie d'être plus à l'aise et de dormir avec moi, tu peux. Ça ne me dérangera pas.

Rafael cligna lentement des paupières. Il lui fallut quelques secondes pour comprendre ce qu'elle venait de dire, car cela ne pouvait certainement pas être ce que son cerveau lubrique lui soufflait. Non, c'était une déclaration parfaitement innocente. Ce n'était pas une invitation à autre chose qu'à une nuit paisible.

Il secoua la tête, sachant que sa voix pourrait trahir son désir. Et il décida de changer de sujet.

— Tu as vite réagi, tout à l'heure. Je ne pense pas que la mère et ses petits s'en seraient sortis sans ton intervention.

Elle sourit de nouveau, d'un sourire beaucoup plus éclatant qu'un instant plus tôt, et ses dents blanches ressortirent dans la pénombre. Rafael remua, à la fois pour échapper au trouble que faisait naître en lui ce sourire candide et pour pouvoir regarder le ciel à travers les stores.

La lune était descendue derrière les arbres de la forêt vierge dont les branches anciennes les enveloppaient de verdure. Bien que Manaus ait été construite pour être la porte de l'Amazone et de sa beauté, les lumières de la ville polluaient le ciel, faisant pâlir les étoiles.

— C'était comment, de grandir avec des grands-parents célèbres ? demanda Maria.

Rafael battit plusieurs fois des cils, essayant de démêler les émotions douloureuses des quelques émotions heureuses qu'il gardait en lui. Il avait envie de partager certains souvenirs avec elle, des souvenirs qui n'étaient pas sinistres, mais légers. Il souhaitait lui confier des détails qu'elle pourrait apprécier à son sujet et même trouver attirants. Mais pourquoi désirait-il la séduire, compte tenu de leur situation ? Il n'en savait rien.

— La *telenovela* avait cessé de passer à la télévision avant ma naissance, mais le souvenir de leur succès restait très marquant à la maison. Ils parlaient beaucoup de la façon dont *De l'amour et des pattes* avait aidé la famille à devenir ce qu'elle était. Peut-être que d'une certaine manière ils m'ont inspiré ma vocation. Mais c'est tout de même ma nounou et les animaux de sa ferme qui m'ont le plus influencé.

Il eut un petit rire qui vibra dans le corps de Maria.

— J'ai toujours eu une affinité avec les bêtes. Au lycée, déjà, j'ai pris en charge le chien d'un copain qui me fréquentait uniquement parce qu'il était fatigué de s'en occuper et qui me le confiait sans arrêt. Plus tard, je l'ai emmené avec moi quand je suis parti à l'université.

Maria sourit à cette anecdote. Déjà à l'époque, il ne comptait pas son temps pour secourir un animal qui avait besoin de lui. C'était un trait qu'elle avait remarqué chez lui dès le début. Très souvent, elle le trouvait tard à la clinique parce qu'un propriétaire affolé était venu le consulter à une heure indue.

— Tu n'avais pas tes propres animaux de compagnie ? demanda-t-elle, étonnée.

Il secoua la tête.

— En dehors de ma horde de chats qui me suivaient partout à la ferme, non, malheureusement. C'est peut-être pour cela que mes parents n'ont pas pris au sérieux mon projet de devenir vétérinaire, au départ, répondit-il d'une voix tendue.

— Ils n'approuvaient pas ton choix ?

— Non.

Il avait les lèvres serrées, et elle mourait d'envie de faire disparaître ce pli dur de ses doigts. Elle ne pouvait absolument pas être attirée à ce point par Rafael, se dit-elle. Mais le besoin de le toucher s'emparait d'elle, diffusant une chaleur tentatrice dans son corps, et elle dut admettre qu'elle ne contrôlait plus son désir croissant pour cet homme.

— Ils ne pensaient qu'à obtenir la célébrité et la reconnaissance que mes grands-parents avaient eues. Ils n'avaient qu'une idée : que leurs enfants investissent dans leur société de production pour la faire fructifier. Mon frère et ma sœur l'ont fait, parce qu'ils avaient été élevés comme des mondains superficiels et affamés de gloire.

Maria fronça les sourcils, sentant la douleur dans sa voix.

— Tu n'as pas de bonnes relations avec eux, non plus ?

Il fit signe que non.

— Ils ont choisi d'accepter les mariages arrangés par nos parents – avec des enfants d'autres pontes de l'industrie du divertissement. J'aurais peut-être pu mettre mes différends avec eux de côté s'ils n'avaient pas été aussi nocifs en ce qui concerne ma part d'héritage.

— Ils voulaient aussi te forcer à faire des choses que tu ne voulais pas ?

— Oh oui ! Ils obéissaient aveuglément à nos parents. J'ai cru une fois que je pouvais leur faire confiance, mais...

Il s'arrêta, ne révélant rien de plus. Et il n'en avait pas besoin. Ce jour-là, Maria en avait appris beaucoup sur sa famille, et elle était atterrée par leur conduite.

— Et maintenant tu es le seul enfant Pedro à tenir bon ?

Il hocha lentement la tête, les yeux dans le vague.

— Mes parents ont presque fini par m'avoir. Pendant des années, ils ont essayé de me marier avec des personnes qui leur fourniraient des relations avantageuses, comme mon frère et ma sœur. Comme je refusais toujours, ils ont fini par se lasser. En apparence... C'est alors que Laura est sortie de nulle part, comme envoyée par le ciel, et...

Il s'arrêta de nouveau, et Maria se rendit compte qu'elle avait retenu son souffle dans l'attente de sa confession. Même dans le faible clair de lune, elle pouvait voir la souffrance qui tendait ses beaux traits, son visage qui d'habitude exprimait la compassion et la gentillesse. Il semblait tellement injuste d'y lire maintenant de l'amertume et une profonde blessure.

Qu'avait-il voulu dire ? Sa famille avait-elle eu quelque chose à voir avec cette Laura, aussi ?

Il se racla la gorge. Quoi qu'il se soit passé avec cette femme, elle sentait que cela l'avait profondément marqué. Était-ce pour cela qu'il ne croyait plus à l'amour ?

Elle faillit lui demander de finir sa phrase, mais elle referma la bouche quand il secoua la tête. Elle ne l'avait jamais vu aussi défait et dut faire appel à toute sa volonté pour rester assise où elle était, alors que tout en elle souhaitait se rapprocher de lui et le serrer dans ses bras, dissiper sa douleur par des baisers. Et le laisser dissiper la sienne, aussi...

— Nous devrions dormir, dit-il. L'avion part tôt, demain matin, et ensuite nous devrons nous efforcer de nous conduire au mieux.

Que voulait-il dire par là ? se demanda Maria. Qu'ils devraient garder leurs distances, tout en se comportant en apparence comme un couple marié ? Qu'il percevait ce qui se passait entre eux et lui rappelait que ça leur était interdit ? Cela signifiait-il qu'il y était sensible aussi, à cette attirance qui couvait entre elle et lui depuis qu'ils avaient commencé à travailler ensemble ?

Son esprit tournait en rond autour de cette phrase. Finalement, elle hocha la tête et l'enfouit dans ses oreillers. La voix tendue de Rafael lui souhaita alors une bonne nuit :

— *Boa noite.*

6

Maria s'éveilla alors qu'une odeur âcre lui montait aux narines. Elle voulut essayer de se rendormir, mais cette odeur de toast brûlé lui fit ouvrir un œil et regarder son réveil. À peine 8 heures, et Celine dévastait déjà leur cuisine ? Depuis quand se souciait-elle de préparer le petit déjeuner, d'ailleurs ? La plupart du temps, elle ne prenait qu'un café noir et un fruit.

Avec un grognement, Maria se força à sortir de son lit. Il ne faudrait pas que sa sœur mette le feu à la maison ! Celine était sans doute tout juste rentrée. Il lui arrivait souvent d'être appelée dans la nuit pour une mise bas difficile.

Maria hésita devant sa coiffeuse et baissa les yeux sur son pyjama. Devait-elle s'habiller pour descendre ? Cette question ne lui était jamais venue à l'esprit avant que Rafael et elle se lancent dans leur supercherie. Qu'est-ce qui était différent, maintenant, pour qu'elle ne veuille pas qu'il la voie ainsi ?

Son pouls accéléra, et elle s'obligea à ouvrir sa porte. Le soulagement la gagna quand son regard tomba sur la porte fermée de Rafael. Il n'était pas encore levé. Bien. Elle avait besoin d'un moment seule avec sa sœur pour parler de ce qui s'était passé la semaine précédente.

Elle jeta un coup d'œil dans la chambre de ses nièces. Le lit de Nina était vide – elle devait aider sa mère en bas –, mais Mirabel était assise à son bureau et dessinait, ses écouteurs sur les oreilles.

— *Bom dia, amor,* lança Maria assez fort pour qu'elle l'entende.

L'adolescente leva les yeux de son dessin et ôta ses écouteurs.

— *Bom dia, tia,* répondit-elle avec un petit sourire qui serra le cœur de Maria.

Après tout ce qui lui était arrivé, elle paraissait si calme. Pourtant, l'abandon par son père devait encore être douloureux. Maria et Celine avaient essayé de contacter Daniel, l'enjoignant de revenir pour sa fille, promettant qu'elles oublieraient ce qui s'était passé et qu'il ne s'agissait pas d'une question d'argent. Mais il n'avait jamais répondu, n'avait jamais demandé de nouvelles de sa fille. C'était cela qui emplissait Maria de fureur, lorsqu'elle y repensait. Comment avait-il pu faire ça à Mirabel, et pour une femme qu'il n'avait rencontrée que quelques fois ? « L'amour de ma vie », avait-il écrit dans la note pathétique qu'il avait laissée à ses sœurs.

— Ta tante prépare le petit déjeuner, dit-elle. Tu descends ?

Mirabel fit une grimace.

— J'ai déjà pris des céréales, répondit-elle, plissant le nez à l'odeur de brûlé.

— Bon choix. Peut-être n'est-il pas trop tard pour que j'en fasse autant.

Sa nièce gloussa, ce qui changea sa rage en une chaude sensation d'amour inconditionnel pour cette enfant qu'elle considérait comme sa fille, même si elle ne l'était pas officiellement.

— Bon, je vais aider Celine avant qu'elle provoque un feu qui fera de nous des sans-abri.

Mirabel remit ses écouteurs, et Maria se hâta de descendre. Dans la cuisine, elle découvrit sa sœur devant une poêle, en train de remuer avec trop de vigueur une substance qui ressemblait vaguement à des œufs brouillés. Des tranches de pain presque noires sortaient du grille-pain. Celine se concentrait fortement sur son téléphone posé contre le mur. Lisait-elle une recette ?

La scène était si comique que Maria ne put s'empêcher de rire, ce qui fit se tourner sa sœur.

— Qu'est-ce que tu fabriques, bébé ? demanda-t-elle. Tu sais bien que tu ne sais pas cuisiner !

— Je peux opérer un lapereau tout juste né, je devrais être capable de faire des œufs brouillés. Et d'abord, ce n'est pas pour toi. C'est pour Alexandre.

En entendant son nom, le grand danois releva la tête et heurta les pieds de l'autre nièce de Maria, Nina, qui était assise dans un fauteuil, absorbée par sa tablette.

— Je te jure que même lui ne mangera pas ça, dit Maria, riant toujours.

Celine prit une expression furieuse.

— Je n'aurai plus jamais de gentille attention pour toi, dit-elle d'un ton sifflant, avant de partir jeter ses œufs à la poubelle derrière la maison.

Pendant ce temps, Maria se servit un café – que sa sœur savait faire – et un bol de céréales. Quand Celine revint, elle s'assit en face d'elle avec un air aigri qui la fit rire de nouveau.

Sa sœur fronça les sourcils et but une longue gorgée de son propre café.

— Je ne t'ai pas vue depuis un bon moment, avec tout le travail à faire dans les fermes. Il faut qu'on parle.

Effectivement, la dernière fois qu'elles s'étaient parlé, c'était le soir où elles avaient discuté de la fermeture du refuge et du licenciement de Rafael. Cela remontait à presque deux semaines. Beaucoup de choses avaient changé depuis.

— D'accord.

Maria hocha la tête et inspira profondément en se demandant par quoi commencer. Rafael et elle étaient rentrés de Manaus le lendemain de leur « mariage ». Alors qu'ils se rendaient à l'aéroport, Sebastião avait appelé, les informant qu'il avait transmis les documents à la banque, mais qu'il faudrait au moins un mois pour que les fonds soient débloqués. Un mois pendant lequel ils devraient prétendre être un vrai couple, pour le cas où quelqu'un viendrait enquêter sur eux.

Donc tout le monde, dans leur entourage, devait croire à la réalité de leur union. Cela impliquait de dire à tout Santarém qu'ils étaient mariés et de prétendre qu'ils étaient amoureux. Comment pourrait-elle mentir ainsi à ses amis ? se demanda-t-elle. Les habitants de la petite ville faisaient presque partie de sa famille. Ils seraient tellement blessés de découvrir qu'elle les avait bernés ! Comprendraient-ils qu'elle avait fait ça pour sauver leur refuge ?

Et comment traiteraient-ils Rafael ? Rafael qui n'avait été que gentillesse et attentions pour elle durant tout le processus.

Leur nuit à l'hôtel lui revenait sans cesse à l'esprit, la perturbant avec une intensité ridicule. Il ne s'était *rien* passé. Sauf que lorsqu'il l'avait dévorée du regard et que son cœur à elle s'était emballé, ils avaient tous les deux reconnu tacitement qu'il y avait « quelque chose ». Que leur baiser au tribunal les avait affectés autant l'un que l'autre, et qu'elle n'était pas la seule à avoir terriblement envie de le répéter – sans public cette fois.

— Tu as probablement remarqué que Rafael est toujours là.

C'était une façon comme une autre de commencer. Pour la suite, et malgré l'accord passé avec Rafael, Maria comptait dire à sa sœur que ce mariage était fictif. Elle ne pourrait pas le lui cacher. Le refuge était à elles deux. Celine devait savoir comment elle le sauverait.

— Je m'interrogeais à ce sujet, répondit Celine avec un sourire ironique. C'est parce qu'il te plaît que tu n'as pas pu le licencier ? Dois-je endosser le mauvais rôle ?

Maria rougit, comme sa sœur s'y attendait probablement.

— Non, ce n'est pas ça. Le soir où nous avons eu cette discussion, toutes les deux, je lui ai parlé de nos problèmes.

Elle marqua une pause.

— Quand il a appris que nous devions fermer pour des raisons financières, il a offert de nous donner de l'argent pour nous laisser le temps de trouver un nouveau donateur permanent.

Celine haussa les sourcils.

— Il est assez riche pour ça ? Pourquoi est-il à Santarém, alors ?

— Tu te souviens de *De l'amour et des pattes* ? demanda Maria, connaissant déjà la réponse.

— Évidemment ! Mais qu'est-ce que...

— Les acteurs principaux étaient un vrai couple dans la vie. Il se trouve que Rafael est leur petit-fils, et qu'il possède une fortune grâce au formidable succès de ses grands-parents.

Celine ouvrit de grands yeux, ce qui aurait presque fait rire Maria si la suite n'allait pas paraître aussi absurde à sa sœur.

— Encore une fois, que fait-il ici s'il est aussi riche ? demanda Celine, comme Maria se l'était demandé deux semaines plus tôt.

Deux étranges semaines où l'atmosphère entre elle et Rafael avait changé du tout au tout, leur amitié décontractée étant remplacée par quelque chose de brûlant et d'intense qui couvait entre eux, sans qu'aucun d'eux ne veuille l'admettre pour différentes raisons. Pour Maria, c'était assez simple : elle *savait* qu'ils n'étaient pas compatibles, qu'ils voulaient des choses différentes dans la vie. Ils pouvaient être très attirés l'un par l'autre, mais cela ne pèserait pas lourd si leurs objectifs ne coïncidaient pas.

— Eh bien…

Une boule se forma dans la gorge de Maria, et elle but du café pour la faire passer. Puis elle expliqua à sa sœur sceptique les conditions que les grands-parents de Rafael avaient mises à l'obtention de leur héritage. Celine plissa les paupières, et la compréhension se peignit lentement sur son visage.

— Qu'as-tu fait, Maria ? demanda-t-elle abruptement.

Maria déglutit, forçant sa voix à rester posée en avouant le stratagème que Rafael et elle avaient mis sur pied. Sa sœur réagit vivement.

— Tu ne peux pas l'avoir *épousé* pour avoir l'argent, ce n'est pas possible !

— Écoute…

— Maria, es-tu sérieuse ?

— C'était la seule façon de sauver notre refuge, Celine !

Elle frémit en se rendant compte qu'elle avait élevé la voix, et toutes deux se tournèrent vers Nina, qui fixait toujours sa tablette sans se soucier du reste.

Elle savait que Celine serait très sensible au fait qu'elle se soit mariée sans lui en dire un mot. Le mariage était un sujet délicat pour sa sœur, qui avait été quittée par son mari quelques jours après le sien, après être tombée enceinte lors de sa nuit de noces. Cela remontait à six ans, mais la blessure restait à vif.

Elle baissa la voix pour continuer :

— Je sais que l'idée du mariage te déplaît fortement, mais là, c'est purement par convenance. J'ai fait ce choix pour nous sauver. Avec l'argent que Rafael nous offre, nous pourrons garder la tête hors de l'eau pendant des *années* ! Penses-y avant de juger.

La mâchoire de Celine se crispa, et un muscle tressauta dans sa joue tandis qu'elle retenait son commentaire pour ne pas jeter de l'huile sur le feu. Maria lui en sut gré.

— Tu as des sentiments pour cet homme, Maria, dit-elle finalement.

— Des sentiments ? Ne sois pas absurde, se rebiffa aussitôt Maria. Il n'y a jamais eu entre nous qu'un flirt tout à fait innocent, histoire de compenser la dureté de ce que nous avons parfois à faire.

Elle n'avait pas de *sentiments* pour Rafael, pas de la façon dont sa sœur l'entendait. Oui, il l'attirait, et oui, le baiser qu'ils avaient partagé lui trottait dans la tête, mais ce n'était que temporaire. Cela disparaîtrait, elle le savait, parce qu'il n'y avait tout simplement pas d'autre solution. Il ne voulait pas ce qu'elle voulait, et elle ne voulait pas de lui à cause de ça.

— Oh ! très bien... Si tu crois ça, je suppose que Darius et moi allons finalement avoir notre lune de miel...

Le sarcasme de sa sœur la piqua au vif, mais elle devait être patiente tandis qu'elle habituait Celine à cette nouvelle réalité – qui ne durerait pas.

— C'est sujet à controverse, je le comprends. Mais j'ai besoin que tu me soutiennes, quoi que tu en penses. J'ai fait ce choix, et nous devons partir de là, maintenant.

Le visage crispé de sa sœur exprimait son scepticisme.

— Et comment ça va marcher, cette histoire ?

Maria réprima un petit rire. Celine allait toujours droit au but.

— Nous devons faire passer ce mariage pour authentique, sinon la famille de Rafael pourrait contester la validité de son héritage, et il ne recevrait pas l'argent.

— Ce qui signifie ?

— Je ne sais pas... Je ne dirai à personne que nous sommes mariés. Sinon, il faudrait que j'explique aussi le divorce très rapide qui suivra. Mais hors de cette maison, nous devrons feindre... d'être ensemble.

Elle n'était pas sûre elle-même que ce soit une bonne idée. Seulement, ils n'avaient pas d'autre solution.

Celine secoua la tête et croisa les bras.

— Maria, je ne sais qu'en penser.

— Écoute, digère ce que tu as besoin de digérer à propos de mon faux mariage, mais en attendant soutiens-moi. J'en ai besoin.

Sa sœur prit une grande inspiration, et Maria sentit sa résistance. Elle était têtue, elle le savait.

— Qu'est-ce que tu vas dire aux enfants ?

Une autre question que Maria avait remuée dans tous les sens.

— Honnêtement ? Je pense que nous pouvons leur faire croire que Rafael et moi nous fréquentons, tout simplement. Nina est trop jeune pour comprendre, et Mirabel... Je lui expliquerai le moment venu que les choses n'ont pas marché entre nous.

Celine fronça les sourcils.

— Je n'aime pas ça, marmonna-t-elle.

La sonnerie de l'Interphone interrompit la conversation, et Maria se leva avec un soupir, soulagée, pour voir qui c'était. Mais avant d'appuyer sur le bouton, elle regarda sa sœur par-dessus son épaule.

— Tu n'as pas à aimer. J'ai juste besoin que tu joues le jeu jusqu'à ce que *notre* refuge soit sauvé.

Elle répondit à l'Interphone.

— Bonjour, qui êtes-vous ?

Elle étudia sur le petit écran l'homme blond qui se tenait devant sa porte. Elle ne le connaissait pas, mais il portait une caisse pour transporter un animal de compagnie.

— Je voudrais prendre rendez-vous avec le Dr Pedro. Est-il là ?

Le regard de Maria alla droit sur sa sœur, qui avait pris un air sévère. Le nom de Rafael était manifestement le dernier qu'elle avait envie d'entendre à ce moment-là.

— J'arrive dans un instant, dit-elle dans l'Interphone, avant de se tourner pour monter se changer.

Elle s'arrêta devant la porte de Rafael. Devrait-elle lui dire que quelqu'un le cherchait ? L'homme qui attendait dehors lui était inconnu, chose inhabituelle dans leur petite communauté. Elle secoua la tête et alla s'habiller.

Elle gérerait la situation elle-même. Si ce visiteur posait des questions étranges, elle jouerait le rôle de l'épouse amoureuse. Et si c'était un cas médical, elle le réglerait aussi.

Dans le cas où l'homme éveillerait ses soupçons, elle en parlerait à Rafael. Sinon, il n'avait pas besoin d'être au courant. La dernière chose qu'elle souhaitait était l'inquiéter inutilement.

Bien que ce soit samedi, son jour de repos, Rafael décida de se rendre à la clinique en fin d'après-midi. Un coup d'œil par la fenêtre lui indiqua que la voiture de Celine n'était pas là, mais en bas il ne trouva que Mirabel et Nina, qui lui dirent que Maria était au refuge.

Il se sentait très agité et voulait se plonger dans le travail pour oublier les ondes de désir qui montaient en lui, plus il passait de temps avec Maria. Un désir qu'il souhaitait garder caché, de peur de gâcher leur amitié.

Il ne voulait pas qu'elle soit plus que son amie, il en était certain. La sensation qu'il avait dans la poitrine n'était qu'une réaction excessive au fait que leur relation avait changé. Mais hormis le baiser qu'ils avaient partagé, il ne s'était rien produit qui puisse modifier les sentiments qu'ils avaient l'un pour l'autre. Et ce baiser avait été aussi faux que leur mariage. Ce n'avait été qu'une simulation, pour le cas où sa famille aurait eu des espions à l'intérieur du palais de justice. C'était peu probable, mais il n'avait voulu prendre aucun risque.

Ce qui attisait ses soupçons, c'était que ses parents n'avaient pas bougé, pour l'instant, et n'avaient même pas essayer de le contacter. Qu'attendaient-ils ? Cela faisait deux semaines qu'ils étaient mariés, et son téléphone était resté muet. Il s'était attendu qu'ils essayent de se mettre en contact avec Maria pour la retourner contre lui. Comme ils l'avaient fait auparavant avec Laura.

Avaient-ils renoncé ? Ce serait trop beau pour être vrai.

La porte de la clinique n'était pas verrouillée, et quand il la poussa un sourire se dessina sur ses lèvres. Il aimait cet endroit, qui était imprégné de la bienveillance que les gens de Santarém montraient les uns pour les autres – et pour lui. Avant d'arriver, Rafael n'avait pas réalisé qu'il avait souhaité toute sa vie connaître ce genre de liens familiers.

La pensée de laisser tout cela derrière lui le chagrinait, et c'était seulement le fait de savoir qu'il y renonçait pour le bien de tous qui le consolait un peu.

Il dressa l'oreille quand un bruit léger vint de la pièce où ils gardaient les animaux en observation ou pour des soins postopératoires. L'idée de voir Maria était aussi alléchante que redoutable. Depuis qu'ils étaient rentrés de Manaus, leur relation avait changé. Le désir qui les portait l'un vers l'autre était manifeste, mais ils semblaient tous les deux décidés à ne rien faire à ce sujet. Ils comprenaient sans le dire qu'ils n'avaient pas d'avenir ensemble. Et parce qu'il tenait à Maria, parce qu'elle était son amie, il ne pouvait pas la laisser s'attacher à lui trop longtemps. Il savait qu'elle attendait plus d'une relation – le véritable amour. Il souhaitait qu'elle le trouve un jour, mais admettre qu'il n'était pas et ne pourrait jamais être celui qui le lui apporterait lui coûtait plus qu'il ne l'aurait pensé.

— Hé ! Ma…

Il s'interrompit quand elle bondit de sa chaise, serrant le bébé ocelot sur sa poitrine, un biberon pointé sur lui. Elle se détendit en le reconnaissant.

— Oh ! mon Dieu ! tu m'as fait peur. Que fais-tu ici ?

— Et toi ?

— Moi ? Enfin, Rafael, c'est *ma* clinique !

Il rit, prit une chaise et s'assit près d'elle.

— Tu aurais pu me demander de m'occuper de l'ocelot, si tu voulais rester avec les enfants.

Elle le regarda, les yeux brillants.

— Je ne voulais pas te déranger pendant le week-end.

— Quand ta clinique vétérinaire est à dix mètres de chez toi, il est difficile de parler de week-end, répondit-il.

Elle eut un rire si fort et si vibrant que cela lui hérissa les poils des bras.

— D'accord, mais que fais-tu ici maintenant ?

— J'avais besoin de me dégourdir les jambes et j'ai pensé aller jeter un coup d'œil à certains de nos patients, répondit-il, sans mentionner qu'il avait espéré la trouver là.

— Lia va beaucoup mieux. Je pense que nous pourrons bientôt lui faire prendre l'avion pour l'Institut.

Elle sourit au bébé ocelot tout en le nourrissant.

— Tu lui as trouvé un nom, finalement ?

— C'est Mirabel qui l'a baptisée, et je trouve que ça lui va bien.

— Devras-tu l'accompagner à Manaus ?

Maria secoua la tête.

— Je connais une compagnie de transport qui a l'expérience des animaux exotiques. L'Institut est sa meilleure chance de retourner un jour à la vie sauvage. Ils ont quelques ocelots qu'ils rééduquent. Si une femelle l'adopte, il se peut qu'elle puisse regagner la forêt, plus tard.

Elle baissa les yeux sur le petit animal. La tendresse qui émanait de son sourire était si éclatante et si pure que le souffle de Rafael se coinça dans sa gorge.

C'étaient des moments comme celui-ci qui lui rendaient si difficile de se rappeler pourquoi il ne voulait pas d'elle dans sa vie comme sa véritable épouse, pour le reste de ses jours. Il avait envie d'apprendre d'elle, d'absorber ses connaissances et son talent. De recevoir les bienfaits de sa douceur.

Mais cela ne pourrait jamais devenir une réalité. Il était trop brisé ; sa famille, trop toxique, trop manipulatrice. Un amour véritable ne les arrêterait pas, il le savait. Il ne pouvait pas les laisser venir abîmer la bonté de Maria ou des gens de Santarém dont il était devenu si proche. Dès que la question de la donation serait réglée, il devrait partir.

— Espérons le meilleur pour cette petite, dit-il en sentant les yeux de Maria rivés sur lui.

— Je veux réaliser une vidéo avec elle, avant que nous l'expédiions à Manaus. Lia est le sujet parfait pour montrer de quoi s'occupe le refuge. Il faut espérer qu'elle attirera l'attention d'un riche donateur, pour assurer notre avenir.

La perspective que Maria trouve un autre donateur que lui instilla un malaise inattendu dans le cœur de Rafael. Il n'avait pas encore pensé à ce qui se passerait une fois que leur stratagème prendrait fin.

En attendant, il espéra qu'elle ne percevrait pas les tourments intérieurs provoqués en lui par leur conversation.

Elle resta tranquille un moment, puis, comme Lia ne voulait plus téter, elle se leva d'un mouvement fluide qui le captiva. D'instinct, il promena les yeux sur elle pour imprimer tout d'elle dans sa mémoire. Il voulait se rappeler ces précieuses semaines qu'il avait passées là, à aimer sa place dans la vie pour la première fois depuis des années.

Et qui ne le ferait pas, près d'une personne comme elle ?

Il la suivit du regard tandis qu'elle remettait l'ocelot dans sa cage. Contrairement à la semaine, elle ne portait pas un uniforme, mais des vêtements ordinaires – si l'on pouvait qualifier d'ordinaire la robe qui moulait si délicieusement ses courbes. Cette sorte de fourreau plissé accentuait la beauté de sa plantureuse silhouette latine, et le désir explosa en lui avec une telle force qu'il lui coupa le souffle.

Sapristi ! elle était magnifique. Comment pouvait-il être *faussement marié* à cette femme ? Et comment se pouvait-il qu'il n'y ait pas une file d'hommes attendant de la courtiser ?

La vive chaleur qui était apparue dans le ventre de Maria depuis que Rafael et elle avaient commencé à parler se répandit dans tout son corps lorsqu'elle se retourna et trouva ses yeux fixés sur elle. Ses prunelles noisette avaient foncé, et ses pupilles étaient dilatées, trahissant un désir qui répondait au sien. Elle relâcha un souffle tremblant, l'étoffe de sa robe bruissant tandis qu'elle regagnait sa chaise, et elle eut la sensation que mille petits feux éclataient sous sa peau.

Pourquoi la regardait-il ainsi, comme si leur attirance mutuelle était davantage qu'un simple fantasme qu'elle aimait caresser quand elle avait un moment de tranquillité ? Parce qu'il n'y avait rien d'autre, et il n'y aurait jamais rien d'autre dans ce faux mariage. Ce pincement dans sa poitrine ne pouvait pas être un pincement de regret, car cela signifierait que Rafael comptait plus pour elle qu'un simple ami – ce qui ne se pouvait pas. Pas avec Mirabel qui vivait sous son toit et avait besoin de stabilité. Ses propres besoins devaient passer après ceux de sa famille, comme toujours.

— À propos de la vidéo, dit-elle en se rasseyant, je t'en ai parlé parce que j'adorerais que tu en fasses partie. Tu es celui qui a soigné Lia. Et j'ai pensé que si les gens nous voyaient comme… une famille, ils seraient attendris et peut-être plus enclins à donner. J'ai déjà demandé à Celine de faire quelques prises demain au marché, des prises dont nous pourrions émailler l'histoire de Lia. Ce serait bien si l'on pouvait nous voir… ensemble.

La boule dans sa gorge grossissait tandis qu'elle parlait, avec les yeux de Rafael toujours fixés sur elle. Sur son beau visage, elle vit une expression qui lui coupa les jambes. Elle retrouva sur ses traits des signes des pensées qu'elle avait eues plus tôt. Apparaître ensemble en public mettrait leur nouvelle relation en lumière devant toute la communauté de Santarém. Ils devraient convaincre tout le monde qu'ils étaient un couple amoureux.

Et bien que Maria ne veuille pas l'admettre, c'était l'envie de goûter à cette proximité qui l'avait poussée à faire cette invitation, plus que tout autre chose. Même si ce n'était qu'une fois, elle voulait vivre le fantasme qui hantait ses nuits : faire partie de la vie de Rafael.

— Tu veux que nous apparaissions comme un couple au marché, demain matin ? Devant une caméra ?

Si elle avait trouvé sa propre voix sourde, celle de Rafael était encore beaucoup plus grave et résonnait dans ses veines. Elle déglutit et hocha la tête.

— J'espère que tu réalises ce que cela implique, poursuivit-il. Quand l'Institut diffusera cette vidéo, elle touchera un large public – qui pourra comprendre des amis de ma famille. Il se peut que mes parents eux-mêmes voient ce film. Je veux bien prendre ce risque pour toi, mais il faut que tu sois consciente de ce que tu me demandes.

Un frisson parcourut l'échine de Maria, et elle dut réprimer un tremblement. Elle avait pensé à tout ça, et il fallait que le bénéfice de l'opération surpasse le risque. L'attirance qui était palpable entre eux – même si elle s'en défendait – et leur amitié les aideraient à montrer qu'ils tenaient l'un à l'autre.

L'idée de marcher en ville en tenant la main de Rafael l'emplit d'excitation. Quand le désir, entre eux, avait-il crû de cette façon ? Quelques semaines plus tôt ils n'échangeaient que des sourires, et maintenant elle rêvait des lèvres qui l'avaient embrassée avec tant de douceur. Elle s'imaginait quel effet elles lui feraient sur d'autres parties de son corps…

— Oui, j'en suis consciente, dit-elle, le cœur battant de façon erratique contre ses côtes.

Rafael se pencha en avant, ses cheveux châtains lui tombant sur le front. Il appuya les avant-bras sur ses cuisses et la fixa – la déshabillant du regard. Puis il se leva, les muscles jouant sous sa chemise d'une manière qui assécha la bouche de Maria. Son souffle trembla, et son pouls s'emballa lorsqu'il s'approcha d'elle, si près qu'elle dut renverser la tête en arrière pour le regarder.

— Autre chose, Maria. Cela ne sera pas comme à Manaus, où nous ne connaissions personne. Ici, les gens *parleront,* et tu sais que les rumeurs peuvent vite se propager.

Elle ne se déroba pas à l'intensité de son regard.

— J'en ai conscience aussi.

Alors il se courba pour lui chuchoter à l'oreille :

— Je ne sais pas si je pourrai cesser de faire semblant quand nous serons de nouveau en privé. C'est déjà tellement difficile de ne pas te toucher...

Elle tourna la tête vers lui et vit le feu qui faisait rage dans son ventre reflété dans les yeux de Rafael. Le désir les faisait étinceler – avec une promesse de plaisir qui la fit recroqueviller les orteils dans ses chaussures.

— Il se pourrait que je ne veuille pas que tu cesses de faire semblant, murmura-t-elle.

Rafael eut un petit sourire incrédule. Et diable ! elle ne pouvait pas croire non plus qu'elle avait dit ça. Pas une fois dans sa vie elle ne s'était montrée aussi effrontée. Mais même si leur relation n'avait rien de réel, pourquoi ne pas prétendre durant quelques heures qu'elle était vraie ? Que pourrait-il arriver, au pis ?

La main de Rafael se leva vers son visage, mais s'arrêta avant de la toucher. Le désir qu'il aille jusqu'au bout explosa en elle.

— Maria, je ne sais pas si c'est une bonne idée. Et si...

Il ne put finir sa phrase. Elle se leva, passa un bras autour de son cou pour l'attirer plus près et fit glisser les lèvres sur les siennes – en un baiser qu'elle brûlait d'avoir depuis qu'il l'avait si chastement embrassée sur la joue à Manaus, deux semaines plus tôt.

Quinze jours de désir contenu et d'énergie sexuelle qui s'étaient accumulés en elle, pour culminer dans ce baiser qu'elle pressait sur sa bouche.

Rafael se raidit un instant quand elle posa la main sur son torse, et elle pensa qu'il allait s'écarter, qu'elle s'était trompée sur ce qu'il éprouvait. Mais alors il se détendit, lui enlaça la taille, et ses mains se mirent à parcourir son dos pour la presser plus étroitement contre lui – une étreinte qui confirma ce qu'elle osait à peine croire, qu'il *voulait* lui aussi franchir les bornes de leur amitié.

Ce baiser fut complètement différent de celui du tribunal, mêlant leurs langues en une explosion de passion qui les fit retenir leur souffle. Maria gémit contre les lèvres de Rafael lorsqu'il glissa les mains dans ses cheveux, lui renversant la tête en arrière pour mieux l'embrasser. Elle promenait les doigts dans son dos, cherchant à s'arrimer à lui tandis que son esprit était égaré par cet assaut de sensations, chaque partie de son corps réagissant à tout ce que Rafael était.

À tout ce qu'elle avait voulu avoir pendant ces trois mois et demi. Comment avait-elle pu croire qu'elle inventait ce qui les liait ? Qu'être près de Rafael lui suffirait sans qu'elle possède au moins une partie de lui ? Elle étouffa une exclamation quand sa bouche quitta la sienne, mais cette sensation de vide fut vite comblée par les baisers qu'il sema sur sa peau, descendant le long de son cou, léchant la base de sa gorge d'une façon primaire et possessive qui lui fit trembler les genoux.

Tous ses sens étaient concentrés sur Rafael, et le feu que ses caresses faisaient naître en elle. Elle était tout entière prête à se soumettre à ce désir qui s'était enfin libéré.

Embrasser Maria était encore meilleur que dans son souvenir. Mais céder à son désir pour elle était égoïste. C'était ce qu'il désirait de toutes les fibres de son être, néanmoins il savait que ce n'était pas ce qu'elle voulait. Non, elle voulait une romance de conte de fées, un homme qui apporterait joie et lumière dans sa vie – pas un homme empli de ténèbres comme lui.

Mais la pensée de son égoïsme parvenait à peine à sa conscience alors que ses lèvres descendaient le long de son cou et qu'il humait son parfum. Elle sentait divinement bon, son odeur rappelant une prairie fleurie au printemps. Les petits cris étranglés qui lui échappaient tandis que ses mains remontaient le long de ses cuisses pour caresser ses fesses exacerbaient son désir. Il brûlait tellement de l'avoir, il voulait être le genre de personne dont elle avait besoin dans sa vie.

— Arrête, dit-elle.

À ce mot, chaque muscle de son corps devint rigide.

Il s'écarta d'elle aussitôt, la brume de passion qui emplissait son esprit se dissipant tandis qu'il se redressait, le souffle court. Maria était dans le même état, elle respirait avec difficulté. Elle le regarda bien en face, ses yeux sombres emplis de désir, ce qui lui fit bouillir le sang.

— Tu feras ce que je t'ai demandé, demain ? demanda-t-elle.

— Quoi ? répondit-il sans comprendre.

— J'ai besoin de savoir si tu veux bien faire partie de la vidéo.

— Attends… Tu reprends la conversation comme si les dernières minutes n'avaient pas existé ?

Il baissa les yeux sur son visage, s'arrêtant sur ses lèvres pleines encore gonflées de leur baiser passionné. Elle porta une main à sa bouche, comme si elle voulait en vérifier les traces.

— J'ai deux nièces, une sœur et un faux mari qui vivent avec moi. Alors je ne suis pas vraiment… disponible pour faire ce que je veux là, maintenant, dit-elle d'un ton sourd. Mais demain soir les filles iront dormir chez une copine, et Celine travaillera. Donc… j'aurai la maison pour moi. Pour *nous*.

Rafael marqua une pause, le cerveau encore concentré sur ses belles lèvres sombres et sur le sang qui s'amassait dans le bas de son corps.

— Oh ! fit-il.

Qu'elle ait suffisamment pensé à lui pour lui proposer ce rendez-vous aurait dû le terrifier, parce que cela semblait impliquer un engagement bien plus important que celui qu'il pouvait prendre. Les rendez-vous étaient faits pour des gens libres, pas pour lui qui devait sans cesse regarder par-dessus son épaule pour se prémunir contre les manigances de sa famille. Il savait que la chose la plus sage à faire serait de décliner sa proposition, de garder ses distances et de partir dès qu'il lui aurait transféré l'argent. Mais tout en elle lui donnait envie de céder. De céder à son talent, à sa compassion, à sa beauté.

— Rien dans notre situation n'a changé, Maria, se força-t-il à dire, sa voix rauque trahissant son trouble.

Il l'observa avec attention, cherchant un signe qu'elle aussi s'était trop attachée à lui. Mais son expression ne changea pas, sa nervosité ne s'exprimant que dans la façon dont elle entremêlait les doigts.

— Je n'ai pas l'intention de modifier notre relation ni les termes de notre accord, déclara-t-elle d'un ton posé qui ne reflétait pas ce qu'ils venaient de faire. Tu as montré une générosité incroyable envers moi et les animaux dont nous nous occupons. Bien plus que ce que j'aurais pu demander. Cette… invitation est extérieure à ce qui nous lie par ailleurs. Elle n'a rien à voir avec notre arrangement et n'interférera pas dans nos plans.

Elle baissa un instant les yeux sur ses mains, puis les releva, le feu intense qu'ils contenaient enflammant le besoin de Rafael d'être avec cette femme. Il ne put s'empêcher de se pencher vers elle jusqu'à ce que leurs nez se touchent. Puis il posa les lèvres sur les siennes en un baiser hésitant, comme pour tester sa réaction.

Devinait-elle qu'il comptait partir dès que l'argent arriverait ? Était-ce pour cela qu'elle suggérait du sexe sans engagement, pour exorciser leurs fantasmes des derniers mois ? Et s'il partait ensuite, où serait le mal ?

— À partir du moment où nous sommes clairs sur le fait que cela ne deviendra rien de plus, dit-il en passant la langue sur ses lèvres closes.

— C'est parfaitement clair, marmonna-t-elle contre sa bouche.

Cela suffit pour qu'il s'abandonne une fois de plus.

Sa main glissa le long de son échine et se posa au creux de ses reins, la pressant contre lui tandis qu'il réclamait de nouveau sa bouche. Il mit dans ce baiser tout le désir et les aspirations des mois précédents. Ce besoin incessant d'être avec elle.

Quand Maria sépara leurs lèvres, essoufflée d'une façon qui trahissait le feu brûlant en elle, il la lâcha et se redressa afin de mettre un peu de distance entre eux. S'il se laissait replonger dans ce baiser, il savait qu'il ne s'arrêterait pas tant qu'ils ne se retrouveraient pas allongés sur le sol de la clinique. Pas l'endroit qu'il avait imaginé quand il avait songé à coucher avec elle. Et il y avait songé beaucoup plus qu'il ne voulait l'admettre.

— Alors demain, à l'heure habituelle, pour aller au marché ? demanda-t-il d'un ton sourd.

— Oui, répondit-elle.

Il nota avec une étrange satisfaction virile que cette fois sa voix tremblait, comme si leur baiser l'avait ébranlée autant que lui.

— Je ferais mieux de te laisser avant...

Il ne termina pas sa phrase, les mots se coinçant dans sa gorge. Avant qu'il l'attire par terre et la fasse crier de plaisir ? Même si c'était ce qu'ils avaient décidé de faire, dire les choses aussi crûment lui aurait fait un drôle d'effet, alors que jusqu'ici leur attirance s'était passée de paroles.

— À demain, dit-elle avec un sourire qui faillit le faire revenir en arrière pour assouvir le fantasme de la prendre sur-le-champ.

Faisant appel à toute la volonté qui lui restait, il s'obligea à partir.

7

Maria avait passé une nuit agitée. Le souvenir de leur baiser intense, toutefois, avait chassé ses inquiétudes concernant ce qui allait se passer ce soir-là.

Celine l'avait tirée du lit de bonne heure pour tourner un clip d'elle nourrissant Lia. Sa sœur avait elle aussi eu l'idée de montrer Maria et Rafael sous l'angle d'une famille, ce qui l'avait étonnée. Celine s'était habituée bien plus vite qu'elle l'avait imaginé à son faux mariage. Quant à elle, la pensée d'être si ouvertement affectueuse avec Rafael l'emplissait de nervosité. Et s'ils n'étaient pas convaincants ? Et ne risquaient-ils pas trop pour tourner une vidéo dans laquelle ils se promèneraient sur la place de la ville main dans la main ?

Alors qu'ils allaient partir, son estomac fit un bond lorsque Rafael passa un bras autour de sa taille afin de l'attirer à lui. Elle leva les yeux vers lui et ne vit pas sa propre nervosité reflétée sur son visage. Il s'était coulé dans le rôle de son mari sans effort – ou alors il était très bon pour dissimuler le mal qu'il se donnait.

— Tu es très belle, aujourd'hui, dit-il avec un sourire si sincère que son souffle se coinça dans sa gorge.

— Merci, répondit-elle en souriant légèrement et en passant aussi un bras autour de lui.

La faim d'elle brillait dans ses yeux noisette qui observaient chacun de ses mouvements, et elle déglutit avec peine, le même désir lui enflammant le sang. L'impatience se mêlait en elle à la peur de ce qu'ils s'étaient promis pour ce soir-là.

Dans l'immédiat, ils allaient jouer le rôle d'un couple aimant aux yeux de toute la petite ville. Maria n'aurait pas de mal à prétendre qu'ils étaient amoureux, elle le savait. C'était quelque chose qui lui venait de plus en plus aisément au fur et à mesure que le temps passait. Et tandis que le désir qu'elle lisait dans les yeux de Rafael la rendait moite, elle sentait aussi son cœur battre plus vite pour lui. Comment était-elle censée mettre fin à cet engrenage ? se demanda-t-elle. Elle devait se rappeler qu'il était avant tout celui qui allait sauver leur refuge, et qu'ensuite leur histoire s'achèverait.

Le bruit de la foule parvint à leurs oreilles, et lorsqu'ils tournèrent au coin de la rue ils virent de nombreuses personnes sur la place.

— Tu es prête ? lui demanda Rafael.

Elle hocha la tête, mais avant qu'elle puisse dire un mot il s'arrêta et se pencha pour déposer un bref baiser sur ses lèvres.

— Ça va ? demanda-t-il encore.

Elle leva les yeux vers lui, avec l'impression de sentir en elle une autre sorte de tension. Une tension qui n'avait rien à voir avec le sexe, mais dont l'origine était bien plus profonde. Si elle était réelle, elle combattrait ce penchant de toutes ses forces, se dit-elle, car le laisser prendre racine signifierait qu'elle serait perdue. Elle *ne pouvait pas* tomber amoureuse de Rafael, qui était trop différent de l'homme qu'elle rêvait de rencontrer.

— Oui, répondit-elle dans un souffle, avant de regarder devant elle tandis qu'ils se mêlaient à la foule.

Comme chaque dimanche, différents vendeurs s'étaient réunis sur la grande place de Santarém où ils avaient dressé leurs étals. Ils exposaient leurs produits frais. D'un autre côté, des gens faisaient la queue devant des food-trucks. Et Maria aperçut sa sœur qui, téléphone en main, filmait la scène. Elle se figea quand Celine zooma sur eux, soudain hyper consciente de chaque endroit où son corps touchait celui de Rafael. Puis Celine les regarda, les paupières plissées, et continua son chemin.

— Eh bien, elle est pressée de nous trouver un nouveau donateur, marmonna-t-elle.

Rafael rit doucement.

— Je ne la vois jamais au marché, dit-il. Et toi, venais-tu ici toute seule, avant que j'arrive ?

— Oui. Mais nos parents avaient l'habitude de nous y amener chaque dimanche, avant qu'ils partent se retirer en Suisse.

— Pourquoi sont-ils partis si loin ? La Suisse n'est-elle pas un pays froid ?

— Ma mère a des problèmes d'asthme. Elle est allergique aux lapins qui étaient pourtant sa spécialité. Et ils avaient toujours eu envie d'aller en Suisse, qui leur paraissait être à l'opposé du Brésil pour le climat. Quand ils ont réalisé à quel point l'air des montagnes et la faible humidité étaient bons pour ses poumons, ils ont décidé d'y passer leur retraite.

Maria s'écarta pour se dégager de l'étreinte de Rafael, puis elle lui prit la main afin de l'entraîner vers le café. Ses joues rougirent quand Manuel, le propriétaire, regarda à deux fois leurs mains jointes.

— *Deus !* Est-ce que ça veut dire que vous deux… Ce n'est pas trop tôt ! Avez-vous vu Tina ? Elle va être aux anges d'apprendre ça !

Maria ravala la dénégation qui lui montait dans la gorge. Elle jeta un coup d'œil de côté à Rafael, voulant voir s'il était aussi paniqué qu'elle face à ce premier commentaire sur leur fausse relation, mais il n'en montrait rien. Au contraire, il sourit, porta sa main à ses lèvres et posa un baiser dessus.

— J'ai su qu'il y aurait quelque chose entre nous dès que je suis arrivé ici, dit-il d'un air si sincère que cela coupa le souffle de Maria.

— Les gens n'attendaient que ça de vous deux, vous savez ? reprit Manuel en moulant du café pour les servir.

— Ah oui ? fit Maria, ouvrant de grands yeux.

Manuel hocha la tête avec vigueur. Toute la ville connaissait son penchant pour Rafael ? Avait-il vraiment été aussi évident ? De la sueur commença à mouiller sa main.

Rafael resserra les doigts autour des siens et lui décocha un doux sourire qui ne fit qu'accentuer le chaos qui régnait en elle.

— Comment va Rex ? demanda-t-il pour changer de sujet. S'est-il remis de son ingestion de chocolat ?

Manuel fit signe que oui, visiblement reconnaissant des soins qu'il avait prodigués à son chien.

— Il va beaucoup mieux, et nous avons mis un verrou sur le placard, dit-il en leur tendant leur café. Mais sérieusement, allez dire bonjour à ma femme. Elle va probablement vous demander un acompte pour un gâteau de mariage, quand elle vous verra.

Maria déglutit péniblement. Ils se comportaient comme un couple, mais le fait qu'ils étaient déjà mariés restait un secret. Comment ces gens qui étaient ses amis réagiraient-ils lorsqu'ils le découvriraient ?

Elle était si nerveuse qu'elle manqua renverser son café. Rafael lui jeta un coup d'œil, parfaitement calme. Où étaient les nerfs d'acier qu'elle avait aiguisés à travers tant de situations d'urgence, quand elle en avait désespérément besoin ? se demanda-t-elle. Elle n'eut pas le temps d'y réfléchir davantage, car lorsqu'ils se retournèrent ils se retrouvèrent face à trois vieilles dames qui se plantèrent devant eux comme des juges.

— *Bom dia, senhoras !* leur lança Rafael avec un sourire à les faire se pâmer.

— Eh bien, si ce n'est pas la petite célibataire la plus en vue de Santarém avec sa nouvelle touche ! dit Angelica, la cheftaine du groupe, d'un air malicieux.

Maria rougit, et les trois dames gloussèrent en échangeant des regards entendus. La nouvelle s'était déjà répandue ? Ils n'avaient quitté le café de Manuel que depuis une minute !

— Rafael et moi…, commença-t-elle.

Mais Angelica l'interrompit en agitant la main.

— Oh ! vous n'avez pas besoin de dire quoi que ce soit, *querida*. Nous savions que cela allait arriver depuis un bon moment. Nous sommes heureuses pour vous, n'est-ce pas, mesdames ?

Ses compagnes acquiescèrent avec ardeur.

Rafael tourna la tête vers Maria, lâchant sa main pour lui enlacer de nouveau la taille et l'attirer contre lui. Une vive chaleur l'envahit lorsqu'il se pencha pour poser un léger baiser sur sa tempe.

— J'ai trouvé ce que je souhaitais sans avoir à aller très loin, dit-il.

Les trois dames soupirèrent, tandis que le cerveau de Maria avait du mal à saisir ce qu'elle venait d'entendre. Il avait trouvé ce qu'il souhaitait ? Était-il sérieux ? Non, cela ne se pouvait pas. Tomber amoureux ne faisait pas partie de leur accord, et ce qu'il disait ce jour-là n'était pas vrai. Ils jouaient un rôle, et il était simplement meilleur acteur qu'elle.

Une pensée la fit réfléchir. Elle avait fait cette proposition à Rafael, pour ce soir-là, à cause de ce qu'il avait dit à la clinique la veille – qu'il était difficile pour lui de ne pas la toucher. Était-ce vrai, ou cela faisait-il aussi partie de leur supercherie ?

Ils passèrent l'heure suivante à déambuler dans le marché comme ils le faisaient d'habitude, à une grosse différence près. Maintenant, les gens ne cessaient de s'approcher d'eux pour leur dire à quel point ils étaient heureux qu'ils forment enfin un couple. Maria n'avait pas été préparée à ça. Cela signifiait que *tout le monde* avait remarqué ses sentiments pour Rafael. Sauf elle, à ce qu'il semblait.

Pendant ce temps, Rafael bavardait et riait sans paraître nerveux le moins du monde. C'était la première fois qu'elle remarquait à quel point il s'était intégré facilement à leur petite communauté. Lorsqu'ils s'assirent enfin à une table devant deux salades achetées à un food-truck, Maria était trop épuisée pour s'appesantir sur ce qui venait d'arriver – la facilité avec laquelle les gens avaient accepté leur romance comme étant authentique. Il faudrait qu'elle y réfléchisse ultérieurement, quand elle ne mourrait plus de faim.

Celine était assise deux tables plus loin avec Nina et Mirabel, manifestement pour les laisser seuls alors qu'ils venaient de se montrer ensemble en ville pour la première fois. Maria sentit son cœur s'attendrir en regardant ses nièces se partager un gâteau du stand de Tina.

— C'est la première fois que je vois Mirabel au marché, remarqua Rafael.

Le sourire de Maria disparut.

— Elle avait l'habitude d'y venir avec son père. Quand il est parti, elle a cessé de nous accompagner, jusqu'à aujourd'hui.

Rafael plissa les paupières avec une expression féroce.

— Il ne demande vraiment jamais de ses nouvelles ?

Elle secoua la tête.

— Non, il ne nous a pas contactées depuis son départ.

Elle serra les poings.

— Je ne peux toujours pas croire que mon frère ait fait une chose pareille. Ce que cette femme pouvait lui offrir ne justifiait sûrement pas qu'il abandonne sa fille de cette façon ! Je ne sais pas ce que j'aurais fait sans l'aide de Celine. Élever une enfant ensemble n'avait rien de nouveau pour nous, mais comment expliquer ce qui s'est passé à Mirabel, qui a douze ans ?

Son souffle trembla, et Rafael enveloppa sa main de la sienne, une sensation si chaude et si parfaite que, soudain, elle n'eut pas envie d'envisager la vie sans elle. Dans des moments comme ceux-là, elle aspirait au réconfort d'un homme, à son soutien, pour l'aider en étant simplement à ses côtés. Ce rêve avait été en sommeil dans sa poitrine jusqu'à ce que Rafael entre dans sa vie, l'emportant dans un tourbillon. Seulement ce qu'ils avaient n'était pas vrai, quoi qu'elle ressente.

— Nina a de la chance de t'avoir, tu sais, dit-il.

Il se leva et contourna la table pour venir s'asseoir à côté d'elle et la prendre dans ses bras.

— Je n'en suis pas sûre, répondit-elle, laissant venir à la surface des peurs qu'elle n'avait jamais partagées avec personne. Je n'ai pas tout réussi. Par exemple, je n'ai pas été capable d'attirer un nouveau donateur à temps pour éviter les difficultés que tu connais. Une situation qui pourrait déstabiliser ma nièce.

Un rire doux secoua la poitrine de Rafael, et il vibra en Maria serrée contre lui.

— Mais si, tu l'as fait, seulement pas de la façon traditionnelle que tu escomptais. Tu as endossé le fardeau de m'épouser et de marcher dans ma combine pour remettre ton affaire à flot. Peu de personnes seraient capables de donner autant d'elles-mêmes pour sauver leur héritage.

— Être mariée avec toi ne peut guère être qualifié de fardeau.

Ces mots quittèrent les lèvres de Maria avant qu'elle puisse réfléchir, la conduisant à partager une opinion qu'elle n'avait pas eu l'intention de lui révéler. Rafael se raidit sous ses mains, ses muscles se tendant d'une façon qui l'effraya.

Pourquoi avait-elle dit ça ? Pourquoi avait-elle avoué qu'elle prenait goût à ce qu'ils vivaient ? Alors que c'était elle qui affirmait que même s'ils devenaient des partenaires sexuels, leur accord resterait inchangé et qu'il n'y aurait rien de réel entre eux ?

— Ce que je veux dire..., commença-t-elle, avant d'être interrompue par une voix familière qui appelait Rafael.

— Rafael, vite ! cria Tina, la femme de Manuel et la boulangère, en s'arrêtant près de leur table, essoufflée et les joues rouges.

— Que se passe-t-il ? demanda-t-il tandis que Maria et lui se levaient d'un bond, échangeant un coup d'œil inquiet.

— Ma fille et moi avons trouvé quelque chose dans un carton, près des poubelles. C'est affreux !

Elle paraissait désemparée, et Maria en conclut qu'il ne pouvait s'agir que d'un animal abandonné.

La journée avait été la plus exquise torture que Rafael avait jamais traversée. Être si près de Maria était grisant, et chaque fibre de sa personne qui brûlait de la toucher comme si elle était sienne avait été exaucée tandis qu'ils se promenaient sur la place.

Leur sortie s'était achevée par la découverte d'une chatte et de sa portée dans un carton mis au rebut. Ils étaient retournés précipitamment à la clinique avec leurs patients, et il examinait maintenant la chatte écaille de tortue.

— Qui peut faire une chose pareille ? demanda Maria debout près de lui. Jeter une chatte et ses petits comme s'ils étaient des ordures !

Lorsqu'ils avaient essayé de séparer les chatons de leur mère pour les examiner, ils s'étaient rendu compte que la chatte était trop nerveuse. Afin de ne pas la stresser davantage, Maria avait reculé pour laisser Rafael gagner sa confiance.

Assis sur un tabouret près de la table d'examen, il restait assez près de la chatte pour qu'elle perçoive son odeur, mais assez loin pour qu'elle ne se sente pas menacée.

— Nous ne savons pas si c'est le cas. C'est peut-être une chatte errante qui s'est sentie bien dans ce carton. À la voir, elle y était sans doute depuis un jour ou deux. Elle n'est pas dénutrie, mais elle a mis bas toute seule, sans aide.

— A-t-elle une puce ? demanda Maria.

— Je ne sais pas.

Rafael ouvrit un tiroir derrière lui et en tira un scanner qui servait à lire les puces que certains propriétaires faisaient implanter sur leurs animaux de compagnie. Il passa l'appareil sur la chatte, mais celui-ci ne bipa pas.

— Apparemment pas.

— Eh bien, nous pouvons poster des images d'elle sur les réseaux sociaux, et si personne ne la réclame nous pourrons la garder à la maison jusqu'à ce que les petits soient assez grands pour être adoptés. Alexandre ne dira rien, j'en suis sûre.

Rafael pivota sur son tabouret pour la regarder, les sourcils levés.

— Tu me laisserais garder cette chatte chez toi ?

Elle eut un sourire si rayonnant qu'il chassa l'air de ses poumons. Comment avait-il pu laisser les choses aller aussi loin ? se demanda-t-il. Cette femme n'était pas censée lui faire chavirer le cœur.

— Bien sûr, répondit-elle. Cet arrangement entre nous est peut-être artificiel, mais tu es toujours mon ami. Si tu veux la garder, gardons-la.

Aussitôt, le cœur de Rafael ralentit, et une sensation de froid se répandit dans sa poitrine. C'était un geste d'amitié – qu'est-ce que cela aurait-il pu être d'autre ? Il ne put ignorer sa déception.

— Voyons voir si nous pouvons en apprendre plus sur elle, dit-il pour orienter la conversation dans une autre direction.

Mais quand il voulut la toucher, elle tourna la tête vers lui, montrant les dents. Ses oreilles étaient aplaties, et elle siffla méchamment.

— Elle est trop nerveuse pour que je la manipule. Elle a été stressée. Je dois lui administrer un sédatif si je veux avancer.

— Tu veux de l'acépromazine ? demanda Maria.

Rafael regarda encore la chatte et secoua la tête.

— Non, sans rien savoir sur elle, ça pourrait être trop risqué. Mieux vaut l'observer quelques heures, d'abord. Mettons-la dans une cage.

Maria ouvrit un placard et en sortit un bol et un paquet de croquettes.

— Elle doit avoir faim.

Rafael mit des croquettes dans le bol et le posa devant la chatte. Elle le renifla un moment, puis se mit à manger.

— Je vais préparer la cage, dit Maria en quittant la salle d'examen.

Rafael resta avec la chatte abandonnée, l'observant pendant qu'elle mangeait. Lorsque ses oreilles se redressèrent et qu'elle cessa de gronder quand il approchait sa main, il se dit qu'il allait pouvoir la mettre dans la cage, en observation.

Rafael était assis dans la salle du fond, observant la chatte, lorsque Maria revint. Au lieu de s'asseoir à côté de lui, elle se tint derrière lui, le ventre touchant son dos, et posa une main sur son épaule. Elle huma son odeur, ce parfum de lavande calmant son cœur qui battait la chamade en raison du geste trop intime qu'elle avait osé.

— Comment va-t-elle ? demanda-t-elle.

— Elle se comporte bien. Je ne vois rien d'anormal. Je pense que lorsqu'elle sera un peu remise nous pourrons l'examiner.

Un instant plus tard, la porte s'ouvrit, et Celine entra, vêtue de son uniforme et portant son équipement dans un sac passé à son épaule. Ses yeux s'arrondirent lorsqu'elle les vit dans cette position, puis elle plissa les paupières d'un air qui ne présageait rien de bon, se dit Maria. Il faudrait qu'elles se parlent quand elles auraient un moment.

— Je vous ai filmés quand vous avez trouvé les chats, annonça-t-elle. Je vais faire un plan sur la mère en train de se reposer, pour inclure l'heureux dénouement dans la vidéo. Faites comme si vous l'examiniez.

Elle laissa tomber son sac, sortit son portable et zooma quelques secondes sur la chatte et ses petits. Puis elle releva l'appareil et fit signe à Rafael de s'exécuter, d'un geste impatient de la main. Il fronça les sourcils et jeta un coup d'œil à Maria, qui avait ôté la main de son épaule mais se tenait encore assez près de lui pour sentir sa chaleur la pénétrer. Elle haussa les épaules.

— Les chatons têtent bien, et elle ne réagit plus négativement à ma présence. C'est bon signe. Cela signifie qu'elle se sent plus à l'aise, déclara Rafael en lançant un regard acerbe à Celine, dont il n'appréciait visiblement pas les manières.

— J'ai ce qu'il me faut, merci, dit-elle. Je vais faire le montage et diffuser la vidéo sur notre site.

Elle marqua une pause, ses yeux fixant l'endroit où Maria et Rafael se touchaient, puis elle regarda sa sœur.

— Faites attention, tous les deux.

Sur quoi elle s'en alla, ses paroles planant entre eux. Ils restèrent un moment à regarder la chatte qui s'installait avec ses petits. Quand Rafael se tourna finalement vers Maria, son expression était indéchiffrable, mais elle sentit sa tension.

— Celine a raison, tu sais. Nous devons être plus prudents quand nous sommes seuls. La prochaine fois, ce ne sera peut-être pas ta sœur qui nous surprendra. Si nous avions laissé échapper quelque chose concernant notre arrangement ?

Il avait le regard sombre, et son visage était soucieux.

— Tu penses que tes parents s'introduiraient dans ma clinique pour te pousser à leur donner ton argent ? demanda Maria, sceptique.

— Tu ne sais pas ce dont ils ont été capables pour tenter de me faire plier, dit-il, les poings serrés.

Mais son ton dur n'arrêta pas Maria. Ils avaient partagé assez de proximité, de passion et d'affection, maintenant, pour qu'elle ne veuille plus être laissée en dehors de son histoire. Elle haussa le menton, carra les épaules et lâcha :

— Alors dis-le-moi.

Il ouvrit la bouche, mais aucun mot n'en sortit. Puis il prit Maria par la taille et la serra dans une délicieuse étreinte.

Le cœur de Maria tambourina violemment dans sa poitrine quand Rafael l'attira contre lui, ce geste dissipant toute l'anxiété que cette journée lui avait causée. Une seule chose la tracassait encore, mais elle était si certaine qu'il ne lui dirait pas ce qui lui était arrivé qu'elle laissa son esprit dériver vers ce qui l'attendait lorsqu'ils auraient fini avec les chats. Celine était partie, emmenant les filles chez leur copine. Il n'y aurait qu'eux deux et alors...

Peut-être que ce qu'elle avait proposé n'était pas une bonne idée, finalement. Certes, ils étaient d'accord sur le fait que leur désir l'un pour l'autre – et la décision d'aller au bout de leur attirance – existait en dehors de leur marché. Néanmoins, au fond, Maria se rebellait. Rafael retenait tant de lui-même, alors qu'elle avait exposé beaucoup plus de son intimité qu'elle n'en avait eu l'intention.

Mais n'était-ce pas, justement, la raison pour laquelle elle devrait coucher avec lui sans éprouver de gêne ? Car contrairement à elle, il ne s'était pas attaché plus profondément, apparemment, et ne souhaitait pas changer quoi que ce soit à leur amitié. En tout cas, il n'en avait rien dit. Peut-être leur épargnait-il pas mal de peine à venir, en la tenant à distance.

— J'étais fiancée à une femme nommée Laura, dit-il finalement, à sa grande surprise. Nous avions été présentés par un ami commun, et je ne me suis pas posé de questions. À l'époque, j'avais refusé d'épouser la fille du P-DG d'une autre société de médias, comme j'avais refusé de nombreux autres partis présentés par mes parents, et ils avaient finalement cessé de m'importuner. J'aurais dû me méfier, mais je me suis dit que je les avais suffisamment rembarrés pour qu'ils renoncent. C'est alors que j'ai rencontré Laura, et il m'a semblé à ce moment-là que quantité de choses dans ma vie prenaient sens.

Sa voix révélait une profonde blessure, mêlée de regret. Maria n'osa pas poser de questions, de crainte de le faire taire. Alors elle lui caressa le dos pour l'apaiser et l'inciter à abattre les défenses qu'elle percevait autour de lui.

— Je suis tombé amoureux d'elle en l'espace de quelques semaines, reprit-il, et chaque fois que je la voyais, cela renforçait ma conviction qu'elle était mon âme sœur, l'amour de ma vie. Pour la première fois, je pensais que je pourrais peut-être connaître cette magie, moi aussi. Alors je lui ai demandé de m'épouser pour l'anniversaire de nos six mois. Puisque j'avais rencontré la personne avec qui je voulais passer le reste de ma vie, pourquoi attendre ?

Sa voix se fit amère.

— Un soir, je suis passé chez mes parents. Sa voiture était garée dans l'allée. Ce qui m'a étonné, car elle savait à quel point mes relations avec eux étaient tendues. Je lui ai accordé le bénéfice du doute, me disant qu'elle était peut-être là pour essayer d'arranger les choses entre nous. Elle m'avait pressé d'enterrer la hache de guerre, et là encore je ne m'étais pas méfié. Pour moi, elle voulait simplement que l'on forme une famille heureuse.

Il soupira avec aigreur.

— En arrivant à la porte, j'ai entendu les voix enfiévrées de Laura et de ma mère par la fenêtre ouverte. Ma mère demandait à Laura de me convaincre d'avancer la date du mariage, car ils avaient besoin de l'argent tout de suite. Comme un idiot, j'ai encore cru que ma mère l'avait attirée là sous un prétexte quelconque, pour faire pression sur elle. C'est alors que Laura a protesté, disant que m'amener là lui avait demandé tant d'efforts qu'elle ne voulait pas risquer de perdre tout le bénéfice de l'opération juste parce mes parents s'impatientaient. « Encore quelques mois, et vous aurez ce pour quoi vous m'avez engagée », a-t-elle conclu.

Les yeux de Maria s'agrandirent, et elle porta une main à sa bouche, horrifiée, tandis que les pièces du puzzle se mettaient en place. Elle ne put s'empêcher de fixer Rafael, l'esprit dérouté par une trahison aussi cruelle.

— Elle... elle a feint d'être amoureuse de toi pour l'argent ? demanda-t-elle tandis qu'il lui opposait un visage de pierre.

— Comme mes parents n'avaient pas pu me convaincre d'épouser leurs candidates, ils avaient décidé d'introduire subrepticement quelqu'un dans ma vie. C'est à ce moment-là que je me suis rendu compte que je n'aurais jamais l'amour et le mariage que connaissent tant d'autres personnes, parce que mon argent gâcherait toujours tout.

Il secoua la tête et lâcha un rire rauque, sans humour.

— Alors que mes grands-parents avaient les meilleures intentions du monde, ils ont fini par nuire à tous leurs petits-enfants avec cette clause. Ils ont condamné mon frère et ma sœur à des mariages malheureux ; et moi, à la solitude. À cause d'eux, je ne saurai jamais si quelqu'un est avec moi pour moi-même ou pour l'héritage qui m'attend.

Maria faillit protester, mais elle s'arrêta. Ne l'avait-elle pas épousé pour l'argent, elle aussi ? Valait-elle mieux que Laura, elle qui avait conclu un faux mariage avec lui pour pouvoir sauver son affaire ?

Il parut lire dans les pensées qui devaient se refléter sur son visage, car il dit :

— Je ne parle pas de nous. J'ai conclu cet accord avec toi les yeux grands ouverts. L'amour n'a jamais fait partie de l'équation, ici, et nous nous séparerons avec notre dignité et notre cœur intacts.

Maria déglutit avec difficulté tandis que le doute la gagnait, l'emplissant d'une noirceur glacée. Son cœur survivrait-il à cette histoire, alors qu'il se brisait déjà pour Rafael ?

Elle s'obligea à hocher la tête, loin de ressentir l'assurance que ce geste était censé traduire, et l'air sceptique de Rafael lui indiqua qu'il ne la croyait peut-être pas non plus.

— Merci de m'avoir écouté, dit-il. Je n'avais jamais raconté cette histoire à personne.

Il lui prit la main et déposa un baiser sur sa paume.

Un geste qui lui dit ce que ses mots ne pouvaient pas exprimer. Qu'il ne craignait pas qu'elle lui brise le cœur, comme Laura, parce que même si elle lui plaisait et s'il la désirait, il ne l'aimait pas. Il ne se laisserait jamais redevenir aussi proche de quelqu'un à cause de ce qui lui était arrivé.

Et même si Maria savait qu'elle aurait dû en être soulagée – parce que, de toute façon, elle ne voulait pas être avec quelqu'un qui ne désirait pas les mêmes choses qu'elle dans la vie – une part traîtresse de son cœur se brisa en mille morceaux. Ce qu'elle avait imaginé avec Rafael se dispersait aux quatre vents, comme l'espoir que leur connexion était peut-être réelle, et plus qu'une simple attirance physique.

Tout cela lui laissait un sentiment de tristesse qu'elle devrait résoudre une fois que leur divorce serait consommé, deux ou trois mois plus tard. Mais en attendant, elle s'autoriserait à avoir ce petit bout de Rafael qu'il lui avait offert et s'en contenterait, même si ce n'était pas ce qu'elle attendait vraiment de lui.

Elle pourrait avoir une nuit, au moins.

Alors elle ravala la sensation croissante de perte qui l'habitait pour l'enfermer quelque part en elle et se concentra à la place sur ce qu'il voulait d'elle – une proximité physique qui ne faisait pas partie de leur accord, ni des sentiments de plus en plus complexes qu'elle nourrissait à l'égard de cet homme.

— Je pense que maman chat et ses petits sont bien installés, dit-elle. Veux-tu que nous retournions à la maison ?

L'éclat sombre des yeux de Rafael réussit presque à dissiper les doutes de Maria sur son désir d'avoir davantage.

— Je te suis.

8

Rafael avait de graves ennuis. Il l'avait suspecté dès l'instant où il était entré dans la clinique de Maria et n'avait pas pu détacher les yeux d'elle. Au fil des mois, l'innocente amitié qui s'était mise en place lorsqu'ils s'étaient rencontrés avait évolué, devenant quelque chose de plus tangible, de plus intense, qui lui faisait chanter le sang. Mais il savait qu'il avait commis une erreur en laissant les choses aller trop loin, devenir trop confortables.

L'idée de conclure ce faux mariage avait été nécessaire, même s'il avait su dès le départ qu'il devrait lutter pour rester détaché. Quand Maria lui avait confié ses problèmes, il avait éprouvé le *besoin* de l'aider, sachant que s'il ne le faisait pas, il le regretterait. Et tant pis s'il aurait à se sacrifier à la fin de cet accord – en étant obligé de partir. Il n'avait pas pu supporter de rester impassible alors qu'il détenait la solution à ses tourments.

Parce qu'il la voulait – tellement qu'il avait du mal à respirer, qu'il lui était impossible de penser correctement, de se rappeler pourquoi ils ne pourraient jamais être ensemble.

Une fois qu'ils furent à la maison, la tension entre eux se rompit lorsqu'ils montèrent à l'étage, jusqu'à la porte qu'il avait regardée avec une envie secrète depuis qu'il s'était installé chez Maria. Elle franchit le seuil de sa chambre – se plaçant là où il brûlait qu'elle soit, afin d'exaucer le fantasme qu'il nourrissait depuis si longtemps dans son cœur.

— Rafael..., commença-t-elle.

Dès que la porte se referma derrière eux, il se tourna et la saisit par la taille pour la prendre dans ses bras, sa bouche se plaquant sur la sienne. Une impatience comme il n'en avait jamais connue auparavant s'empara de lui, ses mains se promenant sur son corps tandis que le besoin d'en explorer chaque parcelle faisait irruption en lui.

Elle devint douce et docile contre lui. Elle s'offrit à son toucher avec un gémissement qui se réverbéra en lui comme une vague alternativement brûlante et glacée, faisant naître dans sa poitrine une tempête qui menaçait d'éclater et d'emporter tout sur son passage.

Pourtant, il voulait aller lentement et savourer chaque instant de cette unique nuit qui était à eux. Car c'était tout ce qu'ils auraient, une nuit. Une nuit pour vivre comme si ce qui semblait les unir était réel, indéniable. Mais la partie primaire de son cerveau avait déjà pris le contrôle de son corps, le pressant de profiter pleinement de ce moment alors que la femme qu'il chérissait et désirait était dans ses bras.

Lorsqu'il s'écarta de Maria pour la regarder, il vit que ses pommettes hautes étaient teintées d'un rose sombre. Ses lèvres s'écartaient sur un doux soupir, et ses yeux étincelaient avec la même intensité que celle qui lui traversait le corps. Il posa une main sur sa joue, le pouce caressant sa peau échauffée.

— Désolé, je t'ai interrompue, tout à l'heure, dit-il d'une voix enrouée par le désir.

— Je...

Maria cligna des paupières, et un sourire hésitant se peignit sur ses lèvres.

— Je ne me souviens pas de ce que je voulais dire. Et ceci est mieux que de parler.

Elle se pencha en avant et pressa sa bouche pulpeuse sur celle de Rafael, lui donnant la permission tacite de continuer. Son ardeur était si communicative que le sang de Rafael se rua dans la partie inférieure de son corps et qu'il émit un grognement étouffé. Il glissa une main dans ses cheveux, saisissant l'arrière de sa tête pour l'attirer plus profondément dans leur baiser. De la langue, il balaya ses lèvres pour lui réclamer de le laisser entrer.

Maria soupira dans sa bouche, un son empli d'envie et de plaisir qui lui enflamma la peau. Puis elle l'accueillit en elle, et les sensations qu'il éprouvait s'intensifièrent. Il se sentit porté à un niveau d'existence supérieur tandis qu'elle répondait à chacun de ses assauts avec la même passion et le même besoin que lui.

— *Deus !* Rafael…, murmura-t-elle lorsqu'ils se séparèrent, le souffle coupé.

Il l'embrassa de nouveau, plus doucement cette fois, un simple frôlement de ses lèvres gonflées par la passion, puis baissa la tête pour lui taquiner le cou. Un parfum de fleurs emplit ses narines, provoquant en lui une nouvelle vague de plaisir. Il voulait se rappeler ce parfum jusqu'à la fin de ses jours. C'était celui qui flottait dans la clinique lorsqu'il arrivait le matin et qui suscitait en lui cette aspiration qu'il savait pourtant défendue.

Si cette nuit-là devait être la seule qu'ils partageraient, il allait la rendre inoubliable.

Le monde autour de Maria disparut tandis que ses sens se concentraient sur Rafael et les endroits où leurs corps se touchaient. La chambre s'était évanouie autour d'eux. Il n'y avait plus que lui et son contact, un contact qu'elle avait brûlé de connaître depuis qu'elle avait admis son attirance pour son nouveau vétérinaire, des semaines plus tôt.

Maintenant, les doigts de Rafael descendaient sur son côté, et des soupirs tremblants s'échappaient de sa bouche. Comment allait-elle survivre à cette exquise torture quand chaque contact et chaque souffle effleurant sa peau lui causaient la plus délicieuse des souffrances ?

Des dents, il taquina la peau sensible de son cou, ses mains descendant de plus en plus jusqu'à se poser sur ses fesses. L'étoffe de sa robe d'été bruissa, le seul bruit dans la pièce en dehors de ses gémissements. Rafael l'explorait tout à loisir, apparemment peu pressé de se débarrasser des vêtements qui les entravaient.

Puis il fit remonter les mains sur le devant de son corps, et le bout de ses doigts effleura ses seins alors qu'il embrassait le creux de sa clavicule.

— Dis-moi ce que tu veux, *amor,* chuchota-t-il contre sa peau tandis que ses mains se déplaçaient vers sa fermeture Eclair.

Il rit doucement quand elle arqua le dos, poussant les hanches vers lui.

— Toi, répondit-elle, en sentant sa formidable érection se presser contre son ventre.

Deus ! allaient-ils vraiment faire ça ? Un désir débridé se mêlait chez elle à une panique sourde à l'idée de coucher avec Rafael, de le laisser la voir comme presque personne ne l'avait jamais vue. Sa dernière fois remontait à si longtemps que chaque caresse enflammait ses sens et lui donnait envie de plus.

Le visage de Rafael remonta vers elle, et il caressa de son nez le côté du sien.

— Je veux savoir ce qui te plaît, Maria, dit-il avant de l'embrasser de nouveau.

Ses genoux tremblèrent à la douceur de ce baiser.

Ce qui lui plaisait ? Est-ce que quelqu'un lui avait déjà posé cette question ? Elle n'avait pas été avec un homme depuis plus de deux ans, et auparavant ses relations sexuelles n'avaient pas été nombreuses.

Le feu qui l'habitait diminua soudain, laissant place à de la confusion et à de l'insécurité. L'étendue de son inexpérience ne lui avait jamais posé de problème… jusqu'à ce soir-là.

— Je… je ne sais pas ce qui me plaît, avoua-t-elle finalement.

Elle dut réprimer le soupir soulagé qui monta dans sa gorge quand Rafael se contenta de lui sourire et de lui voler un autre baiser.

— Essayons certaines choses et voyons si tu les aimes, dit-il. Mais tu dois me dire ce qui marche pour toi et ce qui ne marche pas.

Sa voix était sourde, pleine de la promesse que d'ici la fin de la nuit elle saurait *sans aucun doute* ce qui lui plaisait.

Cette intonation, à elle seule, fit naître en elle un trouble délicieux qui la parcourut et se traduisit par un pincement de désir au creux de son ventre. Un frisson passa sur son échine et se répandit dans tous ses membres. Rafael dut le percevoir, car son sourire se para de satisfaction quand il baissa enfin sa fermeture Eclair, exposant son dos nu à la fraîcheur de la chambre.

Un autre frisson la secoua quand la robe glissa le long de son corps, pour s'enrouler autour de ses chevilles comme une flaque fleurie. Rafael fit un petit pas en arrière, assez pour pouvoir la contempler sans lâcher ses hanches. Le petit sifflement admiratif qu'il laissa échapper, tandis qu'il promenait les yeux sur ses seins nus et sur le triangle de dentelle noire qui la couvrait encore, la fit frissonner de plaisir.

Son expression pleine de vénération était quelque chose que Maria n'avait jamais vu auparavant, et elle eut la chair de poule tandis que les mains de Rafael remontaient sur elle, caressant ses côtes avant de saisir ses seins qu'il pressa doucement, ce qui déclencha un feu d'artifices dans ses veines.

— Heureusement que je n'ai pas su le peu que tu portais sous cette robe, sinon je n'aurais pas été capable de jouer le mari galant toute la journée, dit-il avec un grand sourire qui lui coupa le souffle.

Des images de Rafael la traînant dans le placard à balais de la clinique et se penchant sur elle pour la posséder passèrent dans son cerveau. Elle enfonça les orteils dans le tapis moelleux de sa chambre.

— Tu es tout simplement… *perfeita,* murmura-t-il.

Elle ouvrit la bouche pour dire quelque chose, mais un son étranglé en sortit quand il passa le pouce sur la pointe dressée d'un de ses seins.

Le souffle de Rafael devint aussi chaotique que le sien lorsqu'il recommença, en la regardant gémir de nouveau tandis qu'elle fermait les yeux et que son corps sursautait à son toucher. Ses joues s'enflammèrent, et elle glissa les mains dans sa chemise comme pour s'arrimer à la réalité.

Elle pensait qu'elle s'habituait à ses caresses et que sa peau devenait moins sensible, lorsqu'il baissa la tête pour prendre un téton sombre dans sa bouche. L'univers autour de Maria explosa alors en un million de parcelles lumineuses qui se perdirent dans le néant. Seuls son corps et celui de Rafael existaient, Rafael dont chaque geste avait pour but de lui donner du plaisir.

Elle n'avait jamais rien vécu de pareil.

— Tu trouves ça bon ? demanda-t-il en pressant les lèvres entre ses seins.

— Oui..., répondit-elle, à peine capable de prononcer ce mot tandis que les lèvres de Rafael se promenaient sur sa peau et se posaient sur son autre téton, la faisant trembler sur ses pieds.

Elle s'agrippait toujours à sa chemise, l'attirant encore plus à elle même si presque rien ne les séparait. À chaque coup de sa langue qui léchait la pointe de son sein, son esprit dérivait plus loin – oubliant de s'inquiéter pour leur avenir ou de ce que cela signifiait pour l'accord qu'ils avaient passé. Et son manque d'expérience n'était plus qu'un bruit infime dans la symphonie née des caresses de Rafael.

Ses mains trouvèrent les boutons de sa chemise. Les yeux toujours fermés sous l'effet du plaisir qui cascadait en elle, elle chercha son torse à tâtons, presque frénétique dans son désir de se débarrasser de l'étoffe qui gênait sa découverte.

Les lèvres de Rafael vibrèrent tandis qu'il riait doucement. Des dents il taquina son téton et passa la langue dessus, encore et encore, expédiant une flèche de tension et de plaisir entre ses cuisses. Lorsqu'il s'arrêta, le vide qui suivit parut presque insupportable à Maria, et elle projeta instinctivement la poitrine en avant pour qu'il la touche de nouveau.

— Tu veux que je m'en débarrasse ?

Rafael saisit les mains de Maria en train de déboutonner sa chemise avec une hâte et une avidité qui faisaient frémir son érection sous ses vêtements.

Même s'il brûlait d'assouvir son désir et de se rouler entre les draps avec elle, il se força à aller lentement. Et bien que Maria n'ait rien dit d'explicite, la façon dont elle le touchait évoquait quelque chose de si spécial et de si innocent qu'il voulait s'assurer que leur nuit ensemble soit exactement ce qu'*elle* souhaitait et rien d'autre. Qu'elle soit incapable de lui dire ce qui lui plaisait indiquait à quel point ses amants avaient dû être égoïstes, par le passé.

Il écarta cette pensée, car elle le mettait en colère. Comment quelqu'un pouvait-il regarder cette femme sans avoir envie de la vénérer aussi longtemps qu'elle en tirait plaisir ? Si elle le voulait, c'était exactement ce qu'il ferait, quoi qu'il lui en coûte.

Les yeux de Maria brillaient d'un désir qui le fit déglutir péniblement, et sa respiration s'emballa.

— Je veux que tu quittes tout ça, déclara-t-elle avec de l'assurance dans la voix pour la première fois depuis qu'ils étaient entrés dans la chambre.

Il lui décocha un grand sourire et inclina la tête.

— Ce soir, tes désirs sont des ordres, *amor,* dit-il d'un ton grave avant de défaire les derniers boutons de sa chemise et de l'ôter.

Puis il porta les mains à sa ceinture, mais Maria lui saisit les poignets.

— Laisse-moi faire, lui ordonna-t-elle, ce qui provoqua un autre sursaut de son sexe durci tandis qu'il anticipait son contact avec un empressement qui faillit le faire jouir sur-le-champ.

Il inspira profondément et, les paupières plissées, la regarda déboutonner son pantalon, révélant son érection qui gonflait l'étoffe de son boxer. La dernière barrière qui les séparait.

Elle le regarda un moment, se mordant la lèvre inférieure tandis que son désir pour elle était là, sous ses yeux. Il était naturel qu'il réagisse fortement à son contact après avoir aspiré à elle de loin pendant si longtemps – passant de longues nuits solitaires avec pour seule diversion le souvenir de son sourire et son parfum qui s'attardait dans ses narines.

Ses pensées s'éparpillèrent lorsqu'elle tendit deux doigts pour suivre son sexe à travers le coton noir de son boxer et sourit à la réaction qu'elle obtint.

— *Deus!* Maria..., dit-il d'une voix tendue. J'ai désiré cela pendant si longtemps !

Le rire appréciateur qui lui répondit se logea dans sa poitrine, doux et chaud.

Elle le regarda, les paupières lourdes de désir. Elle passa de nouveau la paume sur lui, puis lui prit la main et la guida vers le bas de son ventre, toujours recouvert de cet affriolant petit bout de dentelle. Avec un sourire qui illuminait son visage, elle pressa sa main contre elle et chuchota :

— Moi aussi.

Rafael jura à mi-voix lorsqu'il sentit à travers le fin tissu qu'elle était moite. Il avait su qu'elle avait envie de lui, mais en avoir la confirmation fit tomber toutes les barrières qu'il s'était imposées. Soudain, la lenteur ne lui sembla plus être une torture nécessaire. Il avait besoin d'entendre son plaisir. Tout de suite, ou il allait exploser sous l'effet de toutes les sensations qui bataillaient dans son corps.

Il reprit sa bouche et la caressa à travers la dentelle. La réaction de Maria fut instantanée : ses hanches se portèrent vers lui, elle gémit et renversa la tête en arrière, le souffle haletant. Rafael l'observa, captivé, savourant toutes ses expressions tandis qu'il baissait son string et glissait les doigts dans les replis de son sexe brûlant.

— Est-ce ce que tu veux ? lui murmura-t-il à l'oreille, comblé par ses doux miaulements qui augmentaient à chaque caresse de ses doigts.

— Oui, c'est *exactement* ce que je veux, répondit-elle dans un murmure, ses mains se cramponnant au dos de Rafael. Je suis si... près.

Ce dernier mot se mêla à un cri de plaisir si guttural que Rafael ferma les yeux pour retenir sa jouissance. Il glissa un doigt dans sa chaleur mouillée.

— Oui, viens pour moi, Maria, chuchota-t-il, l'embrassant sous l'oreille et dans le cou en accroissant la pression de ses doigts.

Une lumière blanche, aveuglante, inonda les sens de Maria tandis que son esprit se perdait dans les méandres d'une exquise volupté. La chaleur de son orgasme se répandit en elle, ses muscles se crispèrent et se détendirent.

Elle respira à plusieurs reprises avant de réaliser que le cri qui avait retenti dans la chambre était le sien. Elle porta une main à sa bouche.

— Oh ! mon Dieu ! fit-elle en secouant la tête, atterrée.

Ses yeux s'arrondirent lorsqu'elle croisa le regard de Rafael, empreint d'une virilité si primitive. Un prédateur contemplant sa proie. Cette intensité envoya de nouveaux frissons dans son corps et fragilisa son équilibre, déjà bien compromis. Elle tenait à peine sur ses pieds.

Sa voix intérieure s'était tue depuis longtemps, laissant son corps faire ce qu'il décidait d'instinct tandis qu'elle se donnait à Rafael et oubliait les derniers vestiges de sa pudeur. Et maintenant elle avait vraiment *besoin* d'être avec lui, car le feu qui la brûlait n'avait pas été éteint, mais seulement atténué un moment par la jouissance. La façon dont son regard sombre se promenait sur elle ralluma son désir. Son corps malléable était prêt pour qu'il la touche de nouveau.

Impulsivement, elle glissa les doigts sous l'élastique de son boxer et tira dessus, le faisant glisser jusqu'à ses chevilles. Une sorte de grondement, qui semblait venir de très loin, s'échappa de la gorge de Rafael. Elle dégagea les pieds de son string et obéit à ce que ses jambes flageolantes lui réclamaient depuis plusieurs minutes, maintenant – elle se laissa tomber en arrière sur le lit, avant de se redresser sur les coudes pour pouvoir le dévorer de ses yeux flamboyants de passion.

— Je te veux en moi, dit-elle, baissant les yeux sur son érection.

C'était ce qu'il lui avait demandé, non ? Lui dire ce qu'elle voulait. Au début, cette idée l'avait choquée, faisant ressortir en elle une timidité qu'elle ignorait posséder. Elle était pleine d'assurance dans son métier. Elle avait travaillé dur pour devenir une autorité dans son domaine, et pour être légitime quand il s'agissait de lutter contre les effets de la déforestation sur la vie sauvage. Elle avait l'habitude de s'exprimer, mais les mots lui avaient manqué quand Rafael lui avait demandé ce qu'elle désirait. C'était pourtant simple : elle le voulait, lui.

Mais elle savait qu'elle ne pourrait pas l'avoir durablement, qu'il ne pourrait jamais être rien qu'à elle. Même le fait d'exprimer ce désir reviendrait à trahir leur accord. Alors, à la place, elle devrait se souvenir de cette nuit-là et de tout ce qu'elle signifiait pour elle.

Rafael sourit largement à sa requête, puis se baissa pour ramasser son pantalon. Il glissa une main dans une poche et en sortit une petite pochette rectangulaire qu'il tint entre ses doigts. Un rire involontaire échappa à Maria.

— Tu avais un préservatif sur toi toute la journée ?

Il haussa les épaules, déchira l'enveloppe et enfila le préservatif sur son sexe dressé. Lorsqu'il se retourna vers elle, ses intentions brillaient dans ses yeux, et elle frémit d'impatience.

— Quand je t'ai vue dans cette petite robe sexy, je n'aurais pas pu dire à quelle vitesse nous arriverions aux choses sérieuses, dit-il. J'ai préféré prendre mes précautions.

Il s'approcha du lit et s'allongea sur elle.

— Il a été très dur de te résister, comme tu peux le voir.

Maria étouffa une exclamation quand son sexe se glissa entre ses cuisses, l'excitation la faisant se crisper.

— Embrasse-moi, lui chuchota-t-elle en nouant les jambes autour de sa taille et en l'amenant là où il devait être.

Rafael plaça le visage face au sien.

— Je ne peux pas te dire à quel point tu m'excites, quand tu me dis ce que tu veux.

Elle n'eut pas la possibilité de lui répondre, car il posa la bouche sur la sienne tout en s'introduisant en elle. Le gémissement de Maria fut étouffé par la danse de leurs langues qui se cherchaient et se joignaient, tandis que Rafael entamait son va-et-vient à un rythme soutenu qui inspirait à Maria un sentiment de plénitude. Elle se sentait comblée par sa présence en elle. Il comprenait si bien ce qu'elle attendait…

La compréhension, songea-t-elle vaguement. C'était ce que Rafael avait apporté dans sa vie dès le début. Une profonde compréhension de son travail, de sa passion, des difficultés dans lesquelles elle s'était retrouvée. Il partageait ses idéaux, aimait autant qu'elle travailler avec les animaux, et depuis leur faux mariage il ne l'avait pas rabaissée une seule fois parce qu'elle avait accepté un tel accord.

Ses mains s'agrippaient à son dos, sur ses muscles puissants qui se contractaient et se détendaient tour à tour. Rafael maintenait le rythme, chaque assaut de sa part emportant Maria de plus en plus haut, vers un lieu empli de volupté et de son odeur si virile, dont elle ne pouvait pas se lasser.

— Je vais jouir. S'il te plaît, Rafa…

Le reste de sa phrase s'évanouit tandis que son corps tremblait, l'amenant une nouvelle fois au bord du précipice.

Rafael posa les coudes de chaque côté de son visage et la pénétra plus profondément encore, le front posé sur le sien, alors qu'un son sourd sortait de sa gorge.

— C'est tellement plus que ce que j'avais imaginé, murmura-t-il contre sa peau, juste comme la frontière entre plaisir et tension se confondait une nouvelle fois, les emportant dans un tourbillon voluptueux.

La tête de Maria se renversa en arrière, et sa bouche s'ouvrit sur un autre gémissement de plaisir, tandis que ses muscles se nouaient avant de se relâcher et de la propulser dans un état proche du néant, où elle baignait dans la félicité.

Les paroles de Rafael lui parvinrent à peine, avant que lui aussi lâche un cri sourd, ses doigts se crispant sur les draps. Ils jouirent ensemble, et il s'effondra sur elle.

Elle sourit dans ce pur instant de bonheur, passant les doigts dans les cheveux courts de son amant et le long de son échine, sentant des gouttes de sueur perler sur sa peau. Ce moment était la perfection même, mais il la conduisit à faire un constat auquel elle n'était pas préparée. Un constat qu'elle ne pouvait plus ignorer comme elle l'avait fait ces deux dernières semaines.

Rafael *était* la personne avec qui elle voulait être. Et alors qu'il la regardait de ces yeux noisette auxquels la passion donnait un éclat vif, alors qu'elle discernait le respect et l'affection qui se cachaient derrière, elle sentit son cœur se fendre. Et elle comprit qu'elle ne pourrait pas perdre cet homme sans que son cœur se brise complètement.

9

La nuit qu'ils avaient passée ensemble et la semaine qui suivit furent pour Rafael une expérience exaltante, de plus d'une façon. Bien qu'ils aient été d'accord pour dire que cette nuit n'aurait aucun lien avec ce qu'ils vivaient par ailleurs, ils ne furent pas capables de garder leurs distances.

Des baisers brûlants furent échangés entre deux patients, chacun de ces baisers pleins d'impatience et de désir donnant à réfléchir à Rafael. Il savait quelle était la cause de cette intensité – l'échéance approchait.

Après cette fameuse nuit, son avocat les avait informés que la banque, sur la base de leur certificat de mariage, débloquerait les fonds deux semaines plus tard. Aucun d'eux ne voulait en parler, mais ils s'embrassaient comme si chaque baiser était le dernier. Parce que leur rupture serait inévitable lorsque Rafael effectuerait la donation au refuge – et cette pensée le dévastait.

Bien qu'il ait écarté ce risque, le jugeant minuscule, au départ, il était bel et bien tombé amoureux de cette femme incroyable qui avait accepté de l'épouser pour sauver l'héritage familial. Les gens qu'il avait rencontrés dans sa vie n'avaient toujours pensé qu'à eux-mêmes et à leurs buts personnels, au point qu'il avait cru que tous les humains fonctionnaient de cette façon égoïste.

Jusqu'à ce que Maria entre dans sa vie, avec sa générosité, et qu'il comprenne soudain ce qui lui avait manqué durant ces années de vide – une personne comme elle. Mais même s'il reconnaissait la lumière qui grandissait dans sa poitrine comme étant de l'amour, il devrait partir. Il le *fallait*, parce que sa famille ne le laisserait jamais jouir tranquillement de ce bonheur. Il était tracassé par l'attitude de ses parents, et comme Maria et Santarém étaient devenus infiniment importants pour lui, il devait s'en éloigner pour les protéger. Le maudit fonds constitué par ses grands-parents, qui le liait à sa famille, ne lui permettait pas de mener une vie normale. Ses bagages étaient déjà faits, et il était prêt à laisser derrière lui la petite ville – et les promesses qu'elle portait – pour disparaître dans l'obscurité.

Il était surpris que ses parents n'aient pas encore bougé, comme s'ils n'avaient pas eu vent de son mariage. Peut-être l'avaient-ils cru lorsqu'il leur avait dit qu'il ne se marierait jamais, et avaient-ils cessé de le surveiller. Mais s'ils ne lui prêtaient pas attention maintenant, ils le feraient quand ils apprendraient par leur notaire qu'il avait accès à son héritage. Il fallait qu'il soit parti avant qu'ils le découvrent et qu'ils puissent trouver Maria, pour faire de sa vie un enfer en essayant par tous les moyens de lui reprendre l'argent qu'il lui aurait donné.

Comme si ses pensées l'avaient convoquée, Maria ouvrit la porte de son petit bureau, l'air sur ses gardes. En voyant son regard alarmé, il sentit son dos se raidir.

— Qu'y a-t-il, *amor* ? demanda-t-il, ce mot tendre lui échappant.

« Amour », il ne devait jamais l'appeler ainsi.

— Celine m'a envoyé une photo parue à la une d'un magazine, dit-elle en montrant son téléphone.

Le sang de Rafael se glaça dans ses veines. Il se leva et l'empoigna par le bras pour l'attirer à lui. Il jura à voix basse lorsqu'il vit une photo d'eux s'embrassant en première page d'un petit journal people du Brésil – un moindre mal. Visiblement, les magazines les plus importants ne s'intéressaient pas au petit-fils d'anciennes vedettes de *telenovelas*.

— Le fils déchu des Media Pedro vu en compagnie d'une vétérinaire de campagne, lut-il à haute voix.

Il soupira. Le fils déchu ? Cette idée avait dû venir de ses parents, pour faire courir la rumeur qu'il avait tourné le dos à ses obligations familiales. La famille comptait énormément, dans leur culture, et qu'ils aient clamé qu'il était parti en se lavant les mains de leurs affaires, alors que c'étaient eux qui l'avaient obligé à les fuir, lui donna la nausée. Si quelqu'un de Santarém lisait ça et croyait cet article ?

— Ma famille est sûrement derrière cette publication, dit-il. Je me demandais à quel moment ils se manifesteraient.

— Comment ont-ils eu cette photo ? demanda Maria.

Il la regarda, les paupières plissées. Elle paraissait plus inquiète qu'outragée. Comment pouvait-elle ne pas avoir une réaction viscérale de dégoût devant une telle atteinte à leur vie privée ?

Il regarda le cliché, les sourcils froncés. Il les montrait enlacés devant la clinique. Ses parents avaient envoyé des espions pour le pister, finalement. Il ne les avait pas vus. Cliquant sur la photo, il chercha de qui elle provenait, puis il montra à Maria le portrait du photographe. Ses yeux s'arrondirent.

— Tu as vu cet homme par ici ? demanda-t-il d'un ton dur.

Elle hocha la tête.

— Il a sonné à la porte il y a quelques semaines et a demandé à te parler. Tu dormais encore, alors je l'ai reçu. Il… il avait un chat avec lui, alors je ne me suis pas méfiée. Et je n'ai rien dit parce que… c'était un client comme un autre, apparemment.

Elle pâlit.

— Cet homme arpentait ma propriété avec un appareil-photo et un chat comme couverture ?

Rafael se rapprocha d'elle et la prit par la taille, comme pour la protéger du cirque médiatique dans lequel sa famille essayait de les entraîner.

— Je suis désolé que tu aies eu à constater directement à quel point mes parents sont dénués de scrupule. Ils ne s'arrêteront pas tant qu'ils n'auront pas mon argent. Mais le transfert aura lieu d'ici une semaine environ. Alors je pourrai te faire ma donation et m'en aller.

— Attends… Tu vas…

La porte qui s'ouvrit brusquement interrompit Maria, et Rafael resserra instinctivement le bras autour d'elle. Ils se détendirent tous les deux quand Celine apparut. Elle baissa les yeux sur sa main qui reposait sur la hanche de sa sœur et secoua la tête en faisant claquer sa langue. Puis elle désigna l'ordinateur sur lequel Rafael travaillait un moment plus tôt.

— Vous avez regardé ? demanda-t-elle.

— Oui, répondit-il.

— Non, dit Maria en même temps, dans un souffle.

Ils se regardèrent. Rafael parla le premier.

— Tu n'es pas venue me montrer que la photo du journal people ? Il y a autre chose ?

— Oui, répondit Celine à la place de sa sœur. Vous savez, la vidéo que j'ai faite la semaine dernière pour l'envoyer à des donateurs potentiels ? Pour des raisons qui m'échappent, ce tabloïd a pensé que c'était une bonne idée de la citer dans son article. Ils ont également mentionné notre site, sur lequel nous avons lancé un appel pour récolter des fonds.

— Vous pensez qu'assez de gens liront ce torchon pour que cela ait un impact sur les dons ? demanda Rafael.

Celine secoua la tête.

— Non. Mais une célèbre défenseure des droits des animaux l'a lu, apparemment. Elle a vu notre vidéo et l'a postée sur ses propres pages. Elle a aussi choisi de mettre notre appel à l'aide en lumière. Comme elle a plus d'un million de *followers*, tout cela a été partagé d'une façon complètement folle depuis. Et le résultat, c'est que nous avons des promesses de dons qui se montent à trois millions de *reais* !

En voyant le bonheur qui brillait dans les yeux de Maria, Rafael sentit son cœur se serrer.

— J'ai peine à croire que cela arrive vraiment, dit-elle. Et du coup, nous avons tellement de temps devant nous !

Là-dessus, elle se jeta au cou de Rafael. Il passa un bras autour de sa taille pour ce qu'il savait être l'une des dernières fois. Sa poitrine se contracta, mais il ne voulut pas gâcher ce moment par une nouvelle qui resterait suspendue entre eux comme un nuage noir.

— Félicitations, dit-il aux deux sœurs. Je suis heureux que vous puissiez poursuivre votre combat pour les animaux. Et Maria, nous parlerons ce soir.

Elle le regarda d'un air rayonnant, le visage tellement empli d'affection et de chaleur qu'il dut tourner les talons et quitter la pièce. Elle ne pouvait pas le regarder comme ça. Pas quand il allait lui annoncer que le lendemain, il serait parti.

Tôt ou tard, s'il restait là, sa famille trouverait un moyen de tourner Maria contre lui pour la convaincre qu'il n'avait pas moralement le droit de lui faire cette donation, et qu'elle devait leur rendre l'argent. Il voulait préserver les souvenirs qu'il garderait de cet endroit – et les souvenirs qu'elle garderait de lui –, alors même si la décision de partir était une souffrance aiguë pour lui, il n'avait pas le choix.

Mieux valait partir maintenant que d'attendre que ses parents s'introduisent à force de mensonges et de manipulations dans Santarém, dans la famille de Maria, et le fassent passer pour celui qui avait détruit la famille Pedro.

La journée avait passé comme un éclair après les nouvelles explosives de la matinée, Maria et sa sœur exultant de ce qui leur arrivait. Chaque fois qu'elle avait pensé à de nouveaux donateurs, Maria s'était focalisée sur des gens très riches. L'idée de contacter une foule de petits donateurs sur Internet ne lui était pas venue à l'idée – même si maintenant elle se disait que c'était ce qu'elle aurait dû faire dès le début. Qu'un article racoleur sur les Media Pedro ait pu venir en aide à son refuge la dépassait.

La plupart des dons étaient des dons uniques de gens qui avaient été touchés par la vidéo montrant Rafael en train de soigner Lia ou de trouver les chats dans leur carton, mais il y avait assez de donateurs réguliers pour maintenir le refuge à flot. Il vaudrait mieux en avoir davantage, bien sûr, mais désormais Maria avait plus de temps pour en trouver.

Cela signifiait aussi qu'elle n'avait plus besoin de l'argent de Rafael. La raison de leur faux mariage disparue, pourraient-ils rester ensemble ?

Cette question lui glaçait le sang et l'emplissait d'effroi. Parce que leur supercherie avait toujours été censée se terminer. Dès le début, leur fausse relation avait eu une date d'expiration, et ils étaient d'accord là-dessus. Était-il malhonnête de sa part de vouloir changer ça ? De céder aux sentiments réels que cette fausse union avait fait naître en elle ?

Après les semaines qu'ils avaient passées ensemble, elle était bien obligée de reconnaître qu'elle aimait Rafael. Qu'elle était allée dans ce sens avant même qu'ils concluent cet accord, alors qu'ils essayaient encore d'être amis.

Maria prit sa tête entre ses mains pour réfléchir au choix qui se présentait à elle, sa poitrine se contractant si fort qu'elle avait du mal à respirer. Un désir se manifestait en elle, un désir si extravagant qu'elle ne pouvait pas croire que son esprit l'avait engendré.

Elle voulait demander à Rafael qu'ils restent mariés. Pour de bon.

Ils avaient sauté quelques étapes d'une relation plus traditionnelle, mais d'une certaine manière cette situation lui paraissait juste, comme si elle avait été destinée à être exactement celle-là. N'avaient-ils pas été présents l'un pour l'autre, durant ces quelques semaines, comme des époux l'auraient fait ?

La seule chose qui la gênait dans cette idée, c'était un point simple mais capital : Rafael éprouvait-il lui aussi de l'amour pour elle ? Après avoir beaucoup réfléchi et examiné les choses sous tous les angles, elle était parvenue à une conclusion. Elle devait lui dire qu'elle l'aimait.

De la sueur mouillait ses paumes quand elle songeait à dire ces mots-là à Rafael. Même s'ils étaient vrais, et qu'elle avait juste l'intention de lui faire connaître ses sentiments pour lui, une part d'elle-même se rebiffait à l'idée de la trahison dont elle serait alors coupable. Avait-elle le droit de revenir sur leur accord qui stipulait que leur relation était feinte, et rien de plus ? Avait-elle tort de vouloir davantage ?

La porte derrière elle s'ouvrit, et comme Rafael entrait avec une expression impénétrable, elle sut qu'elle n'avait plus le choix. Il fallait qu'elle lui parle, ou elle ne se le pardonnerait jamais.

Il sourit, mais elle perçut sous son sourire une réticence qui fit passer un frisson glacé dans son dos. Quelque chose n'allait pas. Devinait-il ce qu'elle était sur le point de lui dire ? Le léger déplaisir qu'elle voyait sur son visage venait-il de là ?

— Qu'est-ce qui ne va pas ? demanda-t-elle sans pouvoir s'en empêcher.

Elle voulait connaître la réponse à cette question malgré son pressentiment que cette conversation ne se terminerait pas bien pour elle – pour *eux*.

— Je voulais m'excuser pour le cirque médiatique dans lequel ma famille vous a entraînées, Celine et toi, mais apparemment cette histoire a causé plus de bien que de mal, en fin de compte, dit Rafael en venant vers elle.

Il ne prit pas la chaise vide près d'elle, mais choisit de rester debout, s'appuyant de la hanche au bureau et croisant les bras sur son torse.

— Que voulaient-ils obtenir ? demanda-t-elle.

L'expression de Rafael s'assombrit.

— Par cet article, ils m'ont envoyé un message.

— Un message ?

— Ils m'ont fait savoir par ce biais qu'ils étaient au courant de notre mariage. Ce n'est pas un hasard si l'homme qui a pris ces photos est venu ici en demandant à me voir. Ils voulaient que je sache qu'ils nous surveillaient, dit-il, le regard noir.

— Je ne comprends pas comment publier un article sur nous dans un petit tabloïd les aide à se rapprocher de ton argent.

Il eut un rire sans humour.

— C'est une guerre psychologique, Maria. Ils veulent nous

prévenir qu'ils attendent que nous montrions une faiblesse. Ils savent que la seule manière dont ils pourront obtenir quelque chose de moi, c'est en utilisant contre moi les personnes à qui je tiens.

Maria fronça les sourcils.

— Mais cela s'est bien terminé pour nous, finalement. Grâce à eux, nous avons touché un public auquel nous n'avions pas pensé auparavant. Et quoi qu'ils tentent d'autre contre nous, nous pourrons y répondre. Ensemble.

Les yeux de Rafael s'arrondirent à ce dernier mot. Même si Maria n'avait pas encore décidé comment elle voulait engager cette conversation, ce point de départ lui parut aussi bon qu'un autre. Parce que si elle ne lui disait pas maintenant ce qu'elle voulait lui dire, elle savait qu'elle ne trouverait jamais le courage de le faire.

— Je... je veux que... que nous essayions, balbutia-t-elle.

Comment se faisait-il qu'elle ne puisse pas avoir recours à son assurance habituelle quand il s'agissait de parler de ses sentiments pour cet homme ? En particulier alors qu'elle avait déjà partagé tant d'elle-même avec lui. Il ne lui restait plus qu'à lui faire sa déclaration – qu'elle était à lui, et qu'elle voulait qu'il soit à elle.

— Maria..., commença Rafael.

Mais elle secoua la tête en se levant pour être au même niveau que lui.

— Je sais que je suis sur le point de changer l'accord que nous avons passé, et sache que je ne le fais pas à la légère. Je veux essayer d'être dans cette relation pour de bon. Pas à cause du don important qu'elle implique, mais à cause de toi. Parce que je suis amoureuse de toi.

Le bruit de son souffle tremblant fut la seule chose qui s'entendit dans la pièce tandis qu'ils se dévisageaient fixement. Maria devint de plus en plus nerveuse à mesure que le silence se prolongeait, son cœur se serrant si fort qu'elle avait l'impression qu'une chiquenaude pourrait le briser. Un cœur qui était maintenant entre les mains de Rafael pour qu'il en fasse ce qu'il voulait.

Il soupira, l'air peiné, et ce soupir parut faire disparaître le sol sous les pieds de Maria, la faisant chanceler.

— Oh ! mon Dieu..., murmura-t-elle, scrutant de ses yeux arrondis son visage affligé. Je ne peux pas croire que je me sois trompée à ce point. Tu... ne m'aimes pas.

Rafael se raidit à ces mots, tendant la main vers elle, mais elle fit un pas en arrière pour l'éviter.

— Non, Maria, ce n'est pas...

— Je suis une telle idiote. Je pensais qu'il y avait quelque chose entre nous. Quelque chose qui existait avant même que nous passions cet accord. J'ai eu tort de laisser les choses aller aussi loin.

Elle secoua la tête et se mordit la lèvre pour retenir ses larmes. Elle ne le laisserait *pas* la voir pleurer.

— L'amour n'a rien à voir avec ça, dit Rafael. Tu ne vois pas ce que ma famille a fait dès l'instant où ils ont compris que tu signifiais quelque chose pour moi ? Ils sont impitoyables quand il s'agit de mettre la main sur ce qu'ils estiment leur revenir.

— Le fait qu'ils aient informé la presse people de notre relation nous a été très utile, finalement.

Maria fit un autre pas en arrière, serrant les mains sur le bureau derrière elle. Son esprit fonctionnait à toute allure. Comment était-il possible qu'il ne ressente pas la même chose qu'elle ? Est-ce que tout ce qu'elle avait cru sentir entre eux n'était vraiment que le fruit de son imagination ? La nuit qu'ils avaient passée ensemble n'avait-elle servi qu'à assouvir un besoin physique qui avait grandi en eux deux ?

— Je te l'ai dit, reprit Rafael, ce n'est qu'un début. Ils ne s'arrêteront pas là et trouveront d'autres moyens de s'insinuer entre nous.

— Tu sais ce que j'ai traversé avec mon frère. Je suis capable de me défendre, répondit-elle, sans bien savoir ce qu'elle espérait obtenir. Essayait-elle de le convaincre que ce qu'ils avaient valait la peine de se battre ?

— Mais *moi*, je ne peux pas te briser de nouveau le cœur. Je ne veux pas être celui qui sèmera le chaos dans ta vie. Ils trouveront un moyen de t'atteindre tant que nous serons proches l'un de l'autre, dit Rafael, le visage crispé.

Un tremblement gagna les mains de Maria tandis qu'elle les pressait plus fort sur le bureau en bois. Elle dut respirer plusieurs fois avant de comprendre ce qu'il disait.

— Vas-tu… partir pour t'éloigner de moi ? Après tout ce qui s'est passé ? Tu n'as jamais dit que tu t'en irais… Rafael…

Les muscles de la mâchoire de Rafael se crispèrent, et ses yeux noisette emplis d'ordinaire de gentillesse et d'affection devinrent soudain aussi froids que de la pierre.

— C'est pourquoi j'ai bien précisé dès le départ que notre relation ne pourrait jamais être davantage que l'accord que nous avons passé. Je n'ai pas *envie* de partir, mais cela a toujours été mon plan. Je ne peux pas rester ici, pas maintenant que ma famille sait ce que tu es pour moi.

— Quoi ?

Maria chuchota ce mot tandis que la scène qui se déroulait sous ses yeux lui semblait n'avoir aucun sens. Parce que cet homme devant elle, entouré de ses défenses blindées, n'était pas celui avec qui elle avait passé les dernières semaines. Il n'était pas celui dont elle était tombée amoureuse.

— Alors tu as pris la décision de t'en aller pour… me protéger, sans même me demander mon avis d'abord ? Pourquoi ? Parce que tu n'as pas confiance en moi ?

Rafael soupira de nouveau et baissa les yeux au sol. Ses mains serrées en poings se détendirent, et il se les passa sur le visage.

— Ce n'est pas toi qui es en cause, Maria. Je me méfie d'*eux*, après tout ce qui s'est passé.

Il s'arrêta pour la regarder, et le profond chagrin qui se lisait dans ses yeux fit éclater le cœur de Maria en mille morceaux.

Fronçant les sourcils, il continua :

— Je suis venu te dire que je pars ce soir, et je sais qu'en fin de compte tu comprendras pourquoi je dois agir ainsi.

— Comprendre ?

Elle croisa les bras devant elle, la mâchoire si crispée que ses muscles lui faisaient mal.

— Pendant tout ce temps j'ai cru que nous étions ensemble dans cette affaire... que tu ne m'aimais peut-être pas, mais qu'au moins tu tenais à moi.

— Je fais cela *parce que* je tiens à toi, tellement plus que ce que j'aurais pu prévoir. Il se peut qu'ils reniflent par ici pendant un certain temps, mais lorsqu'ils verront que je ne suis plus là, il faut espérer qu'ils te laisseront tranquille.

Il se pencha pour prendre le sac à dos qu'il avait apporté et le passa à son épaule.

— J'aurais vraiment voulu que notre histoire n'ait pas à se terminer de cette façon.

Maria déglutit avec peine, puis haussa le menton quand il fit mine de la toucher.

— Ce n'est pas obligé, Rafael. Si tu ne ressens pas la même chose pour moi, dis-le, tout simplement, et nous reviendrons à notre accord. Mais je n'ai pas besoin que tu décides à ma place de ce que je suis capable d'endurer. Je pensais que tu me connaissais mieux que ça.

La main de Rafael se figea en l'air, comme si ses paroles l'avaient touché à un endroit particulièrement sensible. Quelque chose dans ses yeux s'adoucit, laissant voir la profonde douleur qu'il s'efforçait de cacher. Puis il se détourna et franchit la porte – comme s'il n'était jamais entré dans la vie de Maria et ne l'avait pas complètement transformée.

10

— Tu en es certain, *amigo* ? demanda Sebastião qui regardait Rafael par-dessus ses doigts joints.

— Oui, j'en suis sûr. C'est ce dont nous étions convenus, alors laissons faire les choses.

Rafael était assis dans le bureau de son avocat à Manaus, un bureau qui ne lui était que trop familier. Il essayait de régler les derniers détails de la fin de son mariage avec Maria. *Essayait,* car chaque fois qu'il songeait à mettre un terme à ce qui s'était développé entre eux, à cette chose merveilleuse, extraordinaire, son cœur cognait dans sa poitrine comme s'il voulait s'échapper. Il avait les mains moites et du mal à respirer. Il avait parlé de ce qu'il éprouvait à son ami tandis qu'ils s'asseyaient, ayant besoin de s'en libérer.

Sebastião avait suggéré qu'il faisait une crise de panique, même si Rafael n'était pas prêt à admettre ce que cela signifiait concernant ses sentiments pour Maria. Elle avait dit ce qu'il avait eu peur d'exprimer – lui faisant face avec courage et résolution, alors qu'il n'avait pu que s'en aller. Quel homme ne tomberait pas amoureux d'elle ? se demanda-t-il.

Mais être amoureux d'elle ne changeait pas le fait qu'ils étaient condamnés à échouer. Les dégâts qui lui avaient été causés étaient trop graves pour être réparés, fût-ce par l'amour de la femme la plus formidable qu'il avait jamais rencontrée.

— Rappelle-moi ce qui s'est passé, dit Sebastião. Le divorce que tu envisages paraît un peu... abrupt.

Rafael soupira.

— Elle m'a dit qu'elle m'aimait et qu'elle voulait avoir une vraie relation avec moi. Elle souhaitait que nous essayions d'être ensemble pour de bon.

Une douleur brûlante se logea entre ses côtes tandis qu'il relatait ce moment bouleversant, dont le souvenir hantait son esprit.

— Et pourquoi as-tu dit non ? Apparemment, c'est ce que tu voulais également, dit Sebastião en penchant la tête de côté.

Rafael soupira de nouveau.

— Ce n'est pas aussi simple que tu le présentes. Mes sentiments mis à part, cette relation n'a jamais été censée être réelle. Elle avait besoin d'argent pour son refuge, et je...

Il s'interrompit, et un petit sourire en coin apparut sur les lèvres de Sebastião. Parce que Rafael ne savait pas comment terminer sa phrase.

— Tu as voulu aider la femme que tu aimes, dit Sebastião.

— Je ne peux pas l'aimer, Seb. Ils trouveront un moyen de détruire cette relation, déclara Rafael, le visage fermé.

— Qu'est-ce qui t'en rend aussi sûr ?

— Quand j'ai commencé à sortir avec Laura...

— Je t'arrête tout de suite. Laura était une femme mondaine et opportuniste qui aurait fait n'importe quoi pour être vue et connaître la célébrité. Elle s'accordait parfaitement avec ta famille. Et tu étais tellement plus jeune, à l'époque. Alors je pense que tu peux enfin cesser de te flageller pour lui avoir fait confiance. Si tu ne parviens pas à trouver en toi le moyen de te pardonner, tu n'arriveras jamais à avancer – à avancer pour de bon.

Le pétillement jovial dans les yeux de Sebastião disparut, remplacé par une expression sérieuse tandis qu'il parlait à Rafael comme personne ne lui avait parlé auparavant.

Et Rafael y perçut une vérité qui le fit se redresser et s'intéresser de plus près à lui-même. Se pardonner ? Le fait qu'il n'arrivait pas à le faire était-il le démon qui le harcelait depuis le douloureux incident avec Laura et la rupture de leurs fiançailles ?

Il déglutit avec peine tandis qu'une boule se formait dans sa gorge.

— Je veux juste... garder Maria en sécurité, dit-il.

Mais ces mots sonnèrent faux.

Sebastião dut le sentir, car il secoua la tête.

— D'après ce que tu m'as dit, elle a traversé son lot de difficultés et a réussi à rester debout par ses propres moyens. Elle n'a pas besoin que tu ailles à l'encontre de tes sentiments pour la protéger.

Rafael serra les poings dans les poches de son pantalon.

— D'accord, c'est *moi* qui suis terrifié, est-ce ce que tu voulais entendre ? Je suis trop brisé pour laisser quelqu'un s'approcher de moi, parce que l'idée que cela puisse tourner de la même façon...

— Tu laisses *une* expérience détruire le reste de ta vie, le coupa son ami. Ce qui me ramène à ma question de tout à l'heure : quand vas-tu te pardonner ? Parce que quelqu'un comme Maria n'attendra pas indéfiniment que tu remettes ta vie d'aplomb.

Rafael souffla avec aigreur.

— Tu dis ça comme si c'était la chose la plus facile à faire au monde.

— Ce n'est pas aussi difficile que tu le prétends. Que se passerait-il maintenant si tu retournais la voir, lui avouais tes sentiments et vivais avec elle comme si vous étiez vraiment mariés ?

Rafael resta silencieux, laissant cette image s'enraciner en lui. Qu'arriverait-il s'il allait la voir et lui avouait son amour ? Ils gèreraient le refuge ensemble, chacun devenant pour l'autre la famille qu'ils rêvaient d'avoir. L'argent qui avait fait son malheur irait au but le plus noble qu'il pouvait imaginer, et il soutiendrait sa femme quand elle se battrait pour les créatures les plus vulnérables de la forêt vierge.

Et sa famille ? Ils rôderaient autour d'eux comme des requins, voulant mordre dans ce petit morceau de paradis qu'il aurait bâti pour Maria et lui. Ils essayeraient de la retourner contre lui, mais elle était sans le moindre doute la personne la meilleure et la plus forte qu'il connaissait. Elle ne les laisserait pas faire. Il repensa à son soulagement et à sa joie quand elle avait appris qu'elle pouvait sauver des animaux avec l'aide de gens ordinaires, sans faire appel à de gros donateurs. Elle saurait se protéger.

Cette femme avait dit qu'elle l'aimait. Lui, qui méritait si peu son amour qu'il l'avait repoussée au lieu d'accepter cette bénédiction que la vie lui avait envoyée. Il avait laissé une erreur passée se mettre en travers de ce qui aurait pu être le reste heureux de sa vie.

— Ce serait si bon, murmura-t-il au bout d'un moment de silence.

Sebastião lui sourit.

Il battit plusieurs fois des cils, chassant les restes du rêve qu'il venait de caresser pour revenir rudement à la réalité. Comment pouvait-il avoir l'arrogance de prétendre savoir ce qui était le mieux pour Maria, quand sa propre peur de la perdre pesait sur les décisions qu'il prenait ? Il savait que quelqu'un comme elle ne se laisserait jamais abattre, mais au lieu de montrer le même courage qu'elle, il avait laissé ses craintes prendre le dessus et l'avait repoussée.

Repoussant par la même occasion la vie qu'il souhaitait désespérément mener.

Il se leva brusquement.

— Je dois retourner à Santarém.

— Enfin.

Sebastião ouvrit un tiroir de son bureau et en sortit un dossier qu'il posa devant Rafael.

— La banque a débloqué les fonds. Je te conseille de les virer rapidement sur un autre compte. Veux-tu toujours que je fasse un don au refuge de Maria ?

Durant toutes ses réflexions, l'argent n'était pas venu à l'esprit de Rafael.

— Vire-lui la somme totale, dit-il.

Sebastião le regarda, les sourcils levés.

— Tu veux que je lui donne toute ta fortune ?

— Oui, donne-la à son refuge et fais savoir à ma famille que ce qu'ils cherchent s'est évaporé pour toujours. Je ne veux rien garder, je n'en ai pas besoin. Que Maria et ses animaux en profitent pleinement.

Son ami ne discuta pas, ce que Rafael apprécia. Il sortit son portable de sa poche pour chercher un vol disponible, en priant que sa sottise ne lui ait pas coûté la meilleure chose qui lui soit jamais arrivée.

Soudain, il s'arrêta, une idée lui traversant l'esprit.

— Laisse-moi deux heures pour effectuer un achat, dit-il à Sebastião, puis vire ce qui restera.

— Tia voudra bien m'écouter ? demanda Mirabel à mi-voix dans la pièce voisine.

Mais Maria l'entendit quand même.

— Elle sera d'accord, oui, répondit Celine.

Elle avait parlé beaucoup plus fort, ce qui fit presque sourire Maria. Cela ressemblait bien à sa sœur de se servir d'un moment comme celui-là pour faire passer un message à leur nièce – lui dire qu'elle pouvait leur parler de sentiments, du fait que parfois les gens étaient tristes, mais qu'en général cela finissait par s'arranger.

Seulement Maria n'était pas sûre de pouvoir affirmer qu'elle irait mieux un jour. Il y avait un trou béant dans sa poitrine, son cœur était en morceaux et sa vie tellement plus vide… Rafael avait fait ce qu'il avait dit, il était parti sans regarder en arrière, et depuis la clinique n'avait plus été la même. Certes, Celine et elle y avaient consacré une partie de leur temps en attendant de trouver un nouveau vétérinaire. Mais quelque chose de fondamental lui manquait, et c'était Rafael.

— Mirabel, pourrais-tu aller dans ta chambre pendant que je parle à ta tante, s'il te plaît ? demanda-t-elle.

Un instant plus tard Celine apparut dans la cuisine.

Elle s'assit à côté de Maria.

— Mauvaise journée ?

Maria hocha la tête.

— Comment as-tu survécu quand Darius t'a quittée ?

Le mari de Celine avait fui le pays et ne s'était plus jamais manifesté. Celine en avait été dévastée, surtout quand elle avait découvert qu'elle était enceinte. Qu'elles partagent désormais la même douleur paraissait irréel à Maria.

— Je n'ai pas eu le choix, répondit sa sœur en désignant du menton sa fille endormie sur le canapé.

— Je suppose que c'est vrai aussi pour moi, dit Maria en s'efforçant de sourire. Il n'y aura pas moins de travail parce que j'ai le cœur brisé.

Celine haussa un sourcil.

— Tu pourrais peut-être rassembler tes forces et te battre pour lui, suggéra-t-elle.

— S'il te plaît, protesta Maria en soupirant. Il a reconnu qu'il ne m'aimait pas, alors l'affaire est classée. Je ne peux pas forcer quelqu'un à m'aimer.

Elle baissa les yeux sur le verre de vin qu'elle serrait un peu trop fort entre ses doigts.

— Et moi je te répète que ce n'est pas vrai. Je suis sûre qu'il ne t'a pas dit qu'il ne t'aimait pas. Il t'a sûrement dit un tas de choses qui t'ont fait mal, mais pas ça.

Celine croisa les bras sur sa poitrine.

— Il ne me fait pas l'effet d'un menteur, ajouta-t-elle.

— Il n'en est pas un, rétorqua Maria.

Même si Rafael était parti depuis des jours, le besoin de prendre sa défense était toujours chez elle un réflexe qu'elle ne contrôlait pas.

Et peu importait quels mots il avait prononcés, ses actions lui indiquaient tout ce qu'elle avait besoin de savoir sur son désir d'être avec elle. Il était parti, *avait projeté* de partir dès l'instant où ils avaient conclu leur accord à propos de ce faux mariage. C'était devenu clair pour elle durant les derniers jours, alors qu'elle ressassait encore et encore leur dernière discussion. Il avait toujours su que sa famille le poursuivrait et qu'à ce moment-là il s'en irait.

Sauf qu'en effet elle voulait se battre pour lui, le défendre contre les manigances de ses parents, quelles qu'elles soient. Si elle savait quelque chose, c'était bien comment gérer une situation familiale compliquée.

Celine avait-elle raison en disant qu'elle avait peut-être renoncé trop tôt ? Parce que si elle voulait être honnête avec elle-même, elle devait reconnaître que quand Rafael était parti, elle avait été pétrifiée et n'avait rien pu lui dire.

— Arrête, Celine ! grogna-t-elle en enfouissant le visage dans ses mains.

Sa sœur la regarda en fronçant fortement les sourcils.

— Je n'ai rien dit !

— Oui, mais toutes tes arguments me montent au cerveau. Je ne peux *pas* retourner à lui.

— Et pourquoi pas ?

Une question si simple qui débouchait sur tant de réponses possibles... Pourquoi ne s'était-elle pas battue, alors que c'était ce qu'elle faisait le mieux ? Parce que c'était difficile ? Ou parce qu'elle craignait qu'un rejet l'attende au bout ?

Non, la vérité de ce qui la figeait et l'empêchait de réagir était beaucoup plus profonde. C'était la peur d'être incapable de se rendre compte si quelqu'un était sincère ou non – que ce soit Rafael ou son frère. Pouvait-elle se fier à ce qu'elle ressentait ?

— Parce que... je te l'ai déjà dit, il ne m'aime pas. Quoi qu'il ait dit ou pas dit, je sais que c'est vrai.

Ces mots lui parurent amers, lui donnant un goût de cendre dans la bouche. Elle savait que ce n'était pas toute la vérité, ou du moins que celle-ci n'était pas aussi tranchée qu'elle voulait le faire croire à sa sœur. Mais elle en avait assez, assez de cette discussion. Rafael était parti, et il ne lui restait rien à faire sinon se détacher de l'idée que leur mariage aurait pu devenir réel.

Celine ouvrit la bouche pour répondre, mais s'interrompit quand son portable bourdonna sur la table. Elle le prit et fixa un moment l'écran avec un air de totale confusion.

— Qu'y a-t-il ? demanda Maria en se penchant pour voir.

Mais sa sœur ôta prestement l'appareil de sa vue.

Puis elle sourit, d'un petit sourire satisfait que Maria ne connaissait que trop bien depuis leur enfance. C'était celui qu'elle avait chaque fois qu'elle avait eu raison sur un point. Et il n'augurait jamais rien de bon pour la fierté de son aînée.

— Je suis sacrément sûre qu'il t'aime, dit-elle, son sourire s'élargissant comme elle regardait de nouveau son téléphone.

— Quoi ? Qui t'envoie un message ? demanda Maria d'un ton insistant.

Elle fronça les sourcils quand Celine tourna enfin l'écran vers elle.

Elle avait sous les yeux le montant des dons récents sur leur site web. Ceux qu'elles avaient reçus après la diffusion de la vidéo montrant Rafael au travail étaient largement dépassées par un énorme virement de...

— Soixante-quatorze millions de *reais* ? dit-elle dans un murmure, le sang lui montant au visage tandis qu'elle essayait de se représenter une telle somme.

D'où pouvait venir une fortune pareille ?

— Oh ! non...

Quand elle comprit, cela lui fit l'effet d'un coup de poing. Son pouls et son cerveau s'emballèrent. Elle fixa sa sœur, complètement abasourdie, et aucune pensée cohérente ne put se former dans son esprit.

— C'est presque tout son argent... Il m'a dit que son héritage se montait à soixante-quinze millions.

— Alors répète-moi que cet homme ne t'aime pas.

Celine croisa les bras.

— Difficile d'imaginer un geste d'amour plus grand que celui-là.

Maria fixait toujours l'écran. Avec autant d'argent, elles pourraient investir dans du meilleur matériel, étendre leurs actions, peut-être même engager des personnes supplémentaires pour les aider. Pourquoi Rafael avait-il fait ça, alors qu'il était sorti de sa vie ?

Était-ce sa manière de lui dire ce qu'il éprouvait pour elle ?

Le cœur de Maria battait frénétiquement contre ses côtes, envoyant dans ses veines un sang brûlant. Elle avait du mal à réfléchir. S'il était possible que Rafael l'aime comme elle l'aimait, alors il existait une chance pour eux. Si une partie de son cœur lui appartenait, elle pouvait se battre pour en conquérir la totalité.

— Il faut que je...

Elle s'arrêta quand Celine lui lança ses clés de voiture, sachant déjà ce qu'elle voulait faire.

— File à l'aéroport, prends un vol pour Manaus et ramène-le. Il est sûrement allé trouver son ami avocat.

Maria mit ses chaussures. Elle avait la main sur la poignée de la porte quand l'Interphone sonna. Elle regarda qui était là et s'immobilisa lorsqu'un visage qu'elle ne pensait plus jamais revoir se leva vers elle. Son souffle se coinça dans sa gorge. Elle ouvrit la porte avec force et se jeta dans les bras de Rafael.

Elle sentit les vibrations de sa voix tandis qu'il marmonnait quelque chose dans l'épaisseur de ses cheveux, ses paroles étouffées par les battements de son cœur dans ses oreilles. Elle se pressa contre lui, lui enlaçant la taille comme pour l'ancrer à l'endroit où il se trouvait, dans ses bras, devant la clinique – là où était sa place.

— Que fais-tu ici ? demanda-t-elle en penchant la tête en arrière pour le regarder.

— Je suis venu essayer. Pour de bon, répondit-il en employant les mots qu'elle avait utilisés une semaine plus tôt. J'ai laissé ma peur prendre le dessus sur moi, et j'en suis désolé. La pensée de ma famille apportant sa toxicité dans notre petit morceau de paradis me terrifiait, et je ne savais pas quoi faire à ce sujet. Alors j'ai trouvé une excuse pour continuer à me méfier et je suis parti en courant.

Son expression était sombre, et ses yeux brillaient de la sincérité qu'il venait de mettre dans ses excuses. Maria secoua la tête, n'ayant pas besoin d'en entendre davantage.

Il est revenu.

C'était la pensée prépondérante dans sa tête, une pensée qui propulsait son cœur à de nouvelles hauteurs, tandis qu'il se réparait lentement.

— J'aurais dû me battre davantage, dit-elle. Mais l'idée de revenir sur ma parole et de changer notre accord me faisait peur aussi.

Rafael la fit taire en effleurant doucement ses lèvres des siennes. Ce baiser vibra profondément en Maria et lui arracha un gémissement de désir. Cela ne faisait-il vraiment qu'une semaine qu'ils s'étaient embrassés pour la dernière fois ?

— Tu n'as à t'excuser de rien. Et maintenant...

Il posa les mains sur ses épaules et l'écarta doucement de lui.

Maria réprima une exclamation lorsqu'il se mit sur un genou pour lui offrir un petit écrin qui contenait une superbe alliance en or blanc ornée de diamants.

— Je t'aime, Maria. Je t'ai aimée dès l'instant où je t'ai rencontrée. Je sais que nous sommes déjà mariés, mais je ne t'ai jamais donné de bague. Alors je suppose que ma question est : veux-tu faire de ce mariage un vrai mariage ?

Elle hocha la tête, tandis qu'une boule dans sa gorge la rendait incapable de répondre. Des larmes de joie lui montèrent aux yeux. Rafael sourit, prenant sa main tremblante dans la sienne pour passer l'alliance à son annulaire. Elle lui allait parfaitement.

— Je suppose que ceci explique la petite partie de ta fortune que tu ne nous as pas donnée, dit-elle pour plaisanter, car il ne faisait pas de doute pour elle que ce bijou avait dû coûter très cher.

Rafael rit et la reprit dans ses bras.

— L'argent est déjà arrivé ? Je suis content.

Il posa un baiser sur le sommet de sa tête.

— J'ai demandé à Sebastião de tout vous transférer. Cette somme a fait des envieux pendant suffisamment longtemps. Il est temps qu'elle serve à quelque chose d'utile.

Maria sourit au creux de son cou, inspirant le parfum viril qui avait tellement manqué dans sa vie la semaine précédente. Un parfum dont elle ne voulait plus jamais se passer.

— Je suppose que tu comptes reprendre ton poste à la clinique. Parce qu'il n'est pas question que je te laisse rester ici gratuitement, à ne rien faire.

Elle se joignit au rire de Rafael.

— J'espérais que tu ne m'aurais pas encore remplacé, répondit-il.

Elle hocha la tête, chérissant cette proximité avec son mari – son vrai mari, enfin.

Il leur restait encore maintes questions à régler, mais elles pouvaient attendre quelques jours, tandis qu'ils profiteraient d'être enfin réunis pour de bon. Ils seraient ensemble, c'était la seule chose qui comptait. Pour tout le reste, ils verraient avec le temps.

Épilogue

— J'aimerais vraiment que tu me laisses m'occuper de ça.

Maria ignora le ton inquiet de son mari. Elle mit un carton sur la table d'examen et posa une main sur les rabats fermés, tandis qu'elle portait l'autre à son ventre rebondi.

— Rafa, tu as des choses à faire à la clinique, et j'ai besoin de prendre en charge les animaux qui ont besoin de moi, que je sois enceinte ou pas.

Rafael la regarda en fronçant les sourcils, mais avec une expression si pleine d'amour qu'elle se sentit fondre. Elle lui sourit, puis lui prit la main et la posa à son tour sur son ventre.

— Je sais que c'est ton rôle de t'inquiéter, mais garder notre petit en bonne santé et en sécurité est ma priorité, d'accord ? Je ne ferais jamais rien qui nous mettrait en danger, tu le sais.

Depuis leur réconciliation, Rafael était devenu peu à peu plus détendu en ce qui concernait les différentes attaques venant de sa famille. Ses parents leur avaient encore envoyé quelques espions et des avocats pour les mettre en demeure de débloquer les fonds, mais ils avaient finalement renoncé quand ils avaient constaté que Rafael avait donné sa fortune au refuge et que rien ne pourrait le faire revenir sur sa décision.

Un refuge dans lequel il avait pris depuis une plus grande place. Avec l'argent dont ils disposaient, ils avaient agrandi le bâtiment pour ajouter plus de cages et de nouvelles salles d'examen afin de développer leurs activités. Ensemble, ils avaient engagé d'autres vétérinaires pour les animaux de compagnie – et des chirurgiens pour s'occuper des bêtes blessées du fait de la déforestation qui s'accroissait à un rythme inquiétant.

Rafael avait endossé le rôle de vétérinaire en chef, gérant leur nouveau personnel et coordonnant le travail quotidien qui devait être effectué. Ce dont Maria lui était très reconnaissante, car cela lui laissait du temps pour s'occuper des animaux sans avoir à se soucier de la clinique.

Quand elle avait accepté d'épouser Rafael par désespoir, elle n'aurait jamais rêvé que son refuge prendrait cette ampleur. L'argent qu'il lui avait alors promis était censé leur permettre de continuer à fonctionner, mais à présent ils avaient bâti une affaire florissante dont ils pouvaient être fiers – et le cœur de Maria éclatait presque de joie quand elle pensait qu'elle avait réalisé tout ça avec son mari, l'amour de sa vie.

— Où est Mirabel ? demanda-t-elle. Je ne l'ai pas vue à la maison.

Rafael rit, et son froncement de sourcils se changea en un sourire éclatant qui fit trembler les genoux de Maria.

— Elle est en train de nettoyer les cages. Quand je l'ai ramenée de l'école, elle m'a dit qu'elle voulait aller travailler au refuge.

— Quoi ? Elle n'est pas en train de chouchouter Petite-Maman et ses filles ? Qu'as-tu fait à ma nièce ?

Maria secoua la tête, pensant à la chatte abandonnée qui faisait partie de la famille, maintenant – au grand déplaisir d'Alexandre qui avait à présent des rivales dans leur affection.

Sa poitrine se dilata d'une joie et d'une fierté qu'elle ne pouvait exprimer par des mots. Depuis que Rafael avait pris une part plus active dans la vie de Mirabel, l'adolescente était sortie de sa coquille, montrant plus d'intérêt pour le monde qui l'entourait et en particulier pour les animaux qu'ils avaient en garde.

Il avait rempli le vide laissé par son frère, et Maria ne pourrait jamais assez l'en remercier. Il l'avait fait sans hésiter, considérant Mirabel comme sa fille.

— En parlant de cages…, dit-elle. Je ne t'ai pas montré les dernières photos de Lia.

Rafael ouvrit de grands yeux. Lorsqu'il se rapprocha d'elle, son parfum familier de lavande parvint jusqu'à elle, et elle ne put réprimer un sourire. Ce moment était un moment de perfection pure, comme elle n'aurait jamais pensé en vivre.

Quand Rafael était arrivé à Santarém pour la première fois, il ne lui était pas venu à l'idée que l'amour de sa vie venait de faire son apparition. Et cependant il était là, les yeux brillants tandis qu'elle faisait défiler les images de l'ocelot qu'il avait sauvé des mois auparavant. L'institut de Manaus lui envoyait des messages régulièrement pour lui faire savoir comment leur chatte sauvage se portait.

— Ils vont essayer de la ré-acclimater à la vie sauvage dans quelques semaines, ajouta-t-elle. Si tu es partant pour un petit voyage de grossesse, nous pourrions peut-être aller là-bas pour lui dire au revoir. Ils ont déjà relâché les petits tamarins, alors il se peut que nous les revoyions dans les allées de Manaus.

Les yeux de Rafael étaient toujours fixés sur l'écran de son téléphone.

— Elle paraît si grosse…, murmura-t-il.

L'étonnement dans sa voix fit rire Maria.

Même s'ils travaillaient beaucoup plus souvent ensemble, désormais, elle oubliait parfois qu'il n'était pas habitué comme elle au genre d'animaux qu'elle traitait chaque jour.

— C'est normal, tu sais, le taquina-t-elle.

Elle poussa un petit cri quand il se rua sur elle pour la prendre dans ses bras.

Là où était sa place, exactement.

LUANA DaROSA

Le secret du Dr Delgado

Traduction française de
MARIE-JOSÉ LAMORLETTE

BLANCHE

HARLEQUIN

Titre original :
THE SECRET SHE KEPT FROM DR DELGADO

1

— Comment ça, il a *refusé* ?

Même si la fureur avait envahi Celine à la nouvelle qu'elle venait de recevoir, elle regretta aussitôt d'avoir élevé la voix. Quand il s'agissait de Darius, elle avait tendance à s'emporter facilement, ces temps-ci.

— Je ne sais pas quoi ajouter.

À l'autre bout du fil, elle perçut le soupir de Sebastião Pardo, l'avocat qu'elle avait engagé sur la recommandation de Rafael, son beau-frère.

— Nous avons réussi à le retrouver, nous lui avons envoyé les papiers au Pérou, et maintenant son avocat vient de prendre contact avec moi, disant que son client ne signerait pas les documents à vos conditions.

— Je n'ai pas vu cet homme depuis six ans ! Comment peut-il refuser de signer les papiers du divorce ?

Six ans auparavant, Celine avait commis une grave erreur – elle s'était laissé convaincre d'épouser son petit ami péruvien afin de lui procurer un visa pour qu'il puisse rester au Brésil avec elle.

Darius était en dernière année de médecine, et Celine venait de terminer l'école vétérinaire. Ils se fréquentaient depuis deux ans et avaient déjà parlé de mariage. La mère de Darius, qui détenait jusqu'alors un visa pour elle et son fils, avait décidé à ce moment-là de rentrer au Pérou pour ses affaires. Darius, qui ne voulait pas la suivre, avait demandé à Celine de l'épouser pour régulariser sa situation, et elle n'avait pas hésité à dire oui.

Leur mariage tout juste célébré, il était parti au Pérou pour organiser son retour au Brésil avec son nouveau visa – et lui avait fait savoir deux jours après son départ qu'il ne reviendrait pas, et qu'elle ne devait plus le contacter.

— J'essaye de régler cette affaire avec mon collègue péruvien, reprit Sebastião. Manifestement, notre lettre de mise en demeure n'a pas eu d'effet.

Il se tut un instant, avant d'ajouter :

— Pourquoi ne voudrait-il pas signer les papiers ? À cause de Nina ?

— Nina ? Non, il ne sait même pas qu'il a une fille. Et maintenant je ne suis pas sûre de vouloir lui parler d'elle.

Quand le message laconique de Darius était arrivé, Celine, dévastée, avait tout essayé pour entrer en contact avec lui, malgré son interdiction. Elle avait appelé, envoyé des textos, écrit des lettres et tenté de lui faire passer des messages par des amis... redoublant d'efforts lorsqu'elle s'était rendu compte qu'elle était enceinte. Mais rien n'avait bougé du côté du Pérou.

— Qu'allons-nous faire, maintenant ? demanda-t-elle.

Sa voix était tendue par l'impatience. Elle avait enfin rassemblé son courage pour demander le divorce, enfouissant les derniers vestiges de son amour pour Darius, et il *refusait* de lui rendre sa liberté ? Alors qu'il ne se trouvait même pas au Brésil ?

— Vous pouvez toujours persévérer dans votre demande. Simplement, cela prendra plus longtemps. Le tribunal vous fixera une date pour comparaître devant un juge, et Darius devra alors défendre sa position.

Celine soupira, la frustration bouillant dans sa poitrine.

— Très bien, merci, Sebastião. J'apprécie votre aide. En temps voulu, veuillez m'indiquer ce que je devrai faire pour en finir le plus vite possible.

— Je vous recontacterai bientôt. Tenez bon. Nous réglerons cette affaire.

Celine raccrocha et se laissa choir sur une chaise de la cuisine. Elle faisait les cent pas quand l'avocat l'avait appelée. L'épuisement lui serrait la poitrine comme dans un étau. Elle se sentait très lasse.

Qu'est-ce qui lui avait pris de demander le divorce après six ans de silence ? Elle avait abandonné tout espoir de retrouver son mari depuis longtemps, se concentrant sur sa fille et construisant une vie pour elle – une vie dont elle était fière, malgré les combats à mener comme mère célibataire.

À ce moment-là, sa sœur, Maria, entra et la regarda, les sourcils levés.

— Qui t'a gâché ta journée ?

Celine posa son téléphone sur la table et se pencha en avant, enfouissant le visage dans ses mains avec un grognement.

— Devine.

— Que s'est-il passé ?

Maria s'assit à côté d'elle.

Toi et ton mariage, pensa Celine, mais elle ne prononça pas ces mots. Elle ne pouvait pas en vouloir à sa sœur d'avoir trouvé quelqu'un avec qui partager sa vie. Pendant longtemps, les sœurs Dias avaient vécu ensemble dans cette maison, travaillant l'une à côté de l'autre dans leur refuge pour animaux et s'occupant conjointement de Nina et de Mirabel, leur nièce.

Celine avait été folle de joie quand la romance de Maria et Rafael, assez compliquée, s'était bien terminée. Mais c'était leur couple qui braquait une lumière aveuglante sur le problème qu'elle n'avait pas réglé depuis six ans.

— Apparemment, Darius ne veut pas divorcer, dit-elle en écartant les mains de son visage.

Maria inspira vivement.

— Tu lui as parlé ?

— Non. Son avocat s'est entretenu avec Sebastião. Maintenant, nous devons aller en justice pour régler cette histoire.

Celine soupira de nouveau. Maria fronça les sourcils et se pencha pour tapoter le bras de sa sœur.

— Ainsi, ce monstre d'égoïsme a décidé de retarder la dissolution de votre mariage ! Ne t'inquiète pas, nous ferons front.

Aux mots de sa sœur, Celine se hérissa malgré elle. Même si elle avait qualifié Darius de bien pire, en son for intérieur, entendre quelqu'un d'autre le critiquer réveillait son instinct de défense. Car toutes ces années plus tard, des fragments de la relation qu'ils avaient partagée revenaient encore à sa mémoire aux moments les plus inattendus.

Ce n'était pas comme si Maria avait tort. Comment appeler autrement un homme qui avait abandonné froidement et sans explications la femme qu'il venait d'épouser ?

— Peut-être que ça n'en vaut pas la peine, dit-elle. Je ne prévois pas de me remarier un jour, et je n'ai pas le temps de penser aux hommes, de toute façon. Grâce à toi, notre refuge a de nouveau un avenir.

Bien qu'elle ait voulu paraître enjouée, Celine ne put réprimer complètement l'amertume de sa voix. Avant que sa sœur ait rencontré Rafael, elles avaient géré le refuge ensemble – à cela près que ce rêve avait toujours été celui de Maria plus que le sien. Elle, elle était venue à cause du chagrin que la soudaine disparition de Darius lui avait causé, et qui l'avait dévastée.

Avec Rafael pour seconder Maria, maintenant, elle devait admettre que son rôle avait beaucoup diminué dans leur clinique vétérinaire, et elle était plus une consultante qu'autre chose.

— Ne renonce pas, Celine. Il ne pourra pas te maintenir dans ce mariage alors qu'il ne fait même pas partie de ta vie.

Maria croisa les bras sur sa poitrine et souffla d'un air contrarié.

— Les hommes sont tordus.

— Oh ! regarde qui parle – toi avec ton mari parfait et ton bébé si mignon !

Celine parvint à rire quand une faible rougeur se peignit sur les pommettes hautes de sa sœur.

La porte s'ouvrit de nouveau et, comme s'il avait été attiré par leur conversation, Rafael entra, les regardant avec un sourire. Il avait un siège auto à la main, et dès que Celine vit le visage endormi de sa nièce, toute sa colère et toute sa frustration s'évanouirent.

Rafael posa leur fille par terre et posa une main sur l'épaule de Maria, qu'il pressa doucement en lui donnant un baiser sur la tête.

C'était la raison pour laquelle Celine voulait un divorce, même si elle s'en défendait. Elle voulait connaître *ça*, elle aussi.

— Quand on parle du loup…, dit-elle en rendant son sourire à son beau-frère.

— Ah ! si vous en êtes au moment de la soirée où vous jasez sur mon compte, je pense qu'il est temps d'y mettre un terme, sinon je ne réussirai jamais à faire sortir ma femme d'ici.

Maria rit et se tourna vers son mari. Les deux époux souhaitèrent une bonne nuit à Celine, mais comme Maria attrapait le siège auto, Rafael se tourna pour regarder sa belle-sœur.

— Oh ! j'ai failli oublier. Quelqu'un est venu ce matin pour te voir, mais tu n'étais pas là. Un homme.

Celine fronça les sourcils, réfléchissant. Elle n'avait pas reçu de message particulier de ses clients. Tandis que Rafael et Maria travaillaient au refuge, surtout, et dans leur clinique vétérinaire, elle passait beaucoup de temps à se déplacer, s'occupant du bétail dans les fermes des environs. Ce qui impliquait des horaires de travail imprévisibles, et le fait qu'elle ne pouvait pas être présente pour assurer des visites ordinaires. Afin de s'occuper des animaux domestiques, par exemple. Alors qui pouvait la chercher ?

— Est-ce qu'il a dit ce qu'il voulait ?

Rafael secoua la tête.

— Non, il a juste demandé à te parler, mais n'a rien dit d'autre. Je lui ai conseillé de tenter sa chance dans la soirée.

— Est-ce qu'il a laissé un nom ?

Rafael détourna un instant les yeux.

— Désolé, je ne le lui ai pas demandé. Nous étions occupés par une urgence quand il est venu. Je lui ai juste dit de revenir ce soir.

— Je vois, merci de m'avoir prévenue.

Celine les raccompagna et referma la porte derrière eux, pensant au mystérieux visiteur. Les propriétaires de ses patients ne venaient jamais la voir ici.

Était-ce quelqu'un qui n'avait pas de rapport avec son travail ? Ce n'était guère probable non plus. Elle n'avait pas vraiment d'amis susceptibles de passer la voir ainsi, dans la petite ville de Santarém.

Un coup frappé à la porte la tira de ses réflexions, et elle parcourut la pièce des yeux. Maria et Rafael avaient-ils oublié quelque chose ?

— Je ne vois rien qui traîne ! cria-t-elle en allant ouvrir. Qu'est-ce que...

Son cerveau cessa de fonctionner au milieu de sa phrase, tandis qu'elle fixait un visage qui l'avait hantée pendant les six années précédentes.

— Darius...

Un tumulte de différentes émotions se déchaîna en Darius tandis qu'il était assis à son volant, fixant la maison où vivait la femme dont il était séparé. Lorsqu'il avait décidé de venir pour lui parler, il n'avait pas imaginé être coincé dans sa voiture, l'observant de loin en réfléchissant à quoi lui dire.

Pouvons-nous s'il te plaît ne pas divorcer avant trois mois, parce que j'ai besoin du visa pour mon travail ?

Cette requête n'allait pas le faire rentrer dans ses bonnes grâces – et il avait vraiment besoin qu'elle l'aide. Non pas qu'elle ait encore des faveurs à lui accorder. Mais il fallait qu'il le lui demande malgré tout, même s'il se doutait qu'elle l'enverrait promener et que tous ses plans pour un avenir au Brésil s'écrouleraient avec son refus.

Certes, il le méritait, mais la douleur de quitter Celine toutes ces années plus tôt avait laissé dans sa poitrine un trou qui ne s'était jamais refermé, durant tout le temps qu'il avait passé loin d'elle.

Il avait quitté le Brésil avec l'intention de revenir dès qu'il se serait procuré son visa de conjoint, mais lorsqu'il en avait parlé à sa mère, elle lui avait révélé la vraie raison de son départ. Elle avait prétendu au début que c'était à cause d'un contrat intéressant au Pérou. Quand le père de Darius était mort plus de vingt ans auparavant, elle avait fondé Delgado Cosmetics pour faire vivre son fils et elle. Après d'humbles débuts dans leur cuisine, la marque avait connu le succès avec ses produits de qualité pour la peau et avait acquis une grande renommée au Brésil – raison pour laquelle ils étaient venus s'y installer.

Mais après des années de croissance, les ventes avaient chuté, conduisant sa mère à faire des investissements risqués et à emprunter de l'argent à des gens peu recommandables. Résultat, elle avait fui le pays pour échapper à ses créanciers, disant ensuite à Darius qu'il serait lui aussi en grand danger s'il retournait au Brésil : les personnes avec qui elle était impliquée n'hésiteraient pas à lui faire du mal – ou à en faire à sa femme s'ils apprenaient son mariage.

Redoutant ce que ces requins pourraient faire à Celine, Darius était resté au Pérou et avait gardé le silence, bien que cela l'ait déchiré intérieurement.

Il se redressa derrière son volant quand la porte s'ouvrit et que deux personnes sortirent, faisant signe à la femme qui se découpait sur un rectangle de lumière.

Celine.

Il grinça des dents tandis qu'un flot d'émotions anciennes franchissait la digue qu'il avait élevée en lui afin de réprimer les sentiments qu'il avait encore pour cette femme. Il avait passé beaucoup de temps à les écarter pour ne plus y penser, mais maintenant la réalisation de ses rêves dépendait de leur mariage. Accepterait-elle de rester mariée à lui juste pour quelque temps ? L'écouterait-elle, seulement ?

Ses chances étaient minces, mais il devait essayer.

Il regarda les deux personnes monter dans leur voiture et s'en aller. Inspirant profondément, il s'obligea à bouger. Il sortit de sa voiture et parcourut la courte distance entre la rue et la petite maison adossée au bâtiment principal – le refuge animalier que les parents de Céline avaient dirigé avant de prendre leur retraite en Suisse.

Il avait été surpris d'apprendre qu'elle était revenue participer à la gestion du refuge fondé par ses grands-parents des décennies plus tôt. C'était sa sœur, Maria, qui avait rêvé de le reprendre, et quand Celine et lui avaient parlé de leur avenir ensemble, il n'avait jamais été question de rester à Santarém. Sa femme avait même dit qu'elle voulait prendre ses distances par rapport à l'affaire familiale, pour que sa sœur aînée soit mise en avant comme elle le méritait.

Était-elle revenue à cause de lui ? Parce que son départ avait rendu leurs plans caducs et l'avait déstabilisée ?

Une onde nerveuse le parcourut tandis qu'il se tenait devant la porte, fixant une plaque en bois usé qui portait son nom de famille. Dias.

Il ravala la boule qui s'était formée dans sa gorge pendant qu'il levait la main et frappait. À l'intérieur, il entendit la voix étouffée de Celine, puis la porte se rouvrit brusquement.

— Qu'est-ce que...

Elle s'arrêta en le regardant fixement, prise de confusion. Manifestement, il n'était pas la personne qu'elle s'attendait à trouver sur son seuil. Aucune femme n'était préparée à voir son mari disparu depuis des années refaire soudain surface un soir, sans prévenir.

À l'instant où il vit le choc se peindre sur son visage et la douleur naître dans ses yeux, il sentit son souffle quitter ses poumons, tandis qu'il percevait sa souffrance jusque dans ses os.

— Darius...

Elle prononça son prénom avec un mélange d'émotions trop complexes pour les démêler. Sa blessure – si profonde – s'entendait clairement. Mais alors que la voix de Celine se fêlait, il perçut aussi dans son intonation un désir oublié depuis longtemps, un désir qui répondait aux anciens souvenirs qui avaient resurgi dans sa poitrine.

— Bonsoir, Cee.

Il ne sut pas quoi dire d'autre. Il était venu en avion de São Paulo, où il travaillait comme médecin chef pour l'un des meilleurs clubs de football brésiliens, et s'était demandé, tourmenté, ce qu'il dirait à Celine lorsqu'ils se retrouveraient face à face.

Mais rien ne l'avait préparé à la réaction viscérale qui le saisit quand il la vit debout devant lui. Six années avaient magnifié la beauté naissante qu'il avait vue en elle et l'avaient ciselée en une femme tellement superbe qu'il ne comprenait pas ce qu'elle avait pu lui trouver, à l'époque.

L'espace d'une seconde les traits de Celine restèrent doux, lui rappelant l'amour qu'ils avaient autrefois partagé, et des souvenirs de leur relation affluèrent entre eux. Darius sentit que sa main avait comme envie de se lever pour lui toucher la joue. Mais cet instant fut fugace. Moins d'un battement de cœur plus tard, l'expression de Celine se changea en pierre.

— Tu as intérêt à être ici pour signer ces papiers de divorce, dit-elle, la voix si glacée que la peau de Darius le picota.

— Oui, c'est pour ça que je suis ici. Je voulais juste te parler d'abord.

C'était la vérité à un détail près. Elle ne lui avait pas demandé s'il voulait signer ces papiers *tout de suite.* Et il les signerait dès que l'actuelle saison de football serait terminée, et qu'il pourrait convaincre les propriétaires du club de lui obtenir un nouveau visa professionnel.

Un sujet qu'il devait aborder avec elle ce soir-là.

— Tu veux me parler ? Après six ans de silence, tu veux avoir une conversation normale, comme si rien n'était arrivé ?

Darius se mordit la lèvre pour contenir le soupir qui montait dans sa poitrine. Il avait su que cette conversation ne serait pas facile, en se rappelant notamment un trait qu'ils avaient en commun et qui avait aussi alimenté le feu de leur relation – ils pouvaient tous les deux être incroyablement têtus pour les moindres détails.

— Nous avons déjà pas eu des conversations normales, et je n'ai jamais pensé que cette démarche était anodine, répondit-il, tendu. Si tu m'accordes un peu de ton temps, je pourrai peut-être ramper à tes pieds et me confondre en excuses, afin que tu puisses enfin tourner la page. Je ne suis pas ici parce que je veux te reprendre.

Il n'était peut-être pas nécessaire de le dire, mais il voulait s'assurer que cette question soit écartée. Alors que son cœur tambourinait dans sa poitrine parce qu'il était si près de la femme qu'il avait désirée avec tant d'ardeur par le passé, Darius savait qu'il ne pourrait pas la retrouver. Même s'il avait cru avoir de bonnes raisons de rester loin d'elle – les mensonges de sa mère concernant ses problèmes financiers n'ayant été révélés qu'à sa mort –, il avait été lâche et ne pouvait se le pardonner.

D'ailleurs, à en juger par son expression, Celine n'était pas près de lui pardonner non plus.

— C'est bien ce que j'espère, répondit sèchement Celine. Je devrais appeler quelqu'un si tu me disais qu'il s'agissait là d'un étrange geste romantique.

— S'il te plaît, laisse-moi te dire pourquoi...

Darius laissa sa phrase en suspens, osant croiser son regard. Il ne put s'empêcher de s'émerveiller de l'ambre de ses yeux, constellé de petits points noirs. Il avait passé d'innombrables heures à essayer de les compter.

— Je ne peux pas parler ici, dit-elle finalement, en jetant un regard rapide par-dessus son épaule. Combien de temps dois-tu rester à Santarém ?

Il marqua une pause, l'espoir naissant dans sa poitrine. Ce n'était pas un non ferme et définitif. Il parviendrait peut-être à la convaincre de l'écouter – et à s'excuser d'avoir manqué du courage nécessaire à un vrai mari.

— Je suis en congé pour la semaine qui vient. La Copa América se termine, alors la plupart des joueurs du club de foot pour lequel je travaille sont au repos, tandis que nos meilleurs éléments jouent avec l'équipe nationale.

— Un club de foot ? Qu'est-ce que...

Un bruit de pas derrière Celine interrompit cette dernière. Elle regarda de nouveau en arrière avant de s'avancer et de tirer la porte derrière elle.

— Je dois me rendre dans une ferme, demain, pour voir du bétail. Tu peux venir avec moi, nous parlerons dans la voiture.

— Tu es avec quelqu'un ?

La question s'échappa des lèvres de Darius avant qu'il puisse se dire que cela ne le regardait pas. Alors qu'ils étaient encore mariés, techniquement, Celine avait bien sûr dû aller de l'avant dans sa vie.

Était-ce pour cela qu'elle lui avait envoyé les papiers du divorce ? Parce qu'elle voulait se remarier ? Cette pensée causa en lui une émotion qu'il préféra ne pas examiner de trop près. C'était lui qui était parti – quelles qu'aient été les bonnes raisons qu'il avait eues, il l'avait laissée ramasser les morceaux toute seule.

— Et si je l'étais ? rétorqua-t-elle. Mon *mari* n'a pas vraiment été dans le tableau depuis six ans.

Il secoua la tête, ne souhaitant pas creuser le sujet. La fureur qui bouillait dans ses veines venait d'un ancien lien qui devait rester oublié pour qu'ils puissent avoir une conversation relativement courtoise. Il n'était pas là par amour. Bien qu'il n'ait jamais réussi à oublier totalement ses sentiments pour Celine, il était là pour sauver son rêve et pour lui offrir – et s'offrir à lui-même – une fin longtemps reportée.

Il lui devait également la vérité, aussi pénible soit-elle à avouer.

— Je viendrai avec toi demain, acquiesça-t-il pour ne pas laisser échapper la branche d'olivier qu'elle lui tendait.

Ce serait peut-être la seule chance qu'il aurait de lui dire pourquoi il était parti et comment il avait besoin de plus de temps avant de signer les papiers.

— Je partirai tôt. Sois ici à 6 heures. Reste dans ta voiture jusqu'à ce que tu me voies aller vers la mienne, puis rejoins-moi. Je ne veux pas qu'on te voie rôder autour de chez moi.

Sa voix était toujours glacée, mais il pouvait reconnaître sous cette froideur la Celine qui avait accepté de l'épouser afin qu'ils puissent rester ensemble – même s'il avait appris peu après que les choses ne seraient pas aussi simples.

Elle lui rappelait encore tellement la personne dont il était tombé amoureux. Il était difficile de garder à distance l'affection qui les avait liés. Mais Darius se rappela qu'il était venu dans un but précis, et ce n'était pas le moment de s'éprendre de nouveau d'elle. Non, il avait seulement besoin d'un délai pour assurer son avenir professionnel, et il priait pour qu'elle le lui accorde.

Trois mois jusqu'à la fin de la saison de football. C'était tout ce qu'il lui fallait.

2

Celine but une gorgée de café, espérant faire disparaître l'appréhension qui lui nouait le ventre. Le visiteur-surprise de la veille l'avait ébranlée jusqu'au fond d'elle-même, et les tourments qui en avaient découlé l'avaient gardée éveillée une bonne partie de la nuit.

Darius était de retour – et il voulait lui parler.

C'était quelque chose qu'elle avait désiré pendant de nombreuses années, aspirant à pouvoir tourner la page après ce qui s'était passé. Comme Darius était au Brésil sous le couvert du visa de sa mère, quand celle-ci avait voulu rentrer au Pérou, il avait dû partir avec elle juste après leur mariage pour pouvoir demander un visa de conjoint. Bien qu'il ait été dur de lui dire au revoir, Celine avait su que ce serait seulement pour quelques semaines, après quoi il reviendrait, et personne ne pourrait plus le lui reprendre.

Elle ne s'était pas du tout attendue qu'il mette fin à leur relation. Son message avait été vague, disant simplement qu'il ne reviendrait pas, mais sans expliquer pourquoi. Elle avait tout essayé pour le contacter, en vain.

Et quatre semaines plus tard, elle avait appris une nouvelle qui avait changé sa vie – et rendu le départ de Darius encore plus douloureux.

Penser à Nina porta sa nervosité à son paroxysme. Darius ignorait qu'il avait une fille de cinq ans. Elle devrait le lui annoncer. Sa réaction lui dirait tout ce qu'elle avait besoin de savoir sur l'homme qu'il était devenu après ces six années.

Celine n'avait jamais donné de détails à Nina sur l'absence de son père. Elle lui avait simplement dit qu'il était loin et ne pouvait pas venir les voir. Elle devrait lui parler de lui, aussi. Comment ferait-elle ? Mais avant de pouvoir mentionner la réapparition de Darius à leur fille, elle avait besoin de comprendre pourquoi il avait choisi de revenir dans sa vie, au lieu de simplement signer les papiers du divorce.

— Bonjour, *mãe.*

Celine leva les yeux de son café alors que Nina entrait dans la cuisine. Elle était en pyjama et frottait ses yeux encore ensommeillés.

— Tu es debout de bonne heure, *amor.*

Nina haussa les épaules et grimpa sur la chaise à côté d'elle.

— Tu as faim ?

Comme elle hochait la tête, Celine se leva pour verser des céréales dans un bol.

— Je vais vacciner du bétail. Il y en a beaucoup, alors je dois commencer tôt, expliqua-t-elle. Tia Maria va arriver pour s'occuper de toi avant de te conduire au jardin d'enfants.

Elle posa le bol devant sa fille et prit du lait dans le frigo pour l'ajouter aux céréales. Nina attrapa sa cuillère et se mit à manger. Sa fille occupée, Celine alla à la fenêtre et regarda dehors. Elle vit une voiture s'arrêter, et Maria en descendre. Mais il y avait une autre voiture garée un peu plus loin, qu'elle ne connaissait pas. Comme elle avait des vitres teintées, elle ne pouvait pas voir qui était à l'intérieur. Était-ce Darius ?

Elle se tourna quand sa sœur entra.

— Bonjour, chérie, dit Maria à Nina.

Puis elle vit Celine et haussa les sourcils.

— Ça va ? demanda-t-elle, lisant manifestement sur son visage quelque chose que Celine espérait lui cacher.

— Oui, tout va bien. J'ai juste une longue journée devant moi et pas trop envie d'y aller.

Avant que sa sœur puisse lui demander autre chose, elle passa son sac à son épaule, prit ses clés et s'apprêta à partir.

— J'y vais, mon chou. Ne traîne pas trop.

Elle embrassa Nina sur la tête et s'en alla, claquant la porte juste un peu trop fort. Elle se sentait mal de cacher la présence de Darius à Maria, mais elle avait besoin de temps pour s'y faire. Au cours des années précédentes, sa sœur lui avait été très précieuse, l'empêchant de craquer au cours de sa grossesse inattendue, puis prenant soin de Nina chaque fois qu'elle en avait eu besoin. Celine essayait de le lui rendre le plus possible, passant du temps à la clinique chaque fois qu'elle le pouvait – un peu moins depuis que Rafael était arrivé.

C'était une dette qu'elle ne savait pas comment rembourser.

Lorsqu'elle atteignit sa camionnette, elle jeta son sac sur le siège arrière et regarda vers la maison. Maria n'était pas à la fenêtre de la cuisine. Tant mieux. Elle n'avait pas envie d'avoir une conversation sur Darius. Pas alors qu'elle essayait encore d'y voir clair.

Elle porta les yeux vers la voiture inconnue et, comme s'il avait attendu ce signal, Darius en sortit et vint à grands pas vers elle. L'estomac de Celine émit un gargouillement pitoyable tandis que Darius approchait, sa démarche suffisant à réveiller des souvenirs d'un mariage qui n'avait duré que quelques jours. Si seulement les années l'avaient marqué, se dit-elle en haussant le menton. Mais quelle que soit la vie qu'il avait menée au Pérou, elle lui avait visiblement réussi.

Alors que ses vieilles tennis et son jean usé convenaient à leur sortie de la matinée, sa montre coûteuse et ses mèches châtain à la coupe parfaite témoignaient de son succès social. Ses cheveux, courts sur les côtés et longs dessus, donnait envie de passer les doigts dedans, songea Celine.

— *Buen día,* dit-il en espagnol quand il s'installa sur le siège passager de la camionnette.

Et à la parfaite image de virilité tranquille et d'élégance qu'il incarnait s'ajouta un parfum subtil de pin et d'épices, ramenant les pensées de Celine à la dernière fois où elle l'avait humé – dans ses bras, lors de leur nuit de noces.

Cela n'allait pas. Pas du tout. C'était lui qui avait fui ses responsabilités après lui avoir demandé de l'épouser. Elle ne devrait pas se complaire dans d'anciens souvenirs d'un temps où ils s'aimaient – où elle avait pensé que rien ne pourrait les séparer. À l'époque, elle n'aurait jamais cru que Darius pourrait provoquer leur rupture.

— Darius.

Elle fit un bref signe de tête et se mordit la langue tandis que son corps réagissait traîtreusement à sa proximité – comme si Darius était nanti d'une sorte d'aimant qui dominait sa volonté.

— C'est ce que tu conduis à la campagne ? demanda-t-elle en regardant sa voiture coûteuse, qui serait couverte de boue en quelques heures de trajet dans le Brésil rural.

— C'est une voiture de location. La voiture du club que je conduis à São Paulo est encore plus luxueuse.

— La voiture du club ?

Bien que l'envie ait été forte de chercher à s'informer sur son mari sur Internet, Celine ne l'avait pas fait, sachant qu'elle en souffrirait probablement. Et donc un étranger aurait aussi bien pu être assis à côté d'elle, tant elle en savait peu sur l'homme qu'elle avait épousé. Un picotement lui parcourut les mains et les bras, et de la chaleur se répandit dans son ventre.

Elle ne pouvait pas se retrouver dans une telle situation. C'était là l'homme qui l'avait abandonnée enceinte quelques jours après leur mariage, et qui n'avait jamais répondu à ses appels ou à ses messages ! Il n'était pas question qu'elle se sente troublée par lui. Ce qui l'agitait devait être un vieux souvenir qui pointait son nez, en raison de l'étrange familiarité de sa présence.

— Je suis le médecin chef d'un club de foot de São Paulo, répondit-il.

Celine, qui mettait le contact, se tourna vers lui.

— Tu as fini tes études de médecine au Pérou ?

Un pli s'inscrivit entre les sourcils de Darius.

— Oui, bien sûr. Pourquoi en parais-tu horrifiée ?

— Parce que... tu es parti. Tu as laissé ta femme et tu as simplement continué ta vie et tes études comme si de rien n'était ?

Celine avait parlé sans filtre et elle n'osa pas le regarder, craignant ce qu'elle pourrait lire sur son visage. À la place, elle démarra et se mit à rouler. Au moins, conduire lui donnait une bonne excuse pour détacher les yeux de lui.

— Cee, je… Comment veux-tu que je réponde à ça ? Je suis désolé de ce que j'ai fait. Je n'implore pas ton pardon, parce que la façon dont je t'ai blessée est impardonnable. Mais je veux te faire des excuses. Il faut que tu saches que je suis sincère, que ce ne sont pas des mots creux.

Du coin de l'œil, elle vit sa poitrine se soulever et s'abaisser avec difficulté, indiquant l'effort que ces excuses lui avaient demandé.

— Pourquoi ?

C'était la question qui lui brûlait la langue, un unique mot qui pouvait avoir tant de réponses.

Darius poussa un gros soupir et baissa la tête, se frottant les yeux avec les mains. La lassitude sur ses traits était nouvelle. Pendant qu'ils étaient ensemble, il était toujours plein d'audace et d'entrain, tandis que Celine tempérait ses idées les plus folles.

Quelque chose lui était arrivé, qui l'avait forcé à partir, se dit-elle comme aux heures les plus sombres qu'elle avait vécues, quand la partie restée intacte de son cœur se raccrochait à cette version. Elle préférait se montrer naïve plutôt que d'envisager qu'il ne l'avait jamais vraiment aimée. Mais qu'est-ce qui aurait pu être grave au point qu'il ne puisse pas le lui dire ?

Ils longèrent des champs verts dont quelques-uns étaient clôturés, avec des vaches et des alpagas qui broutaient. La majeure partie du paysage était consacrée à la culture des céréales, pour nourrir le bétail. Ce secteur agricole ne ressemblait pas à la forêt humide dense qui bordait l'Amazone non loin de chez elle. Mais contrairement à sa sœur, qui était à l'aise dans la forêt et accueillait des animaux sauvages dans leur refuge, pour les soigner, Celine préférait travailler dans des fermes.

Et là, la vue familière la réconfortait tandis que le silence se prolongeait dans le véhicule.

Finalement, Darius prit une grande inspiration et se mit à parler.

— Ma mère... Elle était gravement malade. Je l'ai appris seulement quand je lui ai dit que je comptais retourner au Brésil pour être avec toi. Elle avait fui le pays... pour d'autres raisons, mais elle voulait surtout rentrer au Pérou pour sa santé.

Le panneau indiquant la direction de la ferme apparut sur le côté de la route, une planche en bois souhaitant la bienvenue aux arrivants. D'ordinaire, en la voyant Celine se réjouissait à l'idée de revoir ses clientes qui étaient devenues des amies. Mais là, ce fut comme si son cerveau n'avait pas enregistré l'information. Il était trop focalisé sur son mari, qui était assis à côté d'elle et lui révélait enfin la vérité.

Darius remarqua le panneau, soulagé qu'ils arrivent bientôt. Il ne cessait de poser les yeux sur Celine, mais elle avait le regard fixé sur la route, et il avait du mal à jauger sa réaction.

Il avait la vérité – toute la vérité – au bord des lèvres, mais les mots refusaient de sortir. Sa mère avait bien été malade ; c'était la raison pour laquelle elle avait voulu qu'il reste au Pérou avec elle, au début. Mais ensuite, elle avait tissé autour de lui un tissu de mensonges qui l'avait retenu contre son gré dans son pays natal. D'après elle, de terribles menaces le guetteraient et guetteraient Celine s'il retournait au Brésil. Crédule, il avait jugé le risque trop grand pour le courir.

Darius savait que Celine méritait de savoir ce qui s'était passé, mais il hésitait encore. Le croirait-elle, seulement ? Les apparences ne jouaient pas en sa faveur, et à sa place il n'était pas sûr qu'il accorderait foi à son histoire. Après tout, vue de l'extérieur, sa mère avait eu tout l'air d'une femme d'affaires prospère.

Celine le jugerait-elle durement d'avoir cru Elvira Delgado ? Sans doute, et elle n'aurait pas tort. Bien qu'il ait agi sur la base de ce qu'il croyait être des faits réels, qui le terrifiaient, cela ne minimisait pas le mal qu'il avait causé. Comment pourrait-il implorer son pardon quand lui-même bataillait encore avec ce qu'il avait fait ? La culpabilité liée à son abandon lui pesait lourdement sur le cœur, mais il n'osait pas la lui laisser voir. Parce que rien ne justifiait ses actions passées.

Non, parler ne ferait que le soulager, lui. Cela n'apporterait rien à Celine. Mieux valait qu'il garde la vérité pour lui. Il n'avait rien à gagner à la déranger dans la vie qu'elle s'était bâtie sans lui, en lui racontant sa version de l'histoire. Et si jamais elle lui pardonnait ? En toute honnêteté, il ne pouvait pas la laisser perdre son temps avec lui, pas quand son jugement avait été si mauvais par le passé. Et s'il la faisait encore souffrir, sans le vouloir ?

Celine ne répondit pas à ce qu'il avait dit et continua à conduire en silence jusqu'à ce que des toits de tuiles apparaissent à l'horizon. Plusieurs bâtiments aux murs blancs parsemaient le paysage, de différentes tailles selon leur fonction. Ils roulèrent sur une piste en terre et s'arrêtèrent devant ce qui devait être le corps de ferme.

Celine serra le frein à main, ôta la clé du contact, mais resta assise au volant. Finalement, elle tourna la tête vers lui, l'air impénétrable.

— Ta mère était malade ?

— Oui.

Il sentit son cœur accélérer tandis qu'il la regardait.

— Et… tu as pensé que tu ne pouvais pas me le dire ?

— Quoi ? Non, ce n'est pas ça… Je…

— Alors *pourquoi* ne me l'as-tu pas dit ? Pourquoi m'as-tu laissée croire que si tu étais parti, c'était ma faute ? Pourquoi n'as-tu pas répondu à mes appels ?

Ces derniers mots ne furent pas prononcés d'une voix plus forte, mais la douleur qui les colorait les amplifiait comme si un orage avait éclaté près de Darius. La blessure de Celine le pénétrait jusqu'à la moelle, le laissant sidéré.

— Celine, ce qui s'est passé…

Elle l'interrompit.

— Fut un temps où tu me disais tout, mais quand ça a vraiment compté tu n'as pas pu ouvrir la bouche. Pensais-tu que je ne comprendrais pas ? Avais-tu une si faible estime de la femme que tu avais épousée ?

Ses yeux ambrés étaient embués de larmes, et la poitrine de Darius se contracta si fort que tout l'air fut chassé de ses poumons. Ses lèvres s'écartèrent, mais aucun mot ne se forma dans son esprit. Tout en lui se concentrait sur la souffrance inscrite sur le visage de la femme assise à côté de lui. Il avait su que cette conversation serait difficile. Son cœur se serra ; la vérité exigeait d'être dite, mais il ne pouvait pas la laisser sortir si ce n'était que pour se justifier, pour tenter d'atténuer ses torts. Cela ne ferait pas de bien à Celine, il en était convaincu. Et elle se dirait plus que jamais qu'elle n'aurait pas dû l'épouser.

— Cee…

— Pourquoi, Darius ? Tu as eu six ans pour y penser. À l'heure actuelle, tu devrais avoir une réponse à…

Cette fois, ce fut lui qui l'interrompit, incapable de se retenir.

— Tu ne sais pas *tout* ce qui s'est passé, Celine. J'avais de sérieuses raisons de te cacher certaines choses.

Il ravala la boule dans sa gorge, la bouche sèche de l'effort qu'il faisait pour que sa voix ne se brise pas.

— La vérité ne changera rien entre nous parce que tu as déjà décidé de l'angle sous lequel tu veux me voir. Tout ce que j'aurai à dire pour ma défense sera vain, tu ne crois pas ? Alors convenons juste tous les deux que j'ai détruit ce mariage, et qu'il ne nous reste en effet qu'à divorcer.

Celine battit des cils, et le brouillard disparut de son regard. Un mouvement devant eux détourna leur attention de ce moment intense qui suivait une séparation de plusieurs années. Une petite femme ouvrit la porte d'entrée et leur fit signe, un grand sourire sur le visage.

Celine lui répondit avec un sourire forcé avant de regarder de nouveau Darius, et ses yeux troublés déclenchèrent une alarme dans la tête de ce dernier.

— J'espérais que tu aurais assez de respect pour moi pour au moins me dire la vérité. Mais tu as raison. Tout ce que je veux, c'est te voir sortir de ma vie.

Il ouvrit la bouche pour répondre, mais elle secoua la tête.

— Juliana nous attend.

Darius acquiesça, puis sortit de la camionnette et prit à l'arrière le sac qui paraissait lourd.

— Que fais-tu ?

Il jeta un coup d'œil au contenu du sac entrouvert.

— Ça a l'air d'être des vaccins. Je suis médecin. Je sais comment vacciner, je peux t'aider.

Celine soupira.

— Tu es un médecin pour les *humains*. Je dois vacciner des vaches, aujourd'hui.

Le scepticisme dans sa voix réveilla l'esprit de compétition de Darius.

— C'est un mammifère un peu plus gros, c'est tout. Je pense que si tu me montres où planter l'aiguille, je te serai plus utile que je ne te gênerai.

Il croisa les bras et releva le menton, lui lançant un défi qu'elle ne pourrait pas refuser, il le savait. Six ans étaient certes passés, et il y avait peut-être trop d'animosité entre eux pour réparer leur relation, mais il connaissait encore cette femme.

Elle plissa les paupières, une étincelle dangereuse dans ses yeux ambrés. Puis elle se tourna face à la femme qui s'approchait d'eux.

— Juliana, c'est bon de vous voir, dit-elle en étreignant rapidement la fermière. Voici Darius, mon assistant.

Juliana se tourna vers Darius et lui tendit la main. Il sentit ses paumes calleuses, signe du travail pénible qu'elle effectuait quotidiennement dans sa ferme. Devant la vigueur de sa poigne, elle eut un grand sourire.

— Je vois que vous êtes un homme qui ne recule pas devant la besogne, dit-elle.

Celine haussa un sourcil sans dire un mot, puis déclara :

— Nous sommes prêts à vacciner les bêtes. Sont-elles dans l'étable ?

Juliana hocha la tête et leur fit signe de la suivre. En marchant, elle dit :

— Contente de voir que les choses vont mieux pour vous deux, si vous pouvez embaucher de l'aide, maintenant.

Celine grogna.

Les choses allaient *mieux* ? se demanda Darius, intrigué. Maria et elle avaient-elles eu des problèmes ? Il détourna les yeux quand il vit Celine lui jeter un regard noir. Si elle le croyait distrait, peut-être baisserait-elle la garde vis-à-vis de Juliana et en apprendrait-il plus.

— Je voudrais que vous regardiez aussi un de nos chevaux, dit la fermière. Ma fille dit que Roach a un problème à un sabot.

Celine acquiesça. Darius suivit les deux femmes. Ils arrivèrent à la plus grande des étables éparpillées dans la propriété. Les portes étaient déjà ouvertes, et les bruits des vaches se mêlèrent à l'odeur de foin lorsqu'ils entrèrent. Un sourire se peignit sur les lèvres de Celine quand elle s'approcha d'une vache brune et posa une main sur son large front. Elle gratta son pelage du bout des doigts, et l'animal inclina la tête pour mieux profiter de la caresse.

Darius ne put s'empêcher de sourire aussi, en voyant la joie que son travail lui procurait. Il regretta de ne pas avoir été là pour la voir se couler dans son rôle de vétérinaire. Le regret des occasions manquées lui monta dans la gorge comme une bile amère, tandis qu'un fragment de la vie qu'il avait perdue se déroulait sous ses yeux.

Sans les machinations de sa mère, il ne serait jamais resté au Pérou, et ils auraient eu une chance de faire vivre leur mariage. Il avait découvert après sa mort qu'elle avait inventé les requins financiers qui d'après elle la menaçaient, ainsi que son entourage. C'était une ruse pour garder son fils près d'elle. Mais il devait se rappeler le rôle qu'il avait lui-même joué. Après tout, il avait choisi de se plier à ce qu'elle lui avait demandé. Il avait été grugé, mais s'était laissé faire. Aujourd'hui, il ne se pardonnait pas sa lâcheté.

Ils s'arrêtèrent devant des veaux et des génisses, rassemblés dans un enclos intérieur.

— Ils sont tous là ? demanda Celine.

— Oui, répondit Juliana, très fière de son cheptel.

Celine souleva le loquet, ouvrit la porte de l'enclos et fit signe à Darius de la suivre.

— Je vais les examiner rapidement avant de les vacciner. Cela ne devrait pas prendre trop de temps.

— Venez me retrouver à la maison quand vous aurez fini, dit Juliana en s'en allant.

Darius posa le sac qu'il portait sur une petite table. Quand il voulut l'ouvrir, Celine s'approcha et le fit s'écarter d'un coup de hanche. Son parfum l'enveloppa une fraction de seconde, et il en fut troublé. De vieux souvenirs fusèrent dans son esprit, c'était la même fragrance épicée qui l'aidait à s'endormir quand il tenait Celine dans ses bras.

Mais le regard noir qu'elle lui lança ensuite ne ressemblait pas à ceux qu'elle lui adressait à l'époque. Sa légèreté et sa douceur avaient été remplacées par un mur de brique impénétrable. Avant, il savait exactement ce qu'elle pensait. Plus maintenant.

Ils vaccinèrent les jeunes bêtes, qui étaient toutes en bonne santé. Et Darius, même s'il ne fut pas capable d'aider Celine pour les vaccins, fit un travail appréciable pour calmer leurs patients. Le voir faire éveilla en elle une sensation de chaleur qui l'effraya trop pour qu'elle l'examine de plus près.

Elle n'avait pas senti cette flamme trembloter dans son ventre depuis le jour où il était parti. La familiarité qu'elle éprouva à ce moment-là suffit presque à la ramener dans ses bras. Comment pourrait-elle rester en colère contre un homme qui traitait les animaux avec tant de respect et d'empathie ?

En se rappelant qu'il lui avait envoyé un seul message, pour lui dire qu'elle ne le reverrait plus jamais, s'intima-t-elle fermement.

Elle sentit sa poitrine se contracter quand Nina lui vint à l'esprit. Il fallait qu'elle lui dise, pour sa fille, mais elle était terrorisée à cette idée. Leur vie se déroulait très bien, sans lui. Certes, la petite ville de Santarém n'avait jamais été l'endroit où elle avait prévu d'élever sa famille, mais avec toute l'aide que sa sœur lui avait apportée, elle ne pouvait pas partir simplement parce qu'elle en avait envie. Elle devait à Maria de rester pour l'épauler.

Celine revint à l'instant présent. Elle avait besoin de savoir pourquoi Darius était là – et pourquoi il refusait de signer les papiers du divorce alors qu'il avait reconnu lui-même qu'il ne leur restait qu'à divorcer.

— Tu t'es bien débrouillé avec les veaux et les génisses, pour un médecin, dit-elle alors qu'une myriade de mots différents se formait dans sa gorge.

Mais ses yeux bruns et brillants étaient si désarmants qu'elle oublia un instant son appréhension.

— Les médecins et les vétérinaires seraient-ils en guerre ? lança-t-il d'un ton malicieux, en rangeant dans le sac les instruments dont elle s'était servie.

Au lieu de répondre, Celine l'observa, son regard allant à ces mains qui l'avaient tenue si serrée, autrefois – et qui l'avaient fait se sentir tellement en sécurité. Comment tout cela pouvait-il n'avoir été qu'une illusion ?

— Tu ne m'as toujours pas dit pourquoi tu es ici, déclara-t-elle pour toute réponse.

Darius s'affaira autour du sac, les yeux rivés sur ses mains, et le bruit de la fermeture Eclair brisa le silence.

— Laisse-moi commencer en reconnaissant quelle douleur je t'ai causée par mon départ, répondit-il. Rien de ce que je pourrais dire n'arrangera les choses, mais je suis déterminé à regagner ta confiance.

Celine fronça les sourcils, les bras croisés.

— Ma confiance ? Darius, je ne me fierai plus *jamais* à toi, alors ne nous fais pas perdre notre temps. Ce que je veux, c'est que tu signes ces papiers de divorce et que tu ressortes de ma vie, sapristi !

Elle se mordit la lèvre quand sa voix trembla, et se maudit de montrer une telle fureur devant lui.

Des souvenirs de leur relation lui venaient à l'esprit chaque fois qu'elle laissait vagabonder ses pensées. Les choses étaient tellement plus faciles six ans plus tôt, quand ils étaient amoureux. Toujours romantique, la jeune Celine avait eu la conviction qu'elle était destinée à épouser Darius, et elle avait eu du mal à croire à sa chance : elle avait rencontré l'amour de sa vie à vingt et un ans, sans même le chercher.

— Si je te disais que je compte revenir au Brésil pour de bon ? demanda Darius.

Elle le fixa tandis que son pouls flanchait traîtreusement.

— Que veux-tu dire ?

Il allait revenir ? À cette information, une chaleur familière traversa le corps de Celine et lui monta aux joues, la laissant à court de paroles. Mais pourquoi se préoccuperait-elle de ses projets ? Il l'avait laissée brisée, incapable de se relever. Et elle n'avait pas pu aller de l'avant, car comment aurait-elle expliqué à un autre homme qu'elle était coincée dans un mariage qui n'avait duré que quelques jours ?

C'était la raison pour laquelle elle avait attendu si longtemps pour demander le divorce. Son mariage raté était devenu un bouclier derrière lequel elle se cachait de toute attention masculine. Son cœur en miettes l'empêchait d'envisager de nouveau quelqu'un à ses côtés.

— C'est pourquoi je suis venu te voir. J'étais ici depuis quelques semaines, quand mon avocat m'a appelé pour me dire qu'il avait reçu ta demande de divorce.

Il ferma les poches du sac et le passa à son épaule, la regardant en attendant manifestement quelque chose.

— Ne devait-on pas aller voir ce cheval ?

— Oh !

La question de Darius la ramena à la réalité, et elle hocha la tête, sortant de l'étable pour se rendre aux écuries quelques mètres plus loin.

— Pourquoi n'as-tu pas signé ?

C'était la question qui la tracassait le plus. Pourquoi était-il ici au lieu d'être chez son avocat, à signer les papiers qui lui rendrait sa liberté ?

— Le club m'a offert ce poste à la condition que je commence tout de suite. C'est un contrat temporaire, parce que leur médecin chef a dû partir précipitamment. Ils ont dit qu'ils voulaient m'engager, moi, mais qu'ils ne pouvaient se permettre d'attendre que je me fasse établir un nouveau visa.

Il poussa la porte de l'écurie, et ils entrèrent.

— En quoi cela concerne-t-il les papiers du divorce ?

Celine s'arrêta devant le box de Roach et se tourna pour regarder le cheval, oubliant aussitôt sa question.

— Hé ! mon grand ! Que t'arrive-t-il ?

Elle prit des bouts de pommes et de carottes dans son sac et les lui offrit sur sa paume ouverte, tout en caressant ses naseaux. Il les mangea en soufflant d'un air satisfait.

— Il doit y avoir une boîte noire au fond du sac, dit-elle à Darius. Peux-tu me la sortir ?

Elle pénétra dans le box et referma la porte derrière elle, puis prit la boîte qu'il lui tendait. Elle contenait tout ce dont elle avait besoin pour examiner les sabots de Roach. Darius, appuyé à la barrière, la regarda travailler.

Alors qu'elle ôtait le fer d'un de ses sabots arrière, elle sentit un picotement sur son échine. Levant les yeux, elle surprit Darius à la fixer avec douceur, un léger sourire sur les lèvres. Son expression évoqua d'autres souvenirs de l'époque où ils s'aimaient.

— Quoi ? lança-t-elle brusquement, irritée par la chaleur qui lui montait aux joues.

Elle ne devrait pas avoir de telles réactions vis-à-vis de lui, songea-t-elle. Son corps avait-il déjà oublié les dégâts que cet homme avait causés à son cœur et à son âme ?

— Tu es maréchal-ferrant, aussi ?

Elle crut entendre de l'admiration dans sa voix.

— En quelque sorte. Quand je suis revenue à Santarém, j'ai eu l'opportunité de travailler dans les fermes des environs, ce qui me plaisait plus que les animaux exotiques dont Maria s'occupe. Alors j'ai pris le temps de me former avec un maréchal-ferrant.

Elle se tut pour nettoyer le sabot avec des gestes lents et précis.

— Je suis content que tu fasses ce qui te plaît. Tu ne semblais pas enthousiaste pour sauver des bêtes sauvages, à l'époque, alors quand j'ai réalisé que tu étais revenue au refuge, je me suis inquiété que tu aies été obligée de le faire.

Les paroles de Darius ravivèrent la chaleur qu'elle avait éprouvée un instant plus tôt. Il se souvenait de ça ? Elle n'avait jamais prévu de revenir à Santarém, en effet, quand elle pensait qu'ils avaient un avenir ensemble. Puis il était parti, elle avait découvert qu'elle était enceinte, et ses plans avaient changé. Mais pourquoi se souciait-il de ces choses-là ? se demanda-t-elle. Elle ne posa pas la question, car elle remarqua alors ce qui faisait souffrir le cheval.

— On dirait que nous avons un abcès..., marmonna-t-elle. Peux-tu voir si j'ai apporté des bandages ? Des bandages antiseptiques seraient idéaux, mais je prendrai ce qu'il y a.

Elle ne voulait pas percer l'abcès s'ils ne pouvaient pas panser Roach correctement. Deux minutes plus tard, Darius lui tendit un gros rouleau de bandage dans un sac plastique. Elle hocha la tête en souriant.

— Très bien, viens par ici. Je vais mettre un drain pour que le pus s'évacue.

Elle prit un petit bistouri et regarda où entailler. Au-dessus d'elle, Roach renâclait, balançant la queue avec force.

— Doucement, mon grand. Tout va bien. Tu es super. Encore quelques instants et tu te sentiras comme neuf.

Darius prononça quelques mots apaisants, et peu après Celine sentit la tension du cheval diminuer ; il accepta mieux ses gestes. Elle déglutit avec difficulté, la bouche sèche, et lutta contre les étincelles malvenues qui dansaient dans son ventre. Ce n'était pas le moment pour son corps de braver les interdits posés par son esprit, se dit-elle. Le trouble causé par la présence de Darius n'était qu'un vestige de leur passé – et elle aurait tôt fait de s'en débarrasser.

— Bon, c'est presque fini. Peux-tu me couper une bonne longueur de bandage ?

— Bien joué, champion, dit Darius à Roach avant de s'écarter pour préparer les bandes et les donner à Celine.

Quelques minutes plus tard, la blessure pansée, ils retournèrent au corps de ferme.

— Merci pour ton aide, dit Celine en jetant un coup d'œil à son « assistant ». Ça aurait été plus difficile sans toi.

La façon dont il avait apaisé le cheval pendant qu'elle travaillait sur son sabot faisait naître en elle, maintenant, une chaleur différente qui irradiait avec douceur dans sa poitrine. C'était bien préférable aux décharges brûlantes qu'elle avait éprouvées plus tôt, même si les deux réactions étaient inappropriées.

— Content d'avoir pu t'aider. Je vois quel défi c'est de soigner des animaux. Au moins, un humain peut te dire où il a mal. Là, tu as dû te fier à l'intuition de la cavalière – et à la tienne.

Son respect paraissait sincère, et Celine le regarda de nouveau. Elle ralentit le pas pour l'observer, voyant une sorte d'angoisse couver dans ses yeux bruns. Il y avait une raison pour laquelle il était venu, au lieu de laisser son avocat le représenter.

— Pourquoi es-tu ici, Darius ? demanda-t-elle de nouveau.

Il s'arrêta, et elle dut se retourner pour continuer à le regarder.

— Je suis venu ici en tant qu'époux d'une citoyenne brésilienne, pour pouvoir commencer à travailler sans délai. Je ne peux pas divorcer tout de suite, parce que cela signifierait la résiliation de mon visa et mon expulsion.

Celine battit plusieurs fois des cils.

— *Pardon ?*

— J'ai besoin de trois mois pour montrer au club ce que je vaux. Une fois la saison terminée et mon contrat signé, je pourrai retourner au Pérou afin de demander un visa de travail.

Il soupira, et serra si fort la lanière du sac que ses articulations blanchirent.

— Je t'en prie, accorde-moi ces trois mois, et ensuite je signerai tout ce que tu voudras.

Non.

Ce mot fut au bord de ses lèvres dès que Darius exposa sa requête ridicule. La fureur la gagna, noyant la douce chaleur qu'elle avait éprouvée un moment plus tôt. Mais en dépit de sa réaction véhémente, elle ne pouvait pas dire ou faire ce qu'elle voulait. Car il ne s'agissait pas seulement d'elle. Il s'agissait aussi de sa fille, qui n'avait jamais rencontré son père.

En quoi serait-elle meilleure que son frère, Daniel, qui était parti en abandonnant sa fille, Mirabel, si elle ne prenait pas en compte cette opportunité pour Nina ? Quoi qu'elle ressente pour Darius, ne serait-il pas bon pour sa fille d'avoir son père dans sa vie ?

— Penses-tu rester à long terme au Brésil ? demanda-t-elle, voulant en savoir plus sur ses plans avant de s'engager à quoi que ce soit.

Dire à Darius qu'il avait une fille serait incroyablement difficile. Elle répétait cette conversation dans sa tête depuis qu'il était apparu à sa porte.

Quand elle avait voulu lui dire qu'elle était enceinte, il n'avait jamais répondu à ses appels, ni à ses prières l'implorant de la rappeler. Elle aurait pu l'informer par texto, mais elle n'avait pas souhaité le faire. La nouvelle qu'ils avaient créé une vie lors de leur nuit de noces devait venir de sa bouche, et non d'un simple SMS. De ce fait, il ignorait toujours qu'ils avaient une fille.

Il hésita un instant, puis hocha la tête.

— Oui. Je veux travailler pour ce club. Définitivement.

La conviction et la passion qu'elle lut dans ses yeux lui firent presque oublier la colère qui courait dans ses veines. Elles lui rappelaient tellement l'homme dont elle était tombée amoureuse... Quand ils n'étaient pas ensemble, il était devant un écran, regardant du football. Il n'avait jamais eu envie de jouer lui-même, se contentant d'être derrière la ligne de touche. Dans d'autres circonstances Celine se serait réjouie qu'il ait trouvé un emploi lui permettant de travailler dans un domaine qu'il aimait tant.

Mais là, elle lui en voulait presque de sa chance.

— Pourquoi as-tu choisi de travailler pour une équipe brésilienne ? se força-t-elle à demander.

Elle n'était pas entièrement convaincue de ses bonnes intentions, mais pour sa fille – pour *leur* fille – elle devait faire un effort.

Il s'arrêta pour la regarder.

— Cee, je travaille pour l'Atlético Morumbi.

Les yeux de Celine s'arrondirent. Elle se souvenait de soirées passées dans leur bar favori de Manaus, entourés de supporters fanatiques qui portaient le maillot noir et blanc de Morumbi. De discussions enflammées à propos du club. De ses murmures, dans la nuit, quand il lui parlait de son rêve de devenir médecin du sport et de se consacrer à ces joueurs. Elle avait été excitée pour lui, à l'époque, et folle de joie à l'idée de vivre à São Paulo et d'y bâtir leur carrière.

— Ton père serait fier de toi, dit-elle sans réfléchir.

Elle ne l'avait pas connu, mais savait qu'il avait joué un grand rôle dans l'intérêt de Darius pour le football brésilien, même avant que la famille Delgado arrive du Pérou.

— Je l'espère...

L'émotion que Celine lut dans ses yeux était si inattendue que son souffle se coinça dans sa gorge. Ce côté de lui le rendait trop proche, sa vulnérabilité l'attirait. Parce que, tout au fond d'elle-même, elle n'avait jamais pensé que son mari disparu était une mauvaise personne. Mais il avait commis une erreur tragique qu'elle ne pouvait ni oublier ni pardonner.

— Tu comprends pourquoi je ne peux pas laisser passer cette chance, alors ? demanda-t-il d'un ton suppliant qui fit passer un frisson sur l'échine de Celine. Pourquoi j'ai dû revenir quand on m'a fait cette offre ?

Elle le comprenait, et ne put s'empêcher d'éprouver un élan de sympathie pour lui. Elle pouvait être fâchée contre lui pour beaucoup de choses, mais pas parce qu'il avait voulu réaliser son rêve.

Ils arrivaient à la maison et virent Juliana debout sous le porche, qui leur faisait signe de la main. Celine lança un coup d'œil à Darius et hocha la tête, puis elle rejoignit la fermière pour lui faire le compte rendu de sa visite.

— Je reviendrai ce soir, pour apporter l'antalgique pour Roach, conclut-elle. L'abcès était petit, votre fille l'a détecté tôt.

— Elle tient son intuition de moi, dit fièrement Juliana. Si nos filles restent sur la même trajectoire, nous allons fonder une dynastie, toutes les deux.

Une pierre tomba lourdement dans l'estomac de Celine. Ces paroles innocentes lui glacèrent le sang, et elle n'osa pas regarder Darius pour voir s'il avait saisi ce que Juliana venait de dire.

— Excusez-moi, Juliana. Nous sommes pressés, nous avons un autre rendez-vous. Nous nous verrons ce soir, s'empressa-t-elle de déclarer.

Elle n'attendit pas que la fermière réponde. Elle alla à la camionnette et se jeta sur le siège du conducteur. Le moteur tournait déjà quand Darius arriva.

3

Ils étaient rentrés au refuge en silence, Celine étant encore sous le choc de ce que Darius lui avait demandé. Trois mois. C'était le délai qu'il lui réclamait pour signer les papiers du divorce. Trois mois, et il disparaîtrait de sa vie. Sauf qu'il voulait rester au Brésil, et que dans ce cas sa fille pourrait enfin avoir un père.

Au moment de se séparer, elle lui dit qu'elle avait besoin de réfléchir et l'invita à revenir le lendemain. Puis, dès qu'elle franchit le seuil de sa maison, elle appela sa sœur, qui arriva vingt minutes plus tard avec une bouteille de vin.

Après les avoir servies copieusement, Celine se laissa choir sur une chaise de la cuisine. Son vieux danois, Alexandre, les rejoignit et posa sa grosse tête sur les genoux de Maria, qui le caressa.

— Traître, lâcha Celine après avoir bu une goulée de vin.

— Je t'ai manqué, Alexandre ? roucoula Maria en souriant.

Puis elle posa les yeux sur Celine.

— Alors, qu'y a-t-il de si urgent ?

Celine prit une grande inspiration, cherchant le courage de prononcer les mots qui l'avaient habitée toute la journée. Elle but une autre gorgée, le vin lui brûlant l'estomac, et posa son verre d'un geste brusque.

— Darius est arrivé chez moi hier soir.

Maria écarquilla les yeux. Un silence stupéfait les enveloppa un instant, juste rompu par les halètements d'Alexandre. Puis Maria regarda vers l'escalier au fond du salon.

— Où est Nina ? demanda-t-elle d'une voix tendue.

— Elle n'est pas là. Elle a dormi chez une copine, Dieu merci.

— L'a-t-elle vu ?

Celine secoua la tête.

— Non. Je suis sortie parler à Darius, pour qu'elle ne nous entende pas.

— Waouh ! Mais pourquoi...

— Est-il venu ? dit Celine, terminant la question de sa sœur.

— Oui. J'imagine qu'il ne se montre pas après tout ce temps juste pour signer devant toi les papiers du divorce.

Celine soupira dans son verre presque vide.

— Non, bien sûr que non.

— Alors qu'est-ce qui a ramené ce bon à rien dans ta vie ?

Aux mots employés par Maria, Celine releva vivement les yeux. Elle faillit défendre Darius, mais ravala ses paroles en finissant son vin. Il l'avait terriblement blessée, certes, mais c'était à elle de le qualifier ainsi et à personne d'autre. Aussitôt, elle se reprocha de se sentir aussi protectrice vis-à-vis de lui. Néanmoins, ce que sa sœur avait dit la touchait.

— Apparemment, il est ici depuis quelque temps pour son travail, répondit-elle, s'obligeant à garder un ton neutre.

— Attends, où ? À Santarém ?

— Non. Il travaille à São Paulo, comme médecin chef d'un club de foot.

— Il a fini ses études de médecine après s'être enfui ?

Le ton incrédule de Maria toucha un autre point sensible dans la poitrine de Celine. Même avec l'animosité qui planait entre Darius et elle, elle ne pouvait lui dénier sa ténacité, ni le mal qu'il s'était donné pour réaliser son rêve. Elle aurait simplement souhaité qu'il montre autant d'ardeur pour sauver leur mariage.

— Laisse-le un peu tranquille, s'il te plaît.

Ces mots lui échappèrent sans qu'elle le veuille. D'où lui venait cette bienveillance pour lui ? se demanda-t-elle. Après tout ce que Darius avait gâché par son absence, elle ne devrait pas le défendre vis-à-vis de Maria, qui l'avait ramassée à la petite cuillère quand il était parti. Sa sœur sembla partager la même idée, car elle l'observa, les sourcils froncés.

— Pourquoi ?

Cette question fit encore grossir la boule que Celine avait dans la gorge.

— Parce que si Darius veut rester de façon permanente au Brésil, alors il y a une chance pour Nina qu'elle ait son père dans sa vie, finalement. Cinq ans de retard, c'est mieux que rien.

Elle devait s'efforcer de mettre de côté ses sentiments compliqués pour Darius dans l'intérêt de leur fille.

Maria, le front plissé, referma ses longs doigts minces sur le pied de son verre. Son alliance en or blanc et diamants renvoya la lumière et étincela. Celine retint son souffle. La vue du bijou meurtrit encore plus son cœur blessé, tandis que l'envie se faisait jour en elle.

Ce que sa sœur avait trouvé avec Rafael... Jadis, elle avait cru que Darius et elle avaient trouvé la même chose. Maintenant elle allait mieux, mais cela n'empêchait pas l'envie de l'envahir chaque fois qu'elle voyait Maria et son mari ensemble à la clinique. Certes, elle était très heureuse pour eux, et après s'être battue pour garder leur refuge ouvert sa sœur méritait ce bonheur. Mais être témoin chaque jour de ce qu'elle ne pouvait pas avoir était cuisant pour elle.

Elle aurait eu l'occasion de rencontrer quelqu'un parmi les gens qu'elle fréquentait dans son travail, mais cela ne s'était pas fait. Jamais. Aucun des hommes dont elle avait fait la connaissance ne lui avait donné envie de régler la question de son divorce – jusqu'à ce que Maria ait fait entrer Rafael dans leur vie. Le couple uni qu'ils formaient lui rappelait à quoi l'existence pouvait ressembler avec une personne spéciale à ses côtés.

Et maintenant Darius – l'homme qui avait été censé être cette personne pour elle – était de retour, et cette envie qui couvait dans sa poitrine flambait désormais avec une force inattendue. Une force qui la laissait presque paralysée de frayeur.

— Comment sais-tu si Darius souhaite être impliqué dans la vie de Nina ? demanda Maria.

— Je n'en sais rien. Mais, pour son travail, il a besoin de temps avant que le divorce soit prononcé, et j'ai décidé de lui accorder les trois mois qu'il lui faut… Et je lui laisserai la possibilité de faire la connaissance de sa fille pendant ce temps.

Elle avait tout planifié en rentrant de la ferme de Juliana.

— Tu l'as dit à Nina ?

Celine secoua la tête.

— Non, pas encore. Je veux d'abord parler à Darius et je n'en parlerai à Nina que s'il est d'accord. Je ne veux pas donner de faux espoirs à ma fille.

— Ce ne sera pas une conversation facile… Il va t'en vouloir d'avoir gardé ça pour toi pendant si longtemps.

Il n'avait que lui-même à blâmer, se dit Celine. Elle avait *voulu* l'avertir. Il aurait eu la possibilité d'être dans la vie de sa fille bien plus tôt, s'il avait répondu à ses messages.

Maria secoua la tête et eut un petit rire sec.

— Eh bien, apparemment, tu as du pain sur la planche. Et je suppose que je devrai me montrer gentille avec Darius quand il décidera de se remontrer.

Le déplaisir de sa sœur était manifeste, et en cet instant Celine l'adora de vouloir faire cet effort. Car Maria comprenait ce que cela signifiait pour elle de permettre à Nina de connaître son père.

— Je lui ai demandé de revenir demain pour parler. Nous verrons ce qui se passera ensuite.

Celine soupira et se prit la tête entre les mains. Cet entretien serait douloureux pour toutes les parties concernées.

La nervosité habitait l'estomac de Darius quand il arriva le lendemain vers midi. Le message de Celine ne lui avait rien indiqué sur sa décision.

Elle n'avait pas dit non, ce qui signifiait que son rêve tenait toujours. Il était si désireux de faire en sorte que ça marche, qu'il était prêt à lui promettre la lune si elle lui accordait ces trois mois. Mais ce qu'elle souhaiterait probablement, ce serait ne plus jamais le revoir.

Et il voulait bien l'accepter, même si cette idée envoyait des ondes glacées dans son corps à chaque battement de son cœur.

La revoir et passer la journée de la veille avec elle l'avait ébranlé jusque dans ses fondements, et il avait dû se rappeler la véritable raison de sa présence. Quand ils avaient commencé à sortir ensemble, autrefois, Celine l'avait envoûté, et il s'était aperçu que cet envoûtement durait toujours.

L'attirance qu'il éprouvait pour elle s'était réveillée aussi facilement que s'ils avaient été séparés quelques jours, et non des années. Il lui avait semblé naturel de partager de nouveau le même espace qu'elle. S'il passait plus de temps près d'elle, il pourrait même commencer à croire qu'une réconciliation serait possible entre eux.

Mais il savait que cela ne se pourrait pas. Alors que son corps réagissait encore à Celine toutes ces années après, il savait qu'il n'avait pas intérêt à se laisser aller sur cette pente. Il ne pouvait pas espérer une rédemption après tout le mal qu'il lui avait fait. Peu importait même qu'elle lui pardonne ou non. Lui ne pouvait pas se pardonner d'avoir montré si peu de courage et de confiance lorsqu'il avait été confronté aux exigences mensongères de sa mère.

Celine méritait d'être libérée pour trouver un homme digne de son amour. Tout ce qu'il attendait d'elle, c'était trois mois de délai.

Darius se jeta un coup d'œil dans le rétroviseur, fronçant les sourcils en voyant les cernes qui soulignaient ses yeux bruns. Les marques paraissaient presque bleuâtres sur sa peau foncée, les tourments qui l'avaient privé de sommeil ainsi inscrits sur son visage. Il sortit en soufflant de sa voiture et prit une grande inspiration pour se blinder tandis qu'il allait jusqu'à la maison de Celine et frappait à la porte. Il entendit un bruit de pas étouffé de l'autre côté, et bien qu'il se soit préparé mentalement à la revoir, son souffle se coinça dans sa gorge lorsqu'elle se retrouva devant lui.

Un trouble instantané s'empara de lui. Ses pensées furent parasitées par un désir familier qui lui criait de la prendre par les épaules et de l'embrasser – juste pour avoir de nouveau droit au goût de ses belles lèvres, dont il avait été sevré pendant tant d'années.

Quelque chose d'humide et froid toucha sa main, et il baissa les yeux, lâchant le regard de Celine fixé sur le sien. Un énorme chien était assis à côté d'elle et lui arrivait largement à la taille.

— Salut, toi, dit-il à l'animal qui l'observait calmement.

— C'est le chien de la famille, Alexandre, dit-elle en grattant la tête du grand danois.

Puis elle s'écarta, invitant Darius à entrer. Il se rappela ce qui s'était passé l'avant-veille, quand elle était sortie et avait tiré la porte derrière elle. Était-ce à cause du chien ?

Il regarda autour de lui, cherchant des indices montrant que quelqu'un vivait avec Celine. La table en bois de la cuisine était flanquée de quatre chaises, mais le repas n'avait pas été servi, et il ne pouvait dire combien de personnes s'y attableraient. La salle de séjour s'étendait de l'autre côté, avec un confortable canapé à trois places recouvert d'un plaid. Des bibliothèques ornaient les murs, et il vit surtout dans les rayonnages d'épais manuels vétérinaires.

Son regard curieux alla plus loin et se posa sur une petite étagère à chaussures rangée dans un coin. Elle était garnie de chaussures de tailles très différentes. Les plus grandes devaient appartenir à Celine, mais les petites...

— Et pour toi, c'est Alexandre le Grand... danois

Il tourna vivement la tête pour regarder Celine qui avait croisé les bras et le fixait avec dans les yeux une lueur entêtée dont il se souvenait bien.

Il répéta ces mots avec amusement.

— Alexandre le Grand danois. C'est toi qui as trouvé ce nom, ou Maria ?

— En fait, c'est...

Elle s'interrompit, ouvrant de grands yeux, et Darius sentit qu'elle lui cachait quelque chose – ce qui le blessa plus que ce qu'il aurait cru. Son regard se porta de nouveau sur l'étagère à chaussures, et il se demanda à qui appartenaient ces chaussures d'enfant. Une sensation désagréable lui parcourut l'échine et se logea dans son estomac. Celine avait-elle trouvé la personne avec qui fonder une famille ? Ces chaussures étaient-elles celles de son enfant ?

Cette pensée lui fit monter de la bile dans la gorge, et il eut dans la bouche un goût amer que rien ne justifiait. Il ne pouvait pas lui en vouloir d'être allée de l'avant après leur relation. Lui l'avait fait, après tout. Quand il travaillait pour un club de foot au Pérou, il avait souvent ramené une femme chez lui après un match. Certes, il n'avait jamais laissé personne passer plus de quelques nuits avec lui, et avait toujours averti ses compagnes qu'il n'était pas disponible. Mais pourquoi le fait d'imaginer Celine dans les bras d'un autre lui faisait-il aussi mal ?

Il regarda ses doigts, qu'elle mêlait devant elle. Elle n'avait pas de bague, et rien à part les petites chaussures n'indiquait qu'elle avait quelqu'un dans sa vie. La salle de séjour, comme la cuisine, était vide de toute trace pouvant le renseigner sur ce point.

— Qui a baptisé le chien ? demanda-t-il enfin, même s'il s'était convaincu une seconde plus tôt de ne pas poser cette question.

Cela ne le regardait pas.

— Nous devrions peut-être nous asseoir, répondit-elle. Je souhaite discuter avec toi de ce que tu m'as demandé hier.

Elle désigna les chaises et en tira une pour elle. Darius l'imita, la tension s'accroissant dans sa poitrine. Il avait de plus en plus de mal à respirer. Elle ne lui avait pas répondu. Il y avait donc vraiment quelqu'un dans sa vie. Ce qui signifiait qu'elle ne voudrait pas attendre trois mois de plus pour lui permettre d'atteindre ses objectifs. Et pourquoi le ferait-elle ? Elle ne lui devait rien.

— J'ignorais ce que je te demandais quand je t'ai fait part de mon souhait, hier, dit-il en essayant de précéder son rejet.

Mais Celine secoua la tête, les doigts toujours entremêlés nerveusement, ce qui intrigua Darius. Pourquoi était-elle si agitée ? C'était lui qui avait mis le rêve de sa vie entre ses mains.

— Quand tu m'as dit que tu étais revenu au Brésil en te servant de notre mariage, j'ai eu envie de te rejeter tout de suite. J'ai pensé que si tu pouvais revenir ici sans me le faire savoir, sans décrocher ton téléphone pour m'avertir, c'était que tu n'avais pas changé. En fait, si je n'avais pas envoyé ces papiers de divorce, tu ne serais même pas venu me voir, n'est-ce pas ? demanda-t-elle d'une voix si cassante qu'une boule se forma dans la gorge de Darius

Elle se tut pour le regarder. Rien qu'à voir son expression, il sut qu'elle connaissait la réponse à sa question. Lorsqu'il était revenu au Brésil, il avait envisagé de la contacter pour s'expliquer. Mais la peur l'avait toujours paralysé, l'empêchant de prendre une décision.

— J'ai songé à te faire signe, mais mes raisons de t'appeler après si longtemps me paraissaient si égoïstes, expliqua-t-il. Je pensais que tu serais allée de l'avant de ton côté, et que je romprais le silence entre nous uniquement pour apaiser ma culpabilité.

Il parvint à prononcer ces mots plus calmement qu'il ne l'aurait cru, et en fut satisfait.

Celine prit deux ou trois grandes inspirations en écartant les doigts devant elle, puis pressa les paumes sur la table.

— Au moins, tu ne t'es pas trompé complètement. Je suis allée de l'avant, en effet, et je n'avais absolument pas besoin de savoir que tu avais utilisé la farce qu'a été notre mariage pour revenir au Brésil.

Ses paroles acérées atteignirent leur but avec une précision redoutable, mais Darius se blinda pour ne pas montrer qu'il était blessé. Elle n'avait toujours pas dit non, et se donnait bien du mal pour lui dire qu'elle ne voulait pas l'aider. Au fond, il était certain qu'elle allait accepter sa demande. Il fallait juste qu'elle expose ses conditions – ce qui ne l'inquiétait pas outre mesure. Si cela signifiait qu'il pourrait rester au Brésil et travailler pour son club, il était prêt à payer n'importe quel prix. Rien ne comptait plus pour lui que son projet.

Elle soupira et secoua la tête en comprenant ce qu'il espérait.

— Très bien, tu sais que je ne t'ai pas fait venir pour te dire non, apparemment. Je veux bien t'aider. Mais je dois te parler avant que l'on continue.

Darius acquiesça. Il s'était douté qu'elle aurait une contre-proposition à lui faire quand il lui avait soumis son idée, la veille. Celine avait toujours été celle qui planifiait les choses, voulant connaître tous les détails avant d'accepter quoi que ce soit. En fait, à l'époque, il avait été surpris qu'elle accepte de l'épouser en sachant seulement qu'il avait besoin d'elle pour pouvoir rester au Brésil – une raison qui était toujours vraie six ans plus tard.

— Je...

Sa voix était enrouée, et elle semblait être la proie d'une émotion qu'il ne pouvait déchiffrer. Elle s'éclaircit la gorge, et lorsqu'elle croisa de nouveau son regard, il inspira vivement en voyant le conflit qui faisait rage dans ses yeux ambrés.

— Cee, qu'y a-t-il ?

Il tendit la main à travers la table pour la réconforter – un instinct qu'il avait cru mort depuis longtemps. Cela se rapportait-il à sa requête ? Qu'est-ce qui la mettait dans un tel état ?

— J'ai une fille. Elle s'appelle Nina, et c'est elle qui a choisi le chien au refuge. Maria et moi nous partageons la garde d'Alexandre, parce que ma nièce, qui vit avec Maria, se dispute avec Nina pour savoir à qui il appartient.

Elle eut un rire crispé. La main de Darius se figea, et il la ramena devant lui. Ainsi, Celine avait une fille. Mais en quoi cela le concernait-il ?

Quelque chose frémit au fond de lui, une étrange prémonition qui lui glaça le sang tandis qu'il songeait à l'inexplicable nervosité de Celine, alors que c'était elle qui avait les cartes en main.

Il n'était pas question que l'idée qui grandissait en lui, chassant l'air de ses poumons, puisse être vraie. Cela ne se pouvait pas, car *en aucune manière* Celine ne lui aurait caché ce secret pendant six ans.

Mais pour quelle raison mêlerait-elle sa fille à la discussion, à moins...

— Celine…, commença-t-il, la voix aussi rauque que la sienne un instant plus tôt. Qu'essayes-tu de me dire ?

Le souffle de Darius vacilla lorsqu'elle le regarda, la souffrance se mêlant au remords dans ses yeux ambrés. Elle prit sa lèvre inférieure entre ses dents, le menton tremblant.

— Quatre semaines après ton message disant que tu ne reviendrais pas, je me suis rendu compte que j'étais enceinte. J'ai eu cette enfant et je l'ai élevée seule.

4

Le silence qui tomba entre eux fut assourdissant. Celine n'osait pas respirer tandis qu'elle attendait la réaction de Darius.

Son frère, Daniel, les avait laissées en plan, Maria et elle, et alors que pour sa sœur cette trahison s'était traduite par de graves problèmes financiers pour le refuge, qui avait failli fermer, la chose l'avait touchée autrement. Elle avait surtout été sensible au drame de la petite Mirabel, que son père avait abandonnée pour s'enfuir avec sa maîtresse.

La situation avait été très similaire à celle induite par Darius, qui l'avait lâchement laissée tomber en ne lui répondant pas. Et elle devait admettre qu'au fond les deux hommes ne l'avaient pas respectée. Sans doute ne comptait-elle pas assez à leurs yeux. Même à présent, Darius était là seulement parce qu'il avait besoin de repousser la date de leur divorce. Un divorce qu'elle avait mis trop longtemps à demander, mettant sa vie sur pause pour un homme dont elle ne voulait plus.

Un souffle saccadé s'échappa de la bouche de Darius.

— Tu… Je… J'ai une fille ?

Une avalanche d'émotions défila sur son visage, trop nombreuses pour que Celine puisse déceler ce qui se passait dans sa tête. Il ne le savait probablement pas non plus. Comment était-il censé réagir à la nouvelle qu'ils avaient conçu une enfant ensemble ?

Elle déglutit, soupesant ses prochains mots. Même si, de son point de vue, elle était en droit de le condamner, elle ne voulait pas lui asséner son jugement maintenant, alors qu'il digérait une information de cette importance.

— Oui. J'ai essayé d'entrer en contact avec toi de toutes les façons possibles. N'obtenant pas de réponse, j'en ai conclu que nous ne t'intéressions pas.

Cette fois, elle put identifier son expression – de la honte. Ce qui la prit par surprise. Elle s'était attendue de sa part à de la colère ou à de l'indifférence. Elle s'y était préparée, se blindant contre les reproches qu'il allait sans doute lui faire.

Mais elle lut sur son visage le choc… et la culpabilité.

— *Dios*…, murmura-t-il en se passant les mains sur la figure, puis dans les cheveux.

Celine voulait lui donner le temps de mettre de l'ordre dans ses pensées, mais elle avait aussi besoin d'aller plus loin. Elle tremblait de l'effort qu'elle avait fait, et si elle ne disait pas tout tout de suite, elle craignait qu'ils ne soient obligés de revenir sur cette conversation.

— Je suis prête à te laisser le temps qu'il te faudra pour t'habituer à cette réalité, et je veux même t'offrir quelque chose de plus. Un choix.

Elle s'arrêta pour inspirer, tandis que Darius dardait sur elle un regard méfiant.

— Je te dis tout ça parce que je veux que Nina connaisse son père. Je *souhaite* que tu sois dans sa vie – je l'ai toujours désiré. Mais si tu veux en faire partie, il faut que ce soit pour de bon. Si tu ne peux pas me le promettre, va-t'en et envoie-moi les papiers quand tu les auras signés. Dans ce cas…

Darius bondit de sa chaise et posa les mains à plat sur la table entre eux, l'air furibond.

— Tu n'as pas besoin de finir ta phrase. En aucun cas je ne m'éloignerai de ma fille alors que j'ai déjà manqué tellement de sa vie.

Celine se força à acquiescer.

— Très bien. Alors nous avons un accord. Tu pourras rencontrer Nina, et nous lui dirons que tu es son père.

Darius blêmit, une réaction qu'elle comprit très bien quand de la glace se forma au creux de son estomac. Elle connaissait bien sa fille, savait qu'elle se demandait où était son père.

— Que sait-elle de moi ? demanda-t-il, faisant ainsi écho aux préoccupations de Celine.

Elle sourit presque de voir comment il pouvait toujours lire ses pensées sur son visage. Lorsqu'ils étaient ensemble, ils se comprenaient souvent sans mot dire.

— Elle sait qu'elle a un père et qu'il est loin. Quand elle a des questions sur toi, j'essaye de lui répondre de mon mieux sans blâmer personne. Malgré ce que tu m'as fait, je ne lui ai jamais parlé de ma rancœur vis-à-vis de toi.

Darius se mit à arpenter la petite cuisine, ce qui mit les nerfs de Celine à vif. Être près de lui ramenait à la surface tant de sentiments du passé qu'elle devait absolument ignorer. Elle ne pouvait pas se permettre de penser à Darius comme elle le faisait auparavant, en particulier s'il devait redevenir une part de sa vie – et de celle de sa fille.

La blessure de son abandon la brûlait toujours en profondeur. Ou bien cette chaleur qu'elle éprouvait avait-elle une autre cause – une cause qu'elle n'osait pas envisager ?

— Veux-tu voir une photo d'elle ? demanda-t-elle brusquement, pour se distraire du torrent d'émotions qui bouillonnait dans sa poitrine.

Darius s'immobilisa, tournant la tête vers elle avec de grands yeux qui montraient à la fois son choc et de l'envie. La force de cette envie fit manquer un battement au cœur de Celine. Il souhaitait *vraiment* en savoir plus sur Nina. Avait-il déjà fait sien le lien de parenté qui s'était créé lorsqu'elle lui avait révélé l'existence de sa fille ?

Elle prit son téléphone sur la table et chercha les dernières photos de Nina, prises le week-end précédent lors de l'anniversaire de Mirabel. Elle avait insisté pour se déguiser en princesse et avait laissé tomber un morceau de gâteau sur sa jolie robe. Mais au lieu de pleurer, comme Celine s'y était attendue, elle avait simplement épousseté sa robe et continué à manger, la tête haute.

Celui qu'elle ne pouvait pas encore appeler son ex-mari s'approcha pour voir l'image, puis prit l'appareil avec un mélange de douceur et de vénération, comme s'il tenait Nina elle-même. Il se laissa retomber sur sa chaise, comme si ses jambes ne le portaient plus.

— Elle est… *preciosa,* dit-il dans un murmure.

L'émerveillement qu'elle entendit dans sa voix la fit sourire.

— Elle est très jolie, oui, répondit-elle.

Le sourire qui illuminait le visage de Darius lorsqu'il releva les yeux vers elle débordait tellement de chaleur et d'amour que son souffle se coinça dans sa gorge et que son cœur s'emballa.

— Quand pourrai-je la rencontrer ? demanda-t-il, posant la question à laquelle elle n'avait pas encore de réponse.

Comment organisait-on une rencontre entre un père absent depuis toujours et une fille dont il avait ignoré l'existence jusque-là ?

Celine chercha la solution en elle. Elle ne savait que faire. Elle désirait sincèrement qu'ils apprennent à se connaître, mais chaque fois qu'elle imaginait la scène, son cœur s'arrêtait, redoutant un échec. Si Darius ne respectait pas sa parole et repartait au bout de quelque temps ? Elle ne pourrait pas supporter que Nina subisse le même abandon que Mirabel.

Pourtant, même si Daniel n'avait pas reparu, elle pouvait voir à quel point sa nièce était heureuse, malgré ce qui lui était arrivé. Maria était devenue une nouvelle mère pour elle, et Rafael avait endossé le rôle de père. Ensemble, ils avaient provoqué le dénouement heureux de leur histoire, les deux sœurs Dias et Mirabel acceptant la réalité pour ce qu'elle était et prenant le bon comme le mauvais.

— Comment puis-je être sûre que tu ne repartiras pas ? demanda-t-elle, voulant l'entendre le lui dire pour pouvoir lui rappeler plus tard si les choses se passaient mal.

Darius leva la tête pour rencontrer son regard.

— Je te promets que j'ai la ferme intention de faire partie de sa vie et que je ne l'abandonnerai jamais.

— Tes promesses n'ont pas signifié grand-chose par le passé, observa-t-elle.

Elle vit son visage se défaire.

— Ma parole est tout ce que j'ai à offrir, Celine.

Il se passa de nouveau une main sur la figure, et un lourd soupir franchit ses lèvres. Celine savait qu'elle le laisserait rencontrer Nina, et même qu'elle le souhaitait. Mais cela ne voulait pas dire que son instinct protecteur s'était émoussé.

Elle s'efforça de se raisonner. Même si Darius ne respectait pas son engagement, elles iraient bien, se promit-elle. Elles étaient allées bien jusqu'à présent, et elles trouveraient un moyen de guérir de nouveau le cas échéant. Si Nina pouvait avoir son père dans sa vie pour toujours, cela valait bien de prendre le risque que les choses aillent de travers. En attendant, rien de ce qu'elle pourrait faire ne préparerait Nina à cette rencontre, alors elle ferait mieux de plonger la tête la première dans ce qui l'attendait.

— J'ai demandé à Maria de prendre Nina quelques heures pour que nous puissions parler tranquillement, dit-elle.

Elle prit son téléphone.

— Je vais lui envoyer un texto pour lui dire qu'elle peut la ramener.

Les nerfs de Darius étaient tendus à craquer, et chaque sensation était amplifiée au point qu'il se demandait s'il redeviendrait normal un jour. Ses pensées se bousculaient dans sa tête, et tout en lui était sous le choc de la nouvelle que Celine lui avait annoncée sans crier gare.

Il était père. Six ans plus tôt, lors de leur nuit de noces, Celine et lui avaient conçu un enfant.

Nina.

Lorsqu'il était venu ici pour demander de l'aide à l'épouse dont il était séparé, il n'en avait pas du tout été question. Un enfant ? Avec Celine ? Fut un temps où fonder une famille avec elle avait été son vœu le plus cher. Et maintenant c'était synonyme de tension tandis qu'il était assis face à elle qui le foudroyait du regard par-dessus la table.

Il avait envie d'être en colère, car une part de lui se sentait spoliée des cinq premières années de la vie de sa fille – des années importantes qu'elle avait dû vivre sans lui et qu'il avait dû vivre sans la connaître. Mais il ne pouvait pas laisser voir sa rancœur. Pas alors qu'il n'avait que lui-même à blâmer.

C'était lui qui avait fait le choix de rester au Pérou. Quand il avait dit à sa mère qu'il allait retourner vivre avec Celine, elle lui avait révélé la gravité de sa maladie, ainsi que les dettes qu'elle avait contractées au Brésil pour essayer de sauver son entreprise. Elle lui avait demandé de faire partie de Delgado Cosmetics, même si cela ne l'intéressait pas du tout. Mais lorsqu'elle lui avait avoué à quel genre de personnes elle avait emprunté de l'argent – et les menaces que ces gens lui adressaient – il avait su qu'il devait l'aider, surtout que son cancer progressait rapidement. Comment aurait-il pu lui tourner le dos alors qu'elle avait tant fait pour lui ?

Elvira Delgado s'était sortie de la pauvreté pour pouvoir offrir une bonne vie à son fils. Ce qui avait commencé par un petit étal sur un marché de Manaus, où elle vendait des produits de soin faits maison, était devenu une société de cosmétiques connue pour ses gammes de haute qualité et ses humbles débuts dans leur cuisine. À partir de là, sa mère avait visé toujours plus haut et travaillé très dur pour payer ses études.

C'était seulement après sa mort qu'il avait découvert sa supercherie : les menaces envers lui et Celine n'existaient pas. En réalité, il n'avait pas été obligé de rester au Pérou pour protéger Celine. Dire qu'il aurait pu revenir à ce moment-là, pour s'expliquer et lui demander pardon… Il aurait eu une année de plus avec sa fille, et un anniversaire supplémentaire.

Sa décision de ne pas se mettre en relation avec Celine après la découverte de ces mensonges lui pesait lourdement sur l'estomac. Il avait voulu le faire, mais chaque fois que sa main se tendait vers le téléphone, il s'arrêtait et se disait qu'appeler juste pour s'expliquer n'était pas une raison suffisante. Il n'allait pas intervenir dans la vie que Celine s'était bâtie simplement pour se débarrasser de sa culpabilité.

Il avait pensé qu'elle était allée de l'avant, s'était dit qu'elle avait sûrement trouvé quelqu'un beaucoup plus digne de son amour. Il avait déjà causé assez de mal par son égoïsme, alors il s'était résigné à rester au Pérou. Jusqu'à ce que cette opportunité de travailler à São Paulo se présente. Et quand les papiers du divorce étaient arrivés, ils avaient ouvert une porte qui désormais ne pouvait plus être refermée. Ils seraient dans la vie l'un de l'autre jusqu'à la fin de leurs jours.

Le téléphone sur la table vibra, et son cœur manqua un battement quand Celine lut le message qu'elle avait reçu.

— Maria dit qu'elles finissent de déjeuner et qu'ensuite elle amènera Nina. Dans une demi-heure au plus, dit-elle, la voix tremblante.

Le pouls de Darius s'emballa, et il se força à respirer calmement. Il ne savait absolument rien de ce que c'était que d'être père – ni de ce qu'il devait attendre de sa fille. Il ravala la boule d'angoisse qui se formait dans sa gorge et demanda :

— Peux-tu m'en dire plus sur Nina ? Comment est-elle ?

Il s'attendit que Celine se moque de lui, jugeant sa question ridicule, mais elle n'en fit rien. Elle tourna vers lui un regard pensif, et le sourire qui se peignit sur son visage était si doux et empreint d'amour qu'il bloqua sa respiration.

— Elle est formidable. En ce moment, elle est obsédée par les dinosaures, alors il faut qu'il y ait des dinosaures partout. Elle commencera l'école primaire en février prochain, mais elle en rêve tellement qu'elle a déjà choisi son cartable, sa trousse et tout le reste. Le tout couvert de dinosaures, alors j'espère que sa passion durera jusque-là.

Ils discutèrent encore un moment, Celine décrivant de son mieux le caractère de leur fille, et soudain son téléphone vibra de nouveau.

— Elle est dehors, annonça-t-elle.

L'estomac de Darius se retourna.

Celine se leva et alla jusqu'à la porte où elle hésita, la main sur la poignée. Le cœur de Darius cognait si fort qu'il avait l'impression qu'il allait sortir de sa poitrine.

— Tu es sûre de ce que tu vas faire ? se força-t-il à demander, même s'il ne souhaitait pas qu'elle change d'avis.

Elle eut un rire bref.

— Non, mais elle mérite de connaître son père. Mes sentiments personnels ne comptent pas.

Sur ce, Celine ouvrit la porte. Son visage s'illumina, et elle s'accroupit, ouvrant les bras.

— *Oi, filha,* dit-elle.

Une petite fille se jeta à son cou.

Darius retint son souffle tandis qu'il regardait sa fille, submergé par les émotions. Dès que Celine lui avait parlé de Nina, un lien s'était créé avec elle dans son cœur. Et en la voyant, Darius sentit que ce lien se changeait déjà en un solide attachement, avec le besoin viscéral de la protéger.

Ses cheveux étaient du même brun foncé que ceux de Celine et étaient attachés en couettes de chaque côté de sa tête. Elle portait un T-shirt gris avec un petit T. rex imprimé dessus. Mais lorsqu'elle tourna la tête, il inspira vivement : des yeux identiques aux siens le dévisageaient.

— Nous avons un visiteur, aujourd'hui, dit Celine d'une voix tranquille, en écartant sa fille d'elle pour pouvoir la regarder. Tu te rappelles, quand je t'ai dit que ton papa habitait dans un autre pays et que c'était pour ça qu'il n'était pas là ?

Elle parlait avec douceur, et il n'y avait pas d'accusation dans ses mots, mais ceux-ci frappèrent néanmoins Darius comme un coup de poing dans l'estomac. Il réprima sa colère, ne voulant pas que Nina voie ses pensées sur son visage. Elle se montrait déjà assez réticente, dans son attitude.

Elle hocha la tête, son regard méfiant allant de l'un à l'autre.

— Eh bien, il est de retour au Brésil et il est venu faire ta connaissance. Tu serais d'accord pour le connaître, aussi ?

La petite fille ne dit rien, ses yeux bruns maintenant rivés sur Darius tandis qu'elle l'examinait, et il vit naître en elle une compréhension qui dépassait celle d'une enfant de cinq ans. Il ne savait pas quoi faire. Devait-il s'avancer et lui dire bonjour ? Rester où il était et la laisser approcher ?

Celine décida pour lui. Elle se releva, prit la main de leur fille. Puis elle ferma la porte et fit un pas vers lui.

Nina se cacha aussitôt derrière ses jambes, jetant à Darius des coups d'œil presque agressifs. Son cœur s'emballait et ses pensées aussi, tandis qu'il bataillait pour trouver quelque chose à dire. N'importe quoi qui ait du sens. Des mots qui effaceraient les années passées, qui montreraient à la mère et à la fille à quel point cet instant comptait pour lui. Et à quel point il était désolé.

— Tu veux dire bonjour à ton papa, Nina ? demanda Celine en regardant par-dessus son épaule sa fille qui se cramponnait toujours à elle.

Elle avait des yeux ronds comme des soucoupes, qu'elle ferma fortement en secouant la tête.

— Non, l'entendit murmurer Darius.

Celine fit claquer sa langue et tapota la tête de Nina.

— Tu es sûre ? Il est venu de loin pour te voir.

Nina secoua la tête encore plus farouchement, et la pression augmenta dans la poitrine de Darius. Sa réticence était compréhensible, puisqu'il était un étranger pour elle, mais cela ne rendait pas les choses plus aisées.

— D'accord, tu n'es pas obligée.

Celine s'accroupit de nouveau et regarda sa fille.

— Si tu montais faire une sieste ? Je te rejoindrai dans un instant.

Darius regarda avec des sentiments mélangés la petite Nina – sa fille – qui se détourna de lui en ouvrant de grands yeux, puis détala dans l'escalier. Celine la suivit du regard en soupirant, avant de secouer la tête.

— Nous réessayerons demain. Elle ne s'attendait pas à ça et a besoin d'un peu de temps pour s'habituer.

Elle prit son téléphone et le tendit à Darius.

— Entres-y ton numéro, je t'enverrai par texto les détails pour demain. Ce sera peut-être plus facile pour elle si nous allons dans un endroit qui lui plaît, où elle se sentira à l'aise.

Il acquiesça, enregistra son numéro, puis se leva avec un poids énorme sur l'estomac. Comment allait-il gagner la confiance de Nina quand il ne savait rien d'elle et ignorait tout du rôle de père ? Le nuage noir provoqué par ces pensées le suivit tandis qu'il prenait congé de Celine pour regagner son hôtel, à quelques kilomètres de là.

5

Au fil de la semaine suivante, Nina s'habitua lentement à l'idée d'avoir son père dans sa vie, et Celine respira mieux. Rétrospectivement, elle se disait qu'elle aurait dû mieux préparer sa fille à cette première rencontre. Bien que Darius n'ait rien voulu montrer quand il était parti, elle avait vu qu'il avait été dévasté par sa réaction.

Mais à présent, Nina se risquait à se rapprocher de lui et lui témoignait plus d'intérêt. La notion de père était encore nouvelle pour elle, car jusque-là elle n'y avait été confrontée qu'à travers les familles de ses amies.

Ce jour-là, ils avaient décidé d'aller au marché du dimanche qui se tenait sur la place de Santarém, pressés par Maria. Rafael et elle aimaient traîner parmi les différents étals des fermiers, goûtant à tout et échangeant les derniers potins avec tout le monde.

Celine n'avait jamais éprouvé le même lien que sa sœur avec la petite ville et ses habitants. Elle, elle s'était liée avec les fermiers pour qui elle travaillait. Comme Juliana et son épouse.

— Tu veux un chocolat chaud ? Par ce temps ?

La voix de Darius lui parvint, et elle vit avec un petit sourire qu'il se penchait vers leur fille, qui hochait la tête avec fougue.

— Il ne fait jamais trop chaud pour un chocolat chaud, répondit Nina d'un air espiègle qui lui fit fondre le cœur.

Les regarder interagir était beaucoup plus touchant qu'elle ne l'avait imaginé – et cela resserrait encore le nœud des sentiments complexes qu'elle éprouvait pour Darius. En majeure partie, elle lui en voulait toujours de l'avoir abandonnée. Mais sous la surface, une chaleur croissante mijotait en elle. Chaque fois qu'elle prenait conscience d'une aspiration malvenue à se rapprocher de lui, ou du fait qu'il l'attirait, elle s'empressait de rejeter sa réaction et de l'oublier.

L'attirance s'était remise en place dès l'instant où ils s'étaient assis côte à côte dans la camionnette, le parfum de Darius flottant autour d'elle, et son sourire lui faisant trembler les genoux. En dépit de ses manquements, l'homme qu'elle avait épousé était toujours terriblement beau, au point qu'elle l'en maudissait. Laisser Darius revenir dans sa vie pour Nina était une chose, mais être troublée par son futur ex-mari représentait une complication dont elle n'avait pas besoin. Et une semaine n'était pas suffisante pour qu'il prouve ses mérites.

Elle écarta ces pensées quand ils vinrent la rejoindre sur le banc où elle était assise. Darius s'installa en face d'elle, et Nina, à sa surprise, se glissa à côté de son père. Il posa devant Celine une tasse qu'elle regarda avec suspicion. La marche de la maison à la place avait été tranquille et agréable, lui rappelant l'époque où ils adoraient passer du temps ensemble. C'était comme si elle avait glissé dans une vision de ce qui aurait pu être s'ils ne s'étaient pas quittés, avaient élevé leur fille ensemble et programmé leurs week-ends comme une vraie famille.

— Qu'est-ce que c'est ? demanda-t-elle en prenant la tasse et en la reniflant.

— Un cappuccino auquel j'ai fait ajouter une pincée de cannelle.

Il eut un large sourire lorsqu'elle ouvrit de grands yeux.

— Ah ! tu aimes toujours ça ? demanda-t-il.

Il rit, et ce son grave flotta dans l'air entre eux. Il transperça la peau de Celine et se logea au creux de son estomac – qui faisait déjà des bonds du fait de la proximité de Darius.

— Eh bien, maintenant..., commença-t-il.

Un glapissement ravi de Nina l'interrompit. Elle fit des signes à quelqu'un qui se trouvait derrière Celine. Celle-ci se retourna, et son regard croisa celui de sa sœur, tandis que sa fille courait enlacer sa cousine.

Celine laissa échapper un grognement. Darius haussa les sourcils.

— Qu'est-ce qui ne va pas ?

— Maintenant que Maria nous a vus ensemble, elle va penser toute sorte d'idioties.

— Mais elle m'a vu chez toi cette semaine. Qu'y a-t-il de différent aujourd'hui ?

Celine souffla.

— Rafael et elle ont eu leur grand moment romantique ici, au marché, quand ils se sont présentés comme un couple à toute la ville.

Le sourire qui illumina le visage de Darius tandis qu'il regardait leur fille lui fit fondre le cœur. La scène dont elle avait rêvé pendant si longtemps se déroulait sous ses yeux, mais tout était faux. La confiance avait disparu.

— Elle a dû présenter son futur mari à tout le monde ? demanda Darius, incrédule.

— En quelque sorte. Santarém est une toute petite ville, elle n'a qu'un millier d'habitants. Ces derniers forment une grande famille, et si quelqu'un de nouveau veut s'y intégrer, il doit faire ses preuves.

Il hocha la tête, regardant vers l'étal de Manuel, le patron du café.

— Cela explique le coup d'œil glacial que m'a lancé cet homme.

— Maria adore ces gens, mais moi je préfère qu'ils ne se mêlent pas de mes affaires.

— Tu n'es donc pas proche d'eux ?

— Mon travail me rend plus proche des fermiers dont je m'occupe, parce que je les vois plus souvent.

Celine se garda bien de dire toute la vérité – qu'elle était venue là par nécessité plus que par envie, et que la vie à Manaus lui manquait. Une partie d'elle souhaitait partir et reprendre une vie citadine, mais elle ne voulait pas déraciner Nina et se sentait redevable vis-à-vis de sa sœur qui l'avait tant aidée au moment de la naissance de sa fille et après.

— Je vois, dit Darius. Tu es venue ici par obligation, parce que tu avais besoin d'un soutien, et que je n'étais plus là.

Celine fut surprise par la vulnérabilité qu'elle lut sur ses traits, ainsi que par son air coupable. Au cours de la semaine elle avait senti des regrets dans certaines de ses paroles, mais cela n'avait jamais été aussi évident que maintenant.

— Je...

Sa voix s'éteignit alors qu'elle essayait de trouver les mots justes. Le comportement de Darius, durant la semaine, avait été très différent de ce à quoi elle s'était attendue. Elle avait pensé qu'il justifierait sans cesse son absence, se trouverait des excuses et se disputerait avec elle. Ce qui n'avait pas été le cas. Et maintenant son cœur s'adoucissait, alors qu'elle retrouvait la version de son mari dont elle était tombée amoureuse des années plus tôt.

— Oui, je suis venue ici parce que je ne voulais pas être seule. Mais maintenant que Nina est plus grande...

Un bruit de vaisselle cassée l'interrompit, suivi par un cri terrifié.

— Alvaro !

Le cri venait des étals de nourriture, et Darius parcourut des yeux l'attroupement qui se formait autour d'un homme allongé par terre. Une femme était agenouillée près de lui, tandis qu'une autre était assise à même le sol, adossée à une camionnette.

Il bondit, écarta quelques badauds et s'agenouilla à son tour près de l'homme nommé Alvaro. Ce dernier était blême, ses mains et ses jambes tressautaient, et ses globes oculaires roulaient sous ses paupières fermées. Apparemment, il faisait une crise d'épilepsie.

— Que faites-vous ? geignit la femme d'un certain âge agenouillée par terre.

À voir son air hyper anxieux Darius devina qu'elle devait être apparentée à l'homme.

Mais il n'avait pas le temps de s'arrêter à ça.

— C'est bon, Magda, il est médecin, déclara Celine. Est-ce que quelqu'un a appelé les secours ?

Darius consulta sa montre.

— Si la crise dure moins de cinq minutes, nous n'aurons pas à la considérer comme une urgence.

Il passa de l'autre côté de l'homme et le mit en position latérale de sécurité, puis se releva.

— A-t-il des maladies pouvant provoquer des crises ? demanda-t-il à Magda, qui étouffa un sanglot.

— Non. Il a du diabète, mais n'a jamais rien fait de pareil. Qu'est-ce qu'il a ?

Darius fronça les sourcils.

— Il fait probablement une crise d'épilepsie. Le premier symptôme est souvent un changement dans le comportement. S'est-il plaint de quelque chose ?

Les yeux de Magda s'écarquillèrent.

— Il n'a pas aimé le café qu'il a pris chez Manuel, ce qui est bizarre parce que d'habitude il l'adore. Puis on lui a servi son plat, et c'est là que tout a commencé. Il a jeté son assiette sur la pauvre Bruna qui me préparait mon sandwich...

Elle regarda par-dessus son épaule la femme affalée contre la roue de la camionnette, l'air souffrant. Darius se rendit compte qu'elle pressait sur son avant-bras un linge qui rougissait peu à peu. Il releva les yeux et vit le regard de Celine posé sur lui. Une onde de chaleur naquit dans sa poitrine quand il vit sa mine soucieuse, mais il l'écarta. Ce n'était pas le moment.

— Pouvez-vous m'avertir quand cinq minutes seront passé ? demanda-t-il à Magda. Je dois examiner Bruna.

Il s'accroupit à côté de la blessée, qui ouvrit les yeux en sentant sa main sur son épaule.

— Bruna, je suis le Dr Delgado. Puis-je voir votre blessure ?

Elle hocha la tête, et il ôta délicatement le linge qui recouvrait la plaie.

— Il faut que j'examine cette coupure. Cela vous fera un peu mal, j'en suis désolé.

L'entaille courait sur le dessus du bras. Heureusement, elle ne touchait aucune artère. Elle était longue, mais peu profonde, et quelques points suffiraient à la refermer. Il le dit à Bruna, puis sourit avec gratitude à Manuel qui approchait avec un linge propre.

— Pouvez-vous presser la blessure pendant que je vais voir Alvaro ? lui demanda-t-il.

Le cafetier acquiesça. Quand Darius releva la tête, il vit Celine agenouillée près de Magda, qui chuchotait des encouragements à l'oreille de son mari. Trois minutes étaient passé. Les spasmes étaient moins prononcés, et les mouvements rapides des yeux avaient cessé. Le pouls d'Alvaro ralentissait, ainsi que sa respiration.

— Magda, dit Darius, la crise est terminée, et votre mari devrait se réveiller dans un instant. Il ne se souviendra peut-être de rien, et aura sans doute l'esprit confus. Mieux vaut que vous le rameniez chez vous pour qu'il se repose. Ensuite, vous appellerez votre médecin qui l'adressera à un spécialiste. Êtes-vous venus en voiture ?

Magda secoua la tête. Darius regarda Celine, les sourcils froncés.

— Je les emmènerais bien, mais je dois recoudre la plaie de Bruna.

— Rafael va les accompagner, dit-elle. Il est déjà allé chercher sa voiture.

À ce moment-là, Maria apparut, un bras passé autour des épaules d'une enfant plus grande que Nina – vraisemblablement sa nièce, Mirabel. Les yeux de Darius s'arrondirent, et une boule se forma dans sa gorge. Il s'était attendu à revoir sa belle-sœur et s'était préparé à entendre ses invectives. Au début de son histoire avec Celine, elle s'était montrée très protectrice vis-à-vis de sa sœur cadette. Mais ce qu'elle avait à lui dire devrait attendre. Le transport d'Alvaro organisé, il fallait qu'il trouve un kit de premiers secours et un environnement stérile.

— Avez-vous un médecin, ici ? demanda-t-il à Celine.

— Non, il se trouve dans la ville voisine.

Darius commença à soupirer, puis une idée lui vint.

— Vous avez de la solution iodée, des aiguilles stériles et du fil, dans votre clinique ?

Celine ouvrit de grands yeux.

— Tu veux la recoudre chez nous ?

— Pourquoi pas ? Vous avez des sutures en nylon ?

Elle hocha la tête et se mit debout.

— Je vais aller préparer une salle. Peux-tu voir avec Manuel si Bruna est capable de marcher ?

Il acquiesça, puis s'accroupit de nouveau tandis que Nina approchait. Il l'étreignit rapidement et l'embrassa sur le front.

— Je n'en aurai pas pour longtemps, mon chou, dit-il en souriant, avant qu'elle se réfugie dans les jambes de sa tante.

Darius aurait aimé avoir le temps de visiter la clinique vétérinaire, car du temps de sa relation avec Celine il avait beaucoup entendu parler du refuge que la famille Dias gérait à la lisière de la forêt vierge. Mais sa patiente souffrait et perdait du sang.

Celine le conduisit dans une arrière-salle. En en franchissant la porte, il vit tout ce qu'il lui fallait disposé sur un plateau : les gants, les sutures, des aiguilles emballées sous vide, un flacon de solution iodée et un rouleau de bandage.

— Tout était déjà prêt ? demanda-t-il, amusé.

— Oui, Maria se sert de tout ça tous les jours.

— Notre travail n'est pas si différent, dit-il en prenant place sur un tabouret à côté de Bruna et en enfilant les gants. La seule chose que nous ne pouvons pas faire ici, c'est vous anesthésier. Malheureusement, les médicaments pour les animaux et pour les humains ne sont pas les mêmes. Mais je vous ai administré des antalgiques. Ils ne vous soulageront pas tout de suite, mais feront effet plus tard. Je vais essayer d'être aussi rapide que possible, d'accord ?

Bruna hocha la tête, et frémit lorsqu'il enleva le linge ensanglanté qui recouvrait sa blessure. Il s'apprêtait à le jeter à la poubelle quand

Celine le lui prit des mains. Il la remercia d'un signe de tête, content qu'elle l'assiste, et se mit à nettoyer la plaie.

— Bien. Je vais commencer, maintenant.

Bruna relâcha un souffle tremblant. Pour lui épargner de souffrir trop longtemps, Darius travailla aussi vite qu'il le put. Alors qu'il se concentrait sur ses points, Celine dit doucement :

— Vous êtes super, Bruna. Plus de la moitié de la suture est déjà faite. Il n'y en a plus pour longtemps. Rafael est prêt à vous ramener chez vous.

De la chaleur naquit dans le ventre de Darius alors qu'il écoutait Celine apaiser Bruna. Durant les premières années de leur relation, il avait souvent rêvé de travailler avec elle.

— Peux-tu me passer la bande ? demanda-t-il.

Il pansa la plaie recousue après l'avoir tamponnée d'iode, pour éviter toute infection.

— Voilà, c'est fini. Il faudra faire enlever vos points par votre médecin, dit-il en tapotant gentiment le bras de Bruna.

Elle le regarda avec de grands yeux.

— Vous ne serez pas là ?

— Non, je suis juste en visite.

On frappa à la porte, et Rafael passa la tête dans la pièce.

— C'est fait ? On peut y aller ?

Celine hocha la tête et aida Bruna à se lever. Quand Rafael et elle furent partis, le silence tomba entre eux, seulement interrompu par les bruits que faisait Celine en rangeant tout. Darius se racla la gorge, en proie à une tension certaine.

— Merci d'avoir tout préparé, dit-il en avançant d'un pas pour l'aider.

Elle rit doucement, et lorsqu'elle se tourna pour le regarder, le souffle de Darius se coinça dans sa gorge. Ses yeux ambrés étaient empreints de gentillesse et d'une émotion qu'il ne put définir. Tout ce qu'il savait, c'était que son appréhension avait disparu, remplacée par quelque chose de chaleureux. De l'affection ? Ou était-ce ce qu'il voulait voir ?

— C'est moi qui dois te remercier. Je ne sais pas ce que nous aurions fait sans toi, aujourd'hui.

Elle hésita, puis ajouta :

— La rapidité de ta réaction m'a impressionnée, ainsi que les soins que tu as donnés à Bruna et à Alvaro. J'ai... aimé te voir travailler.

À ces mots, Darius senti son cœur s'emballer, et il avança encore d'un pas, inconsciemment. Les ondes chaudes qui balayaient son corps s'intensifièrent et lui firent bouillir le sang.

Il avait tellement envie de la toucher, de la presser contre le mur et de couvrir son corps du sien. Les jours précédents ne lui avaient pas seulement montré tout ce qu'il avait manqué de la vie de sa fille, mais aussi tout ce qu'il avait perdu de sa vie conjugale.

Celine le regarda d'un air méfiant tandis qu'il se rapprochait, mais quelque chose était différent dans son attitude. Les murs élevés qu'il avait sentis autour d'elle toute la semaine semblait s'être fissurés. Parce qu'elle l'avait vu aider les gens de Santarém ? N'importe quel médecin en aurait fait autant.

Il n'avait pas vu cet aspect d'elle depuis qu'il était revenu dans sa vie huit jours plus tôt, et c'était si fascinant qu'il en oublia où il était et le genre de relation qu'ils avaient maintenant. Une relation dans laquelle ce qu'ils avaient partagé autrefois était inconcevable. L'instinct – ou l'habitude, il n'aurait su le dire – prit possession de ses fonctions motrices, et il se pencha en avant pour l'embrasser sur la joue.

Sa main se posa une fraction de seconde sur la hanche de Celine, puis il recula et sortit ses clés de voiture de sa poche.

— Je dois retourner voir Alvaro. Je te retrouve chez toi plus tard.

« Je te retrouve chez toi plus tard. »

Celine n'avait pas bien assimilé ce qu'il avait dit en partant, trop sidérée par le baiser qu'il lui avait donné sur la joue, et par l'effet que ce petit geste lui avait fait.

Une vague de chaleur avait cascadé dans son corps, descendant de ses joues jusqu'au creux de son ventre. Maintenant encore, alors qu'assise sur son canapé elle regardait Nina feuilleter un livre d'images sur les animaux sauvages de la forêt vierge, elle sentait un picotement là où ses lèvres avaient effleuré sa peau.

Une réaction non souhaitée à ce qui avait sans doute été un geste innocent que Darius avait fait sans réfléchir. Que cela l'ait ébranlée jusqu'au cœur de son être était un problème qu'elle devait examiner par elle-même. Elle n'oserait jamais dire à personne comment ce contact lui avait affolé le pouls – et comment cette petite voix traitresse qui s'élevait dans son esprit en réclamait davantage.

Ça ne pouvait pas lui arriver, se dit-elle. Ces... sentiments ne pouvaient pas ré-émerger de l'endroit où elle les avait bannis quand Darius avait décidé de ne pas revenir. Six ans plus tôt, elle avait enfermé son amour pour son mari et le chagrin déchirant causé par son abandon dans une boîte fermée à clé, pour pouvoir aller de l'avant.

Maintenant il était de retour, et non seulement son parfum était aussi séduisant et ses lèvres aussi douces qu'elle se le rappelait, mais il s'était aussi glissé sans difficulté dans sa vie, presque comme s'il était resté avec elle tout ce temps. Le tableau de la famille qu'elle avait rêvé de former avec lui quand ils s'étaient mariés se déployait maintenant sous ses yeux. Et le regarder travailler n'avait fait que confirmer ce qu'elle pensait. Sa compassion pour Bruna et Alvaro l'avait touchée dans un endroit qui était resté endormi depuis qu'il l'avait quittée.

Celine devait reconnaître qu'elle s'était raccrochée bien trop longtemps à l'idée que son mariage pourrait peut-être revivre miraculeusement. Elle ne voulait pas admettre que la famille dont elle avait rêvé quand ils étaient tombés amoureux n'était qu'une chimère. Lorsque Maria avait trouvé l'amour avec Rafael, elle avait réalisé qu'elle s'était cramponnée à un rêve irréaliste, à un mariage qui l'empêchait de trouver la personne unique qui serait faite pour elle, comme Rafael était fait pour Maria.

Darius n'était pas cette personne. Il ne pouvait pas l'être, malgré son pouvoir de séduction indéniable qui la ramenait dans son orbite. Lorsqu'il avait choisi de ne pas revenir, il avait irrévocablement sapé sa nature confiante, et le scepticisme qui en était résulté avait fait rejeter à Celine toute forme de proximité avec un homme.

Un problème qu'elle devrait régler lorsqu'elle rencontrerait l'être qui lui était destiné. Mais cette partie de sa vie devrait attendre quelques mois, le temps qu'elle soit divorcée et qu'une certaine routine se soit installée entre Darius et elle en tant que parents. Pour l'heure, elle n'était pas à l'aise de le laisser seul avec Nina. Mais un jour viendrait où elle pourrait au moins lui faire confiance pour cela, et elle aurait alors la liberté de poursuivre sa quête sentimentale.

Pour le moment, il lui fallait juste étouffer le feu qui jaillissait en elle chaque fois qu'il était près d'elle. Ce n'était pas une grande affaire, se dit-elle. Il ne signifiait plus rien pour elle, après tout. Si cela n'avait pas été le cas, elle n'aurait pas bataillé si durement pour divorcer de lui.

Un coup frappé à la porte la tira de ses pensées. Elle se leva et alla ouvrir. Son cœur manqua un battement, puis accéléra quand elle se trouva face au beau visage du mari dont elle était séparée, à sa mâchoire bien dessinée, à ses pommettes hautes qu'elle brûlait de caresser, à sa bouche dessinant un petit sourire qu'elle avait envie d'embrasser.

Ah oui ! Vraiment pas une grande affaire…

— Salut, dit-il d'une voix assez grave pour faire naître des picotements sur sa peau.

Elle se rappelait ce ton grave, qu'elle adorait lorsqu'il lui murmurait son désir à l'oreille en la faisant sienne…

— Tu vas bien ? Tu me laisses entrer ?

La voix de Darius transperça le souvenir qui lui revenait à l'esprit, ce qui déclencha à la fois en elle un trouble profond et des sonnettes d'alarme. Elle battit plusieurs fois des cils, luttant pour chasser cette pensée, et se mit de côté. Lorsqu'il passa devant elle, son parfum épicé lui monta aux narines, ce qui lui rendit beaucoup plus difficile sa tentative de contenir ce qu'elle éprouvait pour lui bien malgré elle.

— Euh... oui, bien sûr.

Tous ses sens étaient hyper conscients de la proximité de Darius. Que lui arrivait-il ? Pourquoi ne pouvait-elle pas rejeter ce penchant déplacé qui refaisait surface sans son consentement ? C'était bien lui, de réapparaître juste comme elle était prête à aller de l'avant, enfin !

— Je ne savais pas pour combien de temps tu en aurais, alors j'ai déjà fait manger Nina, dit-elle en entrant dans la cuisine où il s'assit. Mais j'ai de quoi te nourrir et je suis sûre que tu dois être affamé, après tout ça.

Sans attendre sa réponse, elle ouvrit le congélateur et en sortit une petite boîte qui contenait des boules de pâte en forme d'œuf. Elle en prit quatre, les posa sur une assiette et les mit au micro-ondes. Quand elle regarda de nouveau Darius, elle eut l'impression d'avoir le cœur dans la gorge. Les sentiments qu'elle avait combattus renaissaient de plus belle, et le regard qu'il lui décocha lui coupa le souffle. Elle lut dans ses yeux la même intensité et la même bataille.

Elle ouvrit la bouche, la tension entre eux augmentant tandis qu'ils se regardaient sans mot dire. Elle voulait rompre ce silence, mais avant qu'elle puisse parler Darius se racla la gorge.

— Qu'est-ce que c'est ? demanda-t-il en désignant du menton le micro-ondes.

— Des *coxinhas* que j'ai faites pour Nina la semaine dernière. Elle avait une petite fête au jardin d'enfants.

Une étrange expression passa sur le visage de Darius, qui affola de nouveau le cœur de Celine.

— Tu as fait des *coxinhas* ? répéta-t-il, incrédule.

Elle croisa les bras et s'appuya au comptoir, lui lançant un regard de défi.

— N'aie pas l'air aussi surpris.

Il leva les mains pour se défendre.

— Sans vouloir t'offenser, *senhora,* je crois me rappeler les éternelles nouilles chinoises que nous mangions chez toi.

Elle soupira et sortit l'assiette du four pour la lui donner. Puis elle s'assit en face de lui.

— Heureusement pour toi, j'ai dû apprendre à me nourrir convenablement, et d'une façon plus consistante.

Celine n'était pas très bonne cuisinière, même si sa mère s'était donné la peine de lui apprendre les recettes familiales. Depuis que Maria était partie, elle faisait de son mieux, mais « C'est mangeable » était un compliment, pour elle.

Darius prit une des croquettes fourrées au poulet et mordit dedans. Le cœur de Celine fit un bond quand Darius ferma les yeux, savourant son plat. C'était un petit geste qui comptait, pour elle.

— Comment va Alvaro ? demanda-t-elle pour se distraire du désir qui montait en elle.

— Il va plutôt bien. Mais on ne peut pas dire ce qui a causé la crise. Ce pourrait être une prédisposition à l'épilepsie. Ou quelque chose de plus grave, comme une tumeur ou un cancer.

Elle fronça les sourcils.

— Pauvre Alvaro. Il tenait le garage de la ville et a pris sa retraite il y a deux mois.

Elle sourit.

— Encore une fois, nous avons été vernis que ta « deuxième chance » t'ait amené ici, dit-elle sans réfléchir.

Mais lorsqu'elle s'interrogea sur le sens de ses paroles, elle se rendit compte qu'elles sonnaient juste. Malgré sa blessure, les rêves avortés et les promesses brisées, elle était contente que Darius soit là avec elle.

Il releva vivement la tête, ouvrant de grands yeux.

— Ma deuxième chance ? Qu'est-ce que…

Une sonnerie stridente l'interrompit. Celine bondit pour attraper son téléphone.

— C'est mon signal d'urgence. C'est la saison de poulinage, en ce moment.

Elle lut le message, les sourcils froncés.

— Une des juments de Juliana a perdu les eaux il y a dix minutes, et il n'y a aucun signe du poulain.

— Dix minutes ? Ça ne paraît pas long, dit Darius en se levant à son tour.

— Il me faut le temps d'arriver, alors les fermiers me préviennent toujours suffisamment à l'avance. Je préfère me déplacer pour rien plutôt que de risquer la santé d'un animal.

Elle appela Nina, qui arriva aussitôt. Heureusement, elle était encore habillée et son sac était prêt.

— Bébé, mets tes chaussures, s'il te plaît. Il faut que je t'emmène chez ta tante, parce que je dois aller travailler.

Sa fille la regarda avec des yeux ensommeillés, ce qui lui brisa le cœur. Ce genre de situation se produisait plus souvent qu'elle ne l'aurait aimé.

— Tu pourras dormir avec Mirabel, dit-elle pour lui remonter le moral.

À ce moment-là, Darius approcha, l'air hésitant. L'estomac de Celine se noua. Allait-il proposer ce qu'elle pensait ? Elle espéra que non, car elle ne voyait pas comment épargner ses sentiments.

— Je peux la garder, si tu veux, dit-il avec une ardeur qui lui serra le cœur.

Il avait envie de passer du temps seul avec sa fille, une idée qui lui faisait plaisir et la terrifiait en même temps. Pendant très longtemps elle avait été le seul parent dans la vie de Nina, et elle n'était pas prête à partager ses responsabilités. En outre, elle n'oubliait pas qu'il les avait abandonnées.

— Darius…, commença-t-elle, alors qu'elle vit son regard se fermer. Je ne suis pas très à l'aise avec ça, pour le moment. Elle ne te connaît que depuis huit jours, et j'aimerais que nous prenions le temps avant de la laisser seule avec toi.

Il eut une expression blessée, et elle vit la déception dans ses yeux. Une déception qu'elle comprenait très bien. Une des choses qu'elle préférait au monde était passer une soirée avec Nina sur le canapé, à regarder la télévision en la tenant contre elle. Elle souhaitait que sa fille vive des moments semblables avec son père, mais il était encore tôt, et elle devait d'abord retrouver confiance en Darius.

Dans une tentative pour se racheter, elle proposa :

— Si tu venais avec moi chez Juliana ? Tu m'as beaucoup aidée la dernière fois, et si cette naissance est difficile, je pourrais avoir besoin de mains supplémentaires.

Il haussa les sourcils, visiblement surpris par son offre. Elle en était surprise elle-même. Certes, elle avait voulu le réconforter un peu, mais ce n'était pas tout. Elle éprouvait une étrange excitation à l'idée de l'avoir avec elle tandis qu'elle travaillait. Et elle n'osait pas étudier ça de trop près, car elle savait qu'au bout de ce chemin il n'y aurait que de la déception et du chagrin, pour elle.

Néanmoins, elle sourit quand il hocha la tête et s'empressa de terminer ses croquettes.

6

Ils arrivèrent à la ferme dix minutes plus tard, Celine fonçant sur la route de campagne. Darius était étrangement grisé par l'idée qu'il allait de nouveau la voir travailler. Toutefois, il savait très bien pourquoi elle lui avait proposé de l'emmener avec elle : elle ne voulait pas le laisser seul avec leur fille. Et ce n'était pas étonnant. Il avait encore fort à faire pour regagner sa confiance. Et pour commencer, il devait réprimer fermement les sentiments qui ré-émergeaient en lui, provenant du minuscule noyau d'affection pour Celine qui n'était jamais mort en lui, en dépit de ses multiples tentatives pour le détruire.

Il avait déjà perdu cinq ans de la vie de Nina. Il n'allait pas en rater davantage parce qu'il ne pouvait pas contrôler le feu qui s'allumait dans ses veines chaque fois qu'il était près de la femme dont il était séparé. Envisager une réconciliation n'était pas à l'ordre du jour. Son objectif était d'apprendre à connaître sa fille, de rétablir la confiance entre Celine et lui et, une fois qu'il aurait signé un nouveau contrat avec son club, de lui accorder le divorce qu'elle souhaitait. De lui rendre sa liberté.

Cette pensée lui noua l'estomac, et il réprima un tressaillement. La jalousie qu'il éprouvait chaque fois qu'il se représentait Celine tournant la page de leur mariage n'était pas seulement pathétique, elle était inappropriée. Ils n'avaient pas été vraiment mari et femme pendant longtemps, pensa-t-il avec une profonde tristesse. Il se trouvait de nouveau à un carrefour et ne pouvait choisir qu'une voie, celle qui menait à sa fille. S'il perdait Nina parce qu'il poursuivait des chimères concernant sa mère, il ne se le pardonnerait jamais.

— Quel est le plan d'action ? demanda-t-il lorsqu'elle sauta de la camionnette et attrapa le sac qu'elle avait jeté à l'arrière.

Elle rit, un son si clair et mélodieux que le sang de Darius s'échauffa. Il éprouva une envie farouche de la prendre dans ses bras et de ne jamais la relâcher.

— Tu vas le voir dans un instant.

Juliana apparut sur le seuil d'une écurie et leur fit signe de la rejoindre. Darius interrogea Celine du regard, et elle hocha la tête. Elle ne souriait plus, montrant cette détermination pleine de compassion qui la caractérisait dans son métier.

— Merci d'être venus si vite, dit la fermière. Je pense que le poulain n'est pas bien placé.

Elle s'écarta pour laisser entrer Celine. Darius choisit de rester dehors pour ne pas déranger cette dernière, tout en étant prêt à l'aider si elle avait besoin de lui. Elle posa son sac par terre et enfila des gants qui lui montaient jusqu'aux épaules. Puis elle s'approcha de la jument, Rosalie, et lui caressa les naseaux.

— Nous allons vous aider, ma belle, ton poulain et toi.

Après quoi elle prit son stéthoscope pour l'examiner.

— Le poulain est toujours vivant, c'est une bonne nouvelle.

Ensuite, accompagnée de Juliana, elle passa derrière Rosalie pour l'ausculter et voir où en était la naissance.

— On dirait que l'avant de la tête apparaît. Il est presque en position, mais pas tout à fait. Elle a perdu les eaux il y a une grosse vingtaine de minutes, c'est ça ?

La fermière hocha la tête, et Celine fronça les sourcils. Elle regarda sa montre, puis se tourna vers Darius.

— Peux-tu me prévenir toutes les cinq minutes ? Il faudra travailler vite, mais avec précaution, si nous voulons que ce poulain naisse vivant.

Darius se redressa. Il ne s'était pas vraiment attendu à participer.

— D'accord, dit-il.

Celine lui adressa un sourire reconnaissant.

— Juliana, amenez votre chariot élévateur, s'il vous plaît. Il faudra que je fasse une péridurale à Rosalie pour pouvoir lui relever les jambes avant sans qu'elle donne des coups de sabots, et faire descendre le poulain.

La fermière acquiesça et s'en alla.

Celine rit de nouveau devant l'expression choquée de Darius. Même si les complications étaient identiques chez les humains et les animaux – un bébé, comme un poulain, ne pouvait pas rester trop longtemps dans la filière génitale –, la façon de résoudre les problèmes était bien différente quand on avait affaire à une bête qui pesait une demi-tonne.

— Tu ne peux pas faire une césarienne ? demanda-t-il.

— Je pourrais, oui, mais il faudrait aller dans une ferme qui possède un bloc chirurgical à vingt minutes d'ici, et nous n'arriverions pas à temps.

À partir de là, les choses s'enchaînèrent rapidement. Juliana arriva avec son chariot élévateur et le positionna à l'entrée du box. Celine demanda à Darius de passer une corde autour du ventre de la jument, sans serrer. Puis elle grimpa sur un tabouret et tâta sa colonne vertébrale en comptant les vertèbres, pour la péridurale. Quand elle eut trouvé l'endroit qu'elle cherchait, elle regarda Darius qui consulta aussitôt sa montre.

— Quatre minutes trente-six secondes.

— C'est bon, nous sommes dans les temps. Passe-moi la tondeuse, s'il te plaît.

Tandis que Darius cherchait l'appareil, Celine se sentit étrangement proche de lui. Bien qu'elle ne lui ait offert de venir que pour ménager ses sentiments, elle était contente de l'avoir fait, maintenant. Leur communication non verbale était toujours aussi bonne. Vivre séparés pendant six ans n'avait pas endommagé la connexion qui les liait – même si cela avait endommagé son cœur.

Elle rasa un petit morceau de pelage, puis prit la seringue de lidocaïne et inséra l'aiguille sous la peau de la jument pour anesthésier l'emplacement de la péridurale. Sans qu'elle ait besoin de le lui demander, Darius vint prendre la seringue usagée pour la jeter dans un petit récipient.

— Il y a un flacon de solution saline dans une des poches du sac. Donne-le-moi. Puis prépare une autre seringue avec huit millilitres de lidocaïne pour la deuxième dose.

Darius s'exécuta. Il n'était peut-être pas vétérinaire, mais en tant que médecin il savait se débrouiller. Celine le remercia d'un sourire et procéda à la péridurale. Après quoi elle descendit du tabouret et demanda combien de temps s'était écoulé.

— Huit minutes et deux secondes, répondit Darius.

— La péridurale met six minutes pour faire effet. Il faut attendre pour la soulever. Elle a toujours de fortes contractions. Je suis certaine que si nous pouvons redresser le poulain, nous réussirons à le faire naître. Préparez le chariot élévateur, Juliana.

Tandis qu'elle attendait derrière Rosalie, un bras se posa autour de ses épaules, et une main forte saisit son biceps. Darius l'attirait à lui pour la rassurer. Sa chaleur la pénétra, et ses épaules crispées se détendirent peu à peu pendant qu'il passait doucement le pouce sur son bras. Elle se sentit bien – beaucoup plus qu'elle ne l'aurait dû. Et après toutes les émotions de la journée, elle n'eut pas l'énergie de se demander pourquoi il l'emplissait d'une telle sérénité.

Alors elle se laissa faire, chérissant ce moment pour ce qu'il était et refusant de lui attribuer plus de signification. Darius lui offrait son soutien dans une situation difficile, rien de plus. La douce torpeur qui la gagnait venait de sa fatigue, se dit-elle, et non du parfum familier qui montait à ses narines et lui emplissait la tête de souvenirs. Les souvenirs d'un autre temps, quand ils étaient pressés l'un contre l'autre pour faire l'amour.

Darius la lâcha quand la queue de la jument retomba mollement, et tous trois se préparèrent à agir. Juliana assise sur sa machine regarda Celine, qui lui donna le signal d'abaisser le bras mécanique, de le passer sous la corde et de le relever. Les jambes en l'air, Rosalie hennit, et les autres chevaux lui répondirent. Celine désigna à Darius la tête de l'animal, et il s'approcha pour caresser son encolure.

— Reposez-la lentement, ordonna Celine à la fermière.

Juliana obéit, abaissant l'appareil centimètre par centimètre jusqu'à ce que les sabots de Rosalie touchent le sol. Celine alla voir où en était le poulain.

— Il est descendu et semble bien placé, maintenant, mais Rosalie a encore besoin d'aide. À sa prochaine contraction, nous le tirerons à la main.

Juliana hocha la tête et se plaça de l'autre côté.

— Darius, place-toi derrière Rosalie. Si le poulain sort vite, il faudra que tu amortisses sa chute. Il y a des tabliers jetables et une autre paire de gants dans le sac.

Celine pensa qu'il allait protester à l'idée d'attraper le poulain gluant, mais il acquiesça et fit ce qu'elle avait demandé. Au cours de la semaine écoulée, elle avait pensé plusieurs fois qu'il allait se défiler devant des tâches ou des discussions difficiles, comme six ans plus tôt, mais il l'avait surprise en tenant bon et en relevant le défi chaque fois. L'avait-elle mal jugé, laissant la blessure qu'il lui avait infligée l'aveugler et l'empêcher de voir qu'il avait changé ? Était-il temps de lui donner une autre chance ?

La sensation de son corps pressé contre le sien, de son bras posé naturellement autour de ses épaules lui revint à l'esprit, et elle l'écarta comme le ventre de Rosalie se contractait.

— Allons-y, Juliana !

Elles tirèrent le poulain vers l'avant.

— Je vois quelque chose. Des sabots ? demanda Darius d'un ton incertain.

Celine se plaça près de lui et poussa un soupir, soulagée, en apercevant une paire de sabots et les naseaux du poulain.

— *Graças a Deus*, murmura-t-elle, avant d'enfoncer une main dans la vulve de la jument pour essuyer les membranes et les fluides qui gênaient le petit. À la prochaine contraction, nous sortirons la tête, et le plus dur sera fait. Il ne restera plus qu'à aider Rosalie pour la fin.

Darius sourit et se pencha vers elle pour lui chuchoter :

— La ligne d'arrivée...

Celine sentit son souffle sur sa joue et ne put s'empêcher de frissonner. Puis, à la contraction suivante, elle se campa solidement sur ses pieds et tira – pas trop fort pour ne pas arracher le cordon ombilical, mais assez pour faire venir le poulain.

— Et voilà, dit-elle quand la tête sortit.

Elle leva les yeux, et fut surprise quand elle sentit Darius lui mettre une serviette dans la main sans qu'elle ait eu à le lui demander. Comment avait-il deviné ce qu'il lui fallait ?

Cinq minutes et deux contractions plus tard, le poulain était né. Debout près d'elle, Darius l'aida à l'attraper et le posa sur un tas de paille derrière sa mère.

— Sors du box, maintenant, *amor*, dit-elle distraitement tandis qu'elle essuyait le poulain. Les instincts maternels de Rosalie peuvent se réveiller, et elle risque d'être agressive.

Darius la dévisagea fixement, puis sortit du box et s'appuya à la demi-porte en bois pendant qu'elle se mettait à examiner la mère et son petit.

« *Amor.* » Le mot avait causé un choc à Darius et lui avait affolé le cœur. Celine avait paru distraite et était couverte de sueur et d'autres résidus gluants après tous ses efforts. Mais si elle semblait fatiguée, Juliana, elle, avait l'air épuisée. Celine le remarqua et la renvoya chez elle.

Pendant ce temps, Darius était abasourdi par ce terme affectueux dit d'une façon si naturelle, et qui faisait resurgir les émotions qu'il avait passé tant de temps à réprimer. Il s'assit par terre devant le box de Rosalie, le dos appuyé à la barrière. Il leva les yeux quand Celine en sortit, referma la porte et ôta son tablier et ses gants. Elle lui décocha un bref sourire et se dirigea vers l'évier installé dans un coin de l'écurie. Lorsqu'elle revint deux minutes plus tard, le visage et les mains mouillés, elle s'assit à côté de lui. Elle lui jeta un regard qui ne trahissait rien de ses pensées.

Pensait-elle à ce qu'elle avait laissé échapper, comme lui ? Ou bien ne réalisait-elle même pas que par un tout petit mot elle avait fait bouillir son esprit, en le faisant essayer de trouver du sens à quelque chose d'insensé ? Alors il dit la première chose qui lui passa par la tête :

— Je pensais que tu m'avais emmené avec toi par pitié, mais il s'est avéré que tu avais bien besoin d'un coup de main, finalement.

Celine ferma les yeux et renversa la tête en arrière.

— Ton aide a été la bienvenue, c'est vrai, mais je t'ai invité à venir pour atténuer le coup.

Darius n'en fut pas offensé, mais plutôt intrigué.

— Tu te soucies encore assez de moi pour ménager mes sentiments, constata-t-il.

Elle ne pouvait pas le nier, il le savait. Sinon, pourquoi aurait-elle hésité avant de décider s'il pouvait ou non s'occuper de Nina ? Ou bien y avait-il là-dessous un désir caché de passer plus de temps seule avec lui ? Après tout, rien ne l'obligeait à l'emmener avec elle.

La rougeur qui envahit ses joues confirma ce qu'il suspectait : elle réalisait qu'elle aurait pu simplement le renvoyer chez lui, quand elle avait reçu l'appel de Juliana, et qu'elle ne l'avait pas fait.

— Et alors ? répliqua-t-elle.

Elle releva la tête et ouvrit les yeux pour le regarder avec la même expression indéchiffrable.

— Je me soucie du père de mon enfant. Je l'ai fait depuis que Nina est née, même si tu n'étais pas là.

Darius retint son souffle, s'attendant qu'elle lui jette son abandon à la figure. Pourtant, il aurait pris le premier avion pour revenir s'il avait su qu'elle était enceinte. N'avait-il pas assez reconnu sa culpabilité ?

Il regretterait toute sa vie d'être parti. À cause des cinq années de la vie de sa fille qu'il avait manquées, oui. Mais aussi parce qu'il avait quitté la seule femme qu'il avait jamais aimée. Parce que, sans le vouloir, il l'avait laissée se débattre seule pour élever Nina alors qu'il aurait pu être là pour l'aider.

— Je suis content d'avoir pu t'être utile, dit-il en espérant l'amadouer. Je ne sais pas comment tu aurais fait avec seulement Juliana.

Celine haussa les épaules.

— D'habitude, son épouse ou ses enfants les plus âgés me donnent un coup de main pendant la saison de poulinage. Je demande aussi l'aide de Rafael, quelquefois.

— Le mari de Maria ? Celui qui a raccompagné Alvaro et Bruna chez eux ?

Elle hocha la tête, avec un petit sourire qui indiquait qu'elle appréciait son beau-frère. Et même si Darius savait que c'était complètement irrationnel, il en éprouva de la jalousie.

— Maria et Mirabel habitaient avec nous, avant qu'elle épouse Rafael. C'était beaucoup plus facile pour faire garder Nina. Je n'avais qu'à frapper à sa porte et à dire que je m'en allais.

— Mirabel… C'est la fille de ton frère, n'est-ce pas ? Pourquoi vit-elle avec Maria ?

Celine soupira et eut un rire crispé.

— Daniel a presque ruiné notre refuge quand il est tombé amoureux de la femme de notre plus gros donateur. Ils sont partis ensemble, nous ne savons même pas où. Il ne s'est pas préoccupé d'emmener sa fille avec lui. Maria a recueilli Mirabel et la traite comme sa propre fille. Rafael aussi. Daniel n'aurait jamais dû partir, mais au moins notre nièce a la famille qu'elle mérite.

De la tension s'installa entre eux tandis que Darius percevait le sens caché de ses paroles. Ce message visait-il ses propres manquements ?

— Je ne serais pas resté loin si j'avais su pour Nina, dit-il d'une voix sourde, se préparant à ce qu'elle le rembarre.

Mais elle le regarda avec un sourire doux et triste, et poussa un soupir.

— Je sais. Si tu ne m'avais pas aussi bien exclue de ta vie, tu aurais pu être au courant. Je ne tenais vraiment pas à l'élever toute seule.

Cette gentillesse inattendue le frappa comme un coup bas, et il relâcha l'air contenu dans ses poumons. Il savait comment réagir face à sa fureur. Mais ces regrets résignés étaient nouveaux pour lui, et il ne savait pas quoi en faire.

— Ça a été dur, pour toi ?

Celine fit un petit signe de tête.

— Sa naissance a été difficile. Et j'ai dû tout apprendre toute seule, même si Maria m'a beaucoup aidée. Ensuite, le premier anniversaire de Nina a été pénible. Normalement, c'est un événement que les parents fêtent ensemble. Je n'ai pas voulu que ma sœur le célèbre. C'était un moment pour moi... et pour toi.

La gorge de Darius se serra face à la mélancolie de sa voix. Comment pourrait-il jamais lui rendre ces moments ?

— Je suis désolé, Cee...

Elle fixa le regard sur le mur devant eux. Il suivit des yeux la forme douce de sa mâchoire, résistant à l'envie d'enfouir le visage au creux de son cou pour inhaler son odeur. Sapristi ! même après six ans, il trouvait qu'elle était encore la femme la plus belle de la planète. Comment avait-il pu la laisser ? En repensant aux choix qu'il avait faits, il se dit que les sacrifices que sa mère lui avait imposés au nom de la famille avaient été trop grands.

Comme si elle avait deviné ses pensées, Celine tourna la tête vers lui, une supplication dans ses yeux ambrés. Il sut tout de suite ce qu'elle allait lui demander. Ou redemander.

— Pourquoi ?

Il prit une grande inspiration. Il s'était préparé à ce moment et avait décidé dans la semaine que si elle voulait tout savoir, il lui dirait toute la vérité. S'il ne s'était agi que d'un divorce, il n'aurait pas eu besoin de s'exposer ainsi. Mais il y avait beaucoup plus en jeu. Ils avaient une fille et, de ce fait, chacun ferait toujours partie de la vie de l'autre.

Alors il lui raconta tout. Comment sa mère l'avait entraîné au

Pérou pour sauver son affaire, qui périclitait au Brésil. Comment, quand il lui avait dit qu'il voulait se faire établir un visa de conjoint et rentrer rejoindre sa femme, elle lui avait avoué – faussement – qu'ils avaient fui le Brésil parce qu'elle avait des usuriers à ses trousses. Et annoncé qu'elle avait un cancer en phase terminale.

Celine lâcha un petit cri de surprise.

— Elvira est morte ?

Il hocha la tête, déchiré entre le chagrin et la fureur.

— Elle avait un cancer du foie. Elle a fait pression sur moi pour que je reste, disant que j'étais le seul à pouvoir reprendre son affaire. Comme j'avais décidé d'être médecin, je l'ai seulement aidée à trouver quelqu'un pour la gérer. Mais elle m'a dit alors que ses usuriers étaient menaçants, et qu'ils s'en prendraient à moi si je rentrais au Brésil. Ainsi qu'à toi.

Tout en parlant, Darius baissait les yeux, la vision troublée tandis qu'il luttait pour garder un ton égal. Les mots étaient sortis de lui comme s'il avait été au désespoir de les dire après toutes ces années. Il ne cherchait pas à se faire pardonner. Et Celine allait le prendre pour un idiot, d'avoir cru sa mère aussi facilement.

Il entendit un bruit de paille et releva la tête, croisant le regard de Celine. Il fut stupéfait de la chaleur qu'il y lut. Elle s'était rapprochée de lui, posant une main sur son genou pour l'encourager en silence. Il ne put s'empêcher de sourire, tant elle le réconfortait.

— Elle t'a dit que je serais en danger si tu revenais ? demanda-t-elle d'une voix douce.

— Oui. Elle m'a même montré les menaces de mort que ces requins lui avaient prétendument écrites.

Il posa une main sur la sienne, qu'il enveloppa de ses doigts.

— Alors j'ai coupé tout contact avec toi, terrifié à l'idée qu'il puisse t'arriver du mal. Après sa mort, j'ai découvert avec horreur qu'elle m'avait menti. Ce n'étaient pas des usuriers dangereux, qui la poursuivaient, mais seulement des banques normales et des investisseurs privés qui réclamaient leur argent. Elle m'avait entraîné au Pérou pour leur échapper. Je me suis rendu compte que j'avais renoncé à ce que j'avais de plus précieux sur la foi de ses mensonges. Et je ne pouvais même plus lui demander des comptes.

Il déglutit dans le silence. Celine tenait toujours sa main, respirant régulièrement tandis qu'elle le regardait sans laisser voir ses pensées.

— Pourquoi t'a-t-elle retenu avec elle ? demanda-t-elle calmement.

— Je me suis posé cent fois la question. Elle avait travaillé très dur pour réussir et m'élever correctement. Je n'avais que douze ans quand mon père est mort. Je suppose qu'elle voulait que quelqu'un prenne soin de ce qu'elle avait bâti, et elle n'avait que moi. En outre, je pense que sa maladie la terrorisait, et à ses yeux j'étais le seul à pouvoir la soutenir. Ce qui ne justifie pas les choix que j'ai faits.

Celine pinça les lèvres.

— Tu aurais dû m'en parler...

Il eut un rire amer.

— Je le sais maintenant. Mais à l'époque j'avais trop peur que ces gens malfaisants te trouvent si je me mettais en rapport avec toi. Et je m'inquiétais aussi que tu veuilles m'aider.

Elle rit doucement.

— Je l'aurais probablement fait.

Darius rit à son tour, soulagé du poids de son secret. Le regret brûlait toujours dans ses veines, mais il savait que cela ne servait à rien de se morfondre sur ce qui avait été perdu. Tout ce qui lui restait à faire à présent était aller de l'avant et être un père pour sa fille.

Il resserra son emprise sur la main de Celine.

— Je ne te demande pas de me pardonner. Mais j'ai besoin que tu saches que je suis sincère quand je dis que je veux faire partie de la vie de Nina.

Il hésita tandis qu'une idée germait dans son esprit.

— Les vacances d'été commencent le mois prochain, non ? Si Nina et toi veniez me rendre visite à São Paulo ? Un petit séjour en famille, si tu le veux.

Une part de lui pensa qu'il allait trop vite, que Celine allait repousser sa proposition. Elle ne lui faisait même pas assez confiance pour lui confier la garde de leur fille. Mais, à sa surprise, elle hocha la tête et lui pressa la main.

— D'accord. C'est la fin de la saison de poulinage, alors je pourrai m'arrêter quelques jours. Ce sera bien pour Nina de voir où tu habites et de découvrir une grande ville.

À ces mots, le cœur de Darius bondit. Rien ne pouvait lui paraître plus excitant que de recevoir sa fille chez lui.

Mais il y avait peut-être autre chose d'excitant, lui susurra une petite voix tandis qu'il caressait du pouce la paume de Celine et remarquait le petit frisson qui la parcourait.

L'éclat des yeux de Darius était très séduisant, et la chaleur qu'ils contenaient invitait Celine à s'y perdre pour l'éternité. Chaque caresse de son pouce sur sa paume faisait naître du feu dans ses veines, lui enflammant la peau au point qu'elle ne pouvait plus réprimer ses frissons de plaisir.

Elle baissa les yeux sur sa main, souhaitant le lâcher, mais celle-ci ne lui obéit pas. Elle était encore sous le choc de ce qu'il venait de lui raconter, et elle se souviendrait longtemps de la souffrance qui avait tendu sa voix. Elle essaya de se mettre à sa place et d'imaginer sa propre réaction dans une situation pareille. Elle arriva toujours à la même conclusion : elle lui aurait dit ce qui se passait, malgré les risques. À l'époque, il était l'amour de sa vie. Sa moitié. Comment aurait-elle pu ne pas lui confier ces informations ? Mais que lui ne se soit pas fié à elle montrait que leur mariage était voué à l'échec dès le début.

— Je te crois, Darius, dit-elle avec un petit sourire qui menaça de s'agrandir lorsqu'elle vit son soulagement. Et dès que tu as rencontré Nina, j'ai décidé de ne pas en rester à ce qui s'est passé entre nous il y a six ans. Je me suis dit que nous ne serions pas un bon couple de parents si je gardais dans mon cœur tant d'animosité vis-à-vis de toi.

Elle baissa les yeux lorsqu'il déglutit, regardant bouger sa pomme d'Adam, puis les fit remonter et s'arrêter sur ses lèvres. La vive chaleur qui l'habitait se condensa au creux de son ventre, enflammant son sexe et lui rappelant le plaisir qu'elle avait connu sous cette bouche habile.

— Tu es aussi généreuse que dans mon souvenir, Cee.

Il porta leurs mains nouées à ses lèvres sensuelles et posa un baiser sur sa peau.

— Je ne gâcherai pas cette seconde chance.

Celine maintint la main contre sa bouche, ce contact envoûtant et si familier lui évoquant la volupté dont elle s'était passée pendant des années pour consacrer toute son énergie à sa fille. Elle n'avait pas mesuré à quel point de petits gestes tendres comme celui-là lui avaient manqué. Quel trou Darius avait laissé dans sa vie ! Non seulement comme père de son enfant et comme mari, mais également comme ami... et comme amant.

Un léger tremblement agita sa main lorsqu'elle tendit les doigts vers lui. Il inspira vivement quand elle effleura sa bouche, puis sa mâchoire puissante et sa pommette. Elle ne contrôlait plus son corps, chaque geste provenant d'un besoin qu'elle avait ignoré pendant six ans – l'homme personnifiant ce désir étant absent de sa vie.

Mais à présent il était là, et les sentiments qu'elle avait repoussés avec une telle force durant la semaine se réveillaient, explosant rien qu'à ce frôlement de ses lèvres sur sa peau. Un frôlement qu'elle avait envie de sentir sur tout son corps. Elle se pencha vers lui, le visage assez proche pour que leurs nez se touchent.

— Nous pourrions peut-être être de nouveau amis, murmura-t-elle, frissonnant en sentant son souffle sur ses joues échauffées.

— J'aimerais bien, répondit-il, la voix enrouée par le même désir et la même attente que ceux qui avaient grandi en Celine depuis qu'il était revenu dans sa vie.

— Mais il faut arrêter ça, dit-elle sans essayer le moins du monde de le faire.

— Oui, ce serait sage, répondit-il en prenant son visage dans ses mains et en l'attirant à lui, réduisant à néant l'espace qui les séparait encore.

Leur baiser fut inattendu, et sa puissance ébranla Celine jusqu'au cœur de sa personne. Elle posa les mains sur la chemise de Darius, s'accrochant à lui comme pour s'ancrer quelque part. Un goût familier emplit sa bouche tandis qu'il passait la langue sur ses lèvres, puis l'introduisait en elle avec un grognement doux qui vibra sur sa peau.

Le désir qu'elle réprimait se libéra comme une masse d'eau s'échappant d'un barrage, envahissant ses sens et effaçant les doutes et les soucis qui entravaient sa relation avec Darius. Les seules choses sur lesquelles elle pouvait se concentrer étaient les sensations de chaleur et de profonde familiarité qui la submergeaient tandis qu'il passait les mains sur ses flancs, la saisissant et lui faisant oublier où elle était et avec qui.

Elle frissonna quand il l'enlaça, une main pressée au creux de son dos, l'autre sur sa poitrine, et la renversa en arrière jusqu'à ce qu'elle soit étendue par terre – son corps familier logé entre ses jambes. Il poussa les hanches vers les siennes, et elle se tortilla contre son érection.

Avec son odeur emplissant ses narines et ses lèvres qui descendaient le long de son cou, Celine ne pouvait se rappeler les raisons pour lesquelles elle avait voulu le tenir à distance. Et elle se trouvait idiote de se refuser le plaisir qu'il pouvait lui donner, lui qui savait exactement comment la toucher – comment la rendre folle.

Le grincement des gonds en fer d'une porte qui s'ouvrait s'immisça dans le nuage voluptueux que Darius avait tissé autour d'elle, et elle se redressa en sursaut. Ce retour soudain à la réalité lui fit l'effet d'un seau d'eau glacée. Elle repoussa Darius.

Tournant vivement la tête, elle vit Juliana qui venait vers eux dans l'écurie. Le temps que la fermière arrive devant le box de Rosalie, Darius et elle s'étaient relevés et avaient arrangé leurs habits.

Le pouls de Celine battait dans sa gorge tandis qu'elle regardait sa cliente et amie, dont le sourire entendu indiquait qu'elle savait exactement ce qui venait de se passer.

— Vous êtes de retour rapidement, dit-elle, sans savoir combien de temps s'était écoulé.

Elle avait dit à Juliana de revenir trois heures plus tard, voulant être sûre que le placenta aurait été expulsé et qu'elle aurait pu observer les suites éventuelles de cette mise bas difficile.

— Cela fait presque quatre heures, dit la fermière.

Du coin de l'œil Celine vit que Darius regardait sa montre et elle l'entendit jurer en espagnol d'une voix sourde.

— Eh bien…, fit-elle, hésitante, en cherchant ce qu'elle devait dire.

Elle avait le cerveau embrouillé par tout ce qui venait de se passer, et il lui fallut du temps pour se rappeler comment elle s'était retrouvée allongée sur le sol de l'écurie. Enfin, elle recouvra ses esprits.

— Rosalie va bien. Elle a évacué le placenta. Le poulain est un peu secoué, mais il respire et tête. Le pire est derrière nous. Je reviendrai les voir dans deux ou trois jours.

Elle adressa une supplique silencieuse à Juliana, la priant de ne pas faire de commentaire, et fut immensément soulagée quand la fermière se contenta de hocher la tête.

Puis elle ramassa son sac et le passa à son épaule, avant de jeter un rapide coup d'œil à Darius. Son expression était indéchiffrable. Les flammes qu'elle avait vues dans ses yeux avaient disparu, et seul le tour de sa bouche, un peu rouge, trahissait ce qui s'était passé entre eux.

7

La tension qui avait tordu l'estomac de Darius durant les deux heures précédentes s'enflamma quand le vol en provenance de Manaus fut annoncé comme arrivé.

Il avait été très occupé pendant les quinze jours précédents, son équipe de foot ayant entamé sa préparation en vue de la prochaine édition du *Brasileirao*, le championnat national, la compétition la plus prestigieuse du Brésil. Il n'y aurait pas de match pendant encore trois semaines, mais les joueurs s'entraînaient, et certains avaient besoin de soins particuliers pour éviter les blessures, alors Darius les avait suivis tous les jours.

Mais plus d'une fois, pendant cette période, Celine s'était glissée dans son esprit, le souvenir de leur baiser dans l'écurie sortant de nulle part et lui faisant perdre son sang-froid. Ce baiser avait été la dernière concession qu'il avait faite, la dernière bataille qu'il avait perdue contre le réveil de ses sentiments pour Celine – sa femme.

Il ne savait pas ce qui l'avait poussé ce soir-là à lui raconter son histoire par le menu, mais elle l'avait compris. Et lui avait même pardonné. C'était cela qui rendait l'idée d'une réconciliation si tangible, le chemin à parcourir paraissant moins intimidant. Ce baiser avait permis d'éclairer la voie vers une fin heureuse pour leur mariage. Une fin où ils deviendraient la famille dont ils avaient toujours rêvé tous les deux. Tous les éléments étaient là, ils n'avaient qu'à tendre la main et les cueillir.

Mais chaque fois que cette pensée lui venait, Darius la combattait et la repoussait – avant qu'elle revienne immanquablement à son esprit. Non, une réconciliation ne se profilait pas à l'horizon, malgré ce que son cerveau échafaudait dans des moments de désœuvrement. Sa priorité était sa fille et la relation qu'il voulait créer avec elle, ce n'était pas courir après l'épouse qu'il avait été amené à abandonner en raison d'une tragique supercherie.

Ce qui s'était passé dans la ferme de Juliana était une erreur de jugement qui ne devrait jamais se reproduire – même s'il brûlait de goûter de nouveau aux lèvres de Celine. Se rassasierait-il un jour d'elle ?

La façon dont son pouls s'emballa lorsqu'il la vit passer le portique d'arrivée lui indiqua que la réponse était probablement non.

Celine et Nina le cherchaient des yeux dans la foule, et quand leurs regards se posèrent sur lui leurs visages s'éclairèrent d'un sourire qui lui accéléra le cœur. Au lieu de désirer la femme qu'il ne pouvait pas avoir, il devrait être content qu'une simple visite les rende si joyeuses.

Nina se mit à courir dès qu'elle le vit, laissant sa mère derrière elle. Il s'accroupit en ouvrant les bras pour la saisir dans un câlin qui fit aussitôt disparaître sa nervosité.

C'était *pour cela* qu'il devait garder ses distances avec Celine. Tout ce qui pouvait menacer la relation qu'il construisait avec Nina était à bannir – y compris ses sentiments pour sa mère. S'ils se réconciliaient et que ça ne marchait pas ? Leur fille en serait dévastée. En attendant, elle était plus détendue avec lui à chaque nouvelle rencontre.

— Darius ! s'écria-t-elle en riant quand il la souleva de terre pour la caler sur sa hanche,

Il pria pour qu'elle ne voie pas sa déception à être appelé ainsi. Il n'avait aucun droit d'exiger qu'elle l'appelle « papa ». Mais il ne pouvait s'empêcher d'espérer qu'elle le fasse chaque fois qu'ils se voyaient.

— *¡ Hola ! mi princesa preciosa. ¿ Cómo estás ?* dit-il en espagnol, en s'attirant un regard intrigué de sa fille.

— Quoi ? fit-elle, l'attention immédiatement attirée par le ballon qu'il tenait par une ficelle. C'est pour moi ?

Avant que Darius puisse répondre, Celine les rejoignit, tirant une valise derrière elle.

— Il t'a demandé comment tu vas, *filha*.

— Oh ! dit Nina, les yeux toujours rivés sur le ballon.

Darius rit, puis le lui donna avant de la poser par terre. Après quoi il se tourna vers Celine. Une main sur son bras, il l'embrassa sur la joue. Lorsque ses lèvres effleurèrent sa peau, il se dit que cette façon de la saluer n'était peut-être pas l'idéal, avec tout ce qu'il y avait de non résolu entre eux.

Celine ne révéla rien, se contentant de lui sourire.

— Laisse-moi prendre ta valise, dit-il pour se distraire de la chaleur intense qui grandissait dans sa poitrine – une chaleur qu'il avait bannie et qui n'aurait pas dû se réveiller.

Il leur fit traverser l'aéroport pour se rendre au parking, puis les conduisit jusqu'à son appartement au centre de São Paulo. Nina et Celine regardèrent avec de grands yeux l'immense ville et ses gratte-ciel – y compris celui où vivait Darius.

Quand il leur eut montré son appartement situé au dernier étage, qui comportait deux chambres, Nina s'installa sur le canapé et s'endormit sur ses genoux. Tandis qu'il caressait ses cheveux soyeux et contemplait son visage paisible, il avait le cœur près d'éclater de l'amour inconditionnel qui avait décuplé en lui depuis qu'il avait entendu parler d'elle.

Celine rit doucement, et il leva les yeux vers elle.

— Elle était debout à 5 heures, ce matin, pour préparer son sac à dos.

Le cœur de Darius fondit encore plus.

— Elle était excitée à l'idée de me voir ? demanda-t-il à voix basse, osant à peine poser la question.

Depuis le début, il se blindait contre un possible rejet de sa fille, si elle décidait qu'en fin de compte il arrivait trop tard. Ses pensées durent se lire sur son visage, car Celine se rapprocha de lui et posa une main sur la sienne.

— Détends-toi, Darius. Elle s'est faite à l'idée d'avoir son père dans sa vie.

Il eut un demi-sourire, pas complètement rassuré. Tout entre eux était si récent, si fragile. Raison de plus pour garder sa relation avec Celine sur un plan strictement parental.

— J'ignorais que je pouvais aimer si fort quelqu'un, dit-il d'un ton plein de vénération.

Celine hocha la tête.

— Je sais. Je me suis attachée à elle alors qu'elle grandissait en moi. Et rien n'est comparable à l'instant où on me l'a mise dans les bras.

— Dois-je la mettre au lit ?

Celine regarda la pendule accrochée au mur.

— Quel est le programme pour aujourd'hui ?

— Comme on est dimanche, j'ai pensé que nous pourrions aller nous promener sur l'avenue Paulista et manger dans un restaurant japonais.

— Hein ? fit-elle, les sourcils froncés.

— Tu n'es jamais venue à São Paulo ?

Il rit quand elle secoua la tête.

— L'avenue Paulista est l'artère principale de la ville, et le dimanche la circulation y est interdite. Elle devient une grande zone piétonne avec de nombreuses attractions.

— Oh ! je pense que ça me plairait. Nous allons laisser dormir Nina une heure, pour qu'elle récupère un peu.

Darius hocha la tête et souleva sa fille dans ses bras pour la porter dans son lit. Il se pencha pour l'embrasser sur le front. Lorsqu'il revint dans le salon, Celine arrivait de la cuisine avec deux tasses de café.

— Tu devrais peut-être te reposer aussi, dit-il.

Elle haussa les épaules.

— Je préfère boire un café. Sinon, je ne pourrai pas dormir ce soir.

Elle but une gorgée en fermant les yeux, avec un petit soupir appréciateur qui donna des idées lascives à Darius.

— Je suis sûr que nous trouverons à nous distraire quand Nina sera couchée, dit-il sans réfléchir, en contredisant tout ce qu'il s'était promis de faire durant les deux semaines précédentes.

Celine ouvrit des yeux ronds, manifestement sensible à ce sous-entendu sexuel. Un silence tendu s'établit entre eux.

Ils n'avaient pas reparlé du baiser. Darius était parti de bonne heure le lendemain matin, devant rentrer à São Paulo pour les entraînements. Celine n'y avait pas fait allusion non plus. Leurs textos n'avaient tourné qu'autour de l'organisation de leur séjour. Il regarda sa poitrine se soulever et s'abaisser, conscient de la faim qui l'habitait et qui lui donnait envie de l'assouvir en tendant la main pour la toucher.

Celine dévisagea Darius, le cœur battant d'une façon désordonnée tandis qu'elle attendait qu'il dise quelque chose. Mais que souhaitait-elle qu'il dise, elle n'en savait rien. Et elle ne savait que dire non plus.

Que leur baiser l'avait hantée depuis ce fameux soir ? Qu'elle rêvait qu'ils trouvent une excuse pour être de nouveau ensemble ? Non, ce genre de choses n'était pas au programme. Parce qu'elle ne pouvait pas oublier ce qui s'était passé entre eux six ans plus tôt, même si elle avait dit qu'elle était prête à aller de l'avant. Quand elle avait décidé de tourner la page, elle n'avait pas eu pour objectif de retomber dans les schémas de leur ancienne relation. Son but était toujours d'obtenir le divorce afin de trouver son homme idéal, celui qui était fait pour elle. Et même si son cœur tentait de la convaincre que Darius pouvait être la personne qu'elle cherchait, elle savait que ce n'était pas possible.

Même si elle avait pu dépasser ses blessures, elle se rendait compte en voyant son appartement de São Paulo que leurs vies n'étaient plus compatibles. Il avait bâti sa carrière là, alors qu'elle devait rester à Santarém pour aider sa sœur au refuge.

Ce baiser avait été une erreur. Une erreur délicieuse et grisante qu'elle gardait à l'esprit et qui l'emplissait de sentiments qu'elle croyait oubliés depuis longtemps. Elle réprima un soupir en réalisant qu'ils devraient en finir avec ça maintenant, pendant que Nina dormait.

— Tu veux parler ? se força-t-elle à demander.

Il plissa les paupières.

— Et toi ?

Elle eut un rire nerveux.

— Non, mais je pense que cette semaine va être compliquée si nous ne le faisons pas.

Il rit à son tour, et la tension diminua un peu. Celine sourit, se rappelant à quel point elle avait aimé son rire.

— La vie a été beaucoup moins… amusante sans toi, commença-t-elle. Ce n'est pas que je n'ai pas apprécié ma vie, ne t'y trompe pas. Elle a été formidable, s'empressa-t-elle d'ajouter, gênée de se montrer tellement sur la défensive.

— Parle-moi de ce que j'ai manqué, dit Darius d'un ton décontracté qui contrastait avec l'intensité de son regard.

— Vaste question…

Il sourit.

— Fais-moi plaisir.

Celine marqua une pause pour se projeter dans le passé, puis se lança dans le récit de son retour à Santarém, après ses études à Manaus. Elle rit en racontant à quel point Nina s'entendait bien avec Mirabel, pourtant plus âgée qu'elle.

— Nous avons l'habitude de dire qu'elle a une âme ancienne.

Darius rit, ce qui fit courir un petit frisson dans son dos.

— Je le pense aussi, même si je n'ai pas une grande expérience des enfants de cinq ans.

— Maintenant, avec le bébé de Maria et Rafael, nous allons voir comment elle se comporte en grande cousine. Pour l'instant, elle raffole de la petite Sam.

— Tu t'entends bien avec ton beau-frère ?

— Nous avons engagé Rafael quand nous avons ouvert la clinique vétérinaire, pour renflouer les caisses du refuge. Il vient d'une famille très célèbre et a hérité d'une fortune. Il a offert de nous aider, s'est beaucoup attaché à Santarém, et en parallèle Maria et lui sont tombés amoureux.

Celine baissa les yeux sur son café.

— Je m'entends très bien avec lui, mais depuis son arrivée mon rôle au refuge a bien diminué. Et je dois dire que je m'en suis assez détachée.

— Tu le regrettes ? demanda-t-il en se rapprochant d'elle.

— Non, répondit-elle au bout d'un moment, tandis que son parfum de pin et d'épices lui rappelait des souvenirs d'une époque plus simple, où ils étaient heureux l'un avec l'autre. Si tu étais resté, je pense que nous ne serions pas revenus à Santarém, ce qui n'aurait pas été plus mal.

Elle n'avait pas lancé cela comme une accusation, mais une expression blessée se peignit dans les yeux de Darius à la mention de la vie qu'ils n'avaient pas pu avoir. Il était facile de se complaire dans les déceptions du passé, pensa Celine, mais à présent ils devaient songer au présent et à ce que leur relation devait être pour qu'ils soient de bons parents.

Pour ce faire, il devait cesser de lui jeter ces regards brûlants, qui lui faisaient perdre pied. Mais au lieu de s'arracher résolument à son aura, elle demanda :

— Si tu pouvais revenir en arrière, ferais-tu un autre choix ?

— Oui, répondit-il simplement, sans développer.

Mais sa voix enrouée suffit à Celine pour comprendre la profondeur de ses regrets.

Elle retint son souffle lorsqu'il lui prit la main et entremêla leurs doigts.

— Je sais que l'on ne peut pas revenir en arrière, et je ne suggère pas que nous reprenions les choses là où nous les avons laissées. Nous avons une fille, maintenant, et ses besoins doivent passer avant tout.

Il posa la main de Celine sur son torse, la couvrant de la sienne, et sentir son cœur battre sous sa paume la fit frissonner.

— Je n'avais pas prévu de t'embrasser. Je me suis laissé emporter par le moment.

Ce moment-ci allait-il les emporter aussi ? se demanda-t-elle. Elle prit une inspiration tremblante, voulant retirer la main de la poitrine de Darius, mais sa chaleur la pénétrait délicieusement. C'était la sensation qu'elle souhaitait éprouver, l'émotion que Maria et Rafael vivaient chaque jour – mais *pas* avec Darius. Cela *ne pouvait pas* être lui, car comment pourrait-elle de nouveau lui faire confiance ?

— L'adrénaline courait fortement dans nos veines, alors je pense que nous pouvons nous pardonner cette bévue, dit-elle sans en paraître convaincue.

Elle savait intellectuellement que cela avait été une erreur, mais son cœur disait autre chose.

Darius ôta la main de la sienne, mais elle resta dans la même position, ses battements de cœur enveloppant son cerveau d'un brouillard sensuel dont elle n'était pas prête à se priver. Le souffle de Darius était régulier, mais ses yeux rivés aux siens s'assombrirent. La faim qu'elle y lut changea son sang en lave brûlante.

Il leva la main et la passa autour de son cou.

— Je ne pense pas que je réussirai un jour à me passer de toi, Cee, dit-il, la voix lourde du même désir que deux semaines auparavant.

Tout en Celine avait envie de céder, de se perdre dans cette sensation et d'oublier ses doutes. Elle ravala la boule qu'elle avait dans la gorge et dit d'une voix altérée :

— Moi non plus.

— J'ai essayé d'aller de l'avant, de trouver une autre voie possible, mais personne n'a jamais capté mon attention comme toi.

Il passa le pouce sur le lobe de son oreille, semant des étincelles de désir dans le corps de Celine et emplissant sa tête de fantasmes. Elle imagina ses lèvres sur elle, sur son cou, sur ses cuisses…

— Nous avons besoin de mettre un terme à notre histoire, répondit-elle.

Leur relation s'était terminée si brutalement. Il restait évidemment un passif à régler.

Darius ralentit sa caresse.

— Un terme ?

— Nous savons tous les deux qu'il n'est pas possible de ressusciter notre mariage, Darius. Alors il faut que nous… y mettions fin, définitivement.

Il s'immobilisa, la main sur le cou de Celine lui procurant encore de petites ondes de désir qu'elle tenta d'éteindre par la raison. Mais le vide qu'elle vit dans les yeux de Darius était si grand qu'elle regretta d'avoir prononcé ces mots. Elle leva les mains pour prendre son visage et l'attirer à elle tandis que son esprit devenait opaque – son seul souci étant d'effacer son expression blessée et de le prendre dans ses bras.

Il se raidit, puis se détendit contre elle, ses lèvres remplaçant sa main sur son cou. Elle eut la chair de poule sur les bras et les jambes alors qu'il caressait sa peau de son souffle.

— Je ne pense pas que c'est de cette manière que je vais tourner la page, marmonna-t-il, sa bouche frôlant le cou de Celine et envoyant des ondes brûlantes dans son corps.

Le monde autour d'eux s'évanouit, se résumant à ce contact entre eux. Elle tremblait de désir pour lui, rien ne pouvant pénétrer dans leur bulle.

— Darius…, dit-elle dans un souffle alors qu'il saisissait sa taille entre ses mains, la serrant fort, avant de laisser les doigts remonter vers sa poitrine.

Il grogna près de son oreille, son propre désir prenant vie. Puis, soudain, ses mains s'arrêtèrent, et les muscles de son dos se tendirent sous celles de Celine. Elle leva la tête pour le regarder, se demandant ce qui se passait.

Avant qu'elle puisse dire quoi que ce soit, il recula et lança :

— *¡ Hola ! bella durmiente.* As-tu bien dormi ?

8

Nina les avait interrompus au mauvais moment – où était-elle au contraire arrivée à point nommé ? Darius n'en était pas sûr ; il n'avait pas le recul nécessaire pour juger de ce qui s'était passé entre Celine et lui avant que leur fille entre dans le salon. Ce qu'il savait, c'était que Celine avait paru horrifiée.

Avait-elle raison de vouloir mettre un terme à leur relation ? Son esprit lui disait que oui, qu'il cherchait lui aussi un moyen de se détacher d'elle. Mais son cœur était d'un autre avis. Et il brûlait de la prendre dans ses bras, de ne plus jamais la laisser partir. Néanmoins, ce qu'il voulait importait-il ? Celine était prête à enterrer leur mariage. Une question le taraudait, cependant. Pourquoi ne cessait-elle pas de revenir vers lui ?

Après cette interruption, Celine demanda à Nina de se préparer, et ils passèrent le reste de l'après-midi à se promener sur l'avenue Paulista, s'arrêtant dans diverses boutiques, écoutant des musiciens de rue et savourant une glace délicieuse. Darius observa Celine autant que sa fille, heureux de voir dans leur regard un mélange d'émerveillement et d'excitation.

Lorsqu'ils eurent dîné et furent prêts à rentrer, Nina était si fatiguée que Darius dut la porter sur son dos. De retour chez lui, elle pouvait à peine garder les yeux ouverts, et Celine avait l'air d'être dans le même état.

— Si vous alliez vous installer dans votre chambre ? proposa-t-il.

Nous avons une semaine entière pour nous amuser, alors il n'est pas nécessaire de vouloir trop en faire le premier jour.

Il fit un câlin à Nina et l'embrassa sur le front.

— Dis bonsoir à ton papa, dit Celine en posant une main dans le dos de sa fille.

Nina se retourna et lui adressa un signe de main.

— *Buenas noches,* lança-t-elle en espagnol, ce qui le surprit agréablement.

Il émaillait parfois leurs conversations de mots empruntés à sa langue natale. Pas pour l'enseigner à Nina, mais pour lui faire comprendre qu'elle avait aussi des origines péruviennes. Pour sa part, il parlait parfaitement le portugais.

Resté seul, Darius songea de nouveau au moment qu'il avait partagé avec Celine avant que leur fille se réveille. Il avait passé les quinze jours précédents à renforcer sa résolution, se disant qu'ils ne pouvaient pas revenir en arrière. Mais il entrevoyait maintenant une manière nouvelle d'aller de l'avant, un monde plein de possibilités qu'il voulait saisir à deux mains. Désormais, Celine et lui savaient ce qu'ils voulaient dans la vie, ils avaient évolué et pouvaient revenir l'un vers l'autre sans entraves. C'était un tableau idyllique, empli d'amour, qu'il s'empressa néanmoins d'écarter.

Non, il *ne pouvait pas* retomber amoureux de sa femme. Même s'il savait qu'il ne referait jamais les mêmes erreurs, il ne voulait pas prendre le risque de mettre en danger sa relation avec sa fille. En outre, comment pourraient-ils se remettre ensemble alors que leurs vies avaient pris des directions si différentes ?

Darius s'allongea sur le canapé et déboutonna sa chemise. Il avait l'esprit trop préoccupé pour envisager de dormir, alors il resta là, les yeux rivés au plafond comme si ce dernier pouvait recéler la solution à ses problèmes.

Celine ouvrit les yeux en poussant un soupir exaspéré. Elle consulta son téléphone et vit qu'elle avait passé deux heures et demie à essayer en vain de dormir. Ses pensées l'obsédaient, et son cœur s'emballait quand elle pensait à la journée que Darius, Nina et elle avaient partagée.

Elle avait rarement vu sa fille aussi heureuse que ce jour-là. Ayant grandi à Santarém, entourée toujours des mêmes personnes, Nina avait été surexcitée de découvrir la ville immense qu'était São Paulo. Elle n'avait cessé de montrer du doigt tout ce qui était nouveau pour elle, et de poser mille questions à son père trop heureux de lui répondre.

À les observer ensemble, Celine avait senti son cœur se serrer. D'une certaine manière, ils étaient devenus la famille dont elle avait rêvé. Mais il y manquait quelque chose, un élément crucial dont elle avait besoin pour compléter ce tableau : la personne spéciale qui la comblerait totalement. Celle qu'elle avait cru trouver en Darius lorsqu'ils s'étaient rencontrés.

Sans bruit, pour ne pas réveiller sa fille, elle se leva et gagna la porte qu'elle ouvrit et referma derrière elle avec précaution. Elle dut battre des cils plusieurs fois pour s'ajuster à la pénombre du salon, éclairé par les lumières de la ville qui filtraient par de grandes baies. Dehors, le ciel était mauve, la lumière des étoiles estompée par l'éclat de la grande cité où vivaient des millions de personnes.

La journée lui avait montré la séduction de la vie citadine, avec tout ce qu'elle pouvait vouloir à portée de main, et elle avait joué avec l'idée de venir s'installer là. Plus près de Darius.

Un frisson la parcourut, et lorsqu'elle se détourna du panorama… son regard rencontra celui de Darius. Il était assis sur le canapé, la chemise déboutonnée. Elle baissa les yeux, admirant son torse musclé, ses doigts la démangeant alors qu'elle s'imaginait explorer en détail tous ces superbes replats.

— Il est tard, dit-il. Tu ne dors pas ?

Il se redressa, lui offrant une vue encore meilleure de son beau corps viril. La bouche de Celine s'assécha, et elle se sentit devenir moite de désir.

— Je n'arrive pas à trouver le sommeil, répondit-elle.

Son souffle se coinça dans sa gorge lorsqu'il se leva avec souplesse, lui rappelant les chats sauvages que Maria recueillait parfois au refuge. Il lui parut aussi impressionnant que ces félins quand il marcha jusqu'à elle. Tandis qu'il la parcourait de ses yeux bruns, sa peau la picota.

— Qu'est-ce qui t'en empêche ? demanda-t-il.

Celine appréciait vraiment beaucoup ce qu'elle voyait, mais son regard descendit plus bas que ses pectoraux et son abdomen pour suivre la fine ligne de poils noirs qui disparaissait sous sa ceinture.

Darius s'arrêta devant elle, la forçant à relever la tête pour le regarder. Dans ses yeux couvait un feu qu'elle avait vu plus tôt dans la journée, quand elle lui avait dit qu'ils devaient mettre un terme à leur relation. Ce qui se passait là était exactement le contraire, mais elle ne pouvait pas lutter contre l'attirance qu'elle ressentait. Et n'en avait pas envie.

— Toi, répondit-elle dans un souffle, tout en sachant qu'elle n'aurait pas dû dire ça, car cet aveu attisa encore plus les flammes qu'elle voyait danser dans ses prunelles.

Il tendit la main vers elle, effleurant du bout des doigts son épaule nue et sa poitrine. La pointe dressée de ses seins soulevait déjà l'étoffe soyeuse de sa nuisette. Elle prit une vive inspiration lorsqu'il passa les doigts sur ses tétons durcis, très légèrement, mais elle eut l'impression d'un feu qui explosa en elle.

— C'est drôle, dit-il en baissant la tête pour amener ses lèvres tout près de son oreille. Tu me tenais éveillé aussi.

— Ah oui ?

Elle posa ses mains, que son esprit ne contrôlait plus, sur son torse nu et sentit ses muscles réagir à son contact. Puis elle fit glisser sa chemise le long de ses bras et noua les doigts derrière sa nuque.

Darius rit doucement et acheva de quitter la chemise qui glissa par terre. Tout de suite après, il reposa les mains sur Celine, l'une au creux de ses reins pour la rapprocher de lui et l'autre à l'arrière de sa tête pour amener son visage vers le sien.

Il frôla ses lèvres des siennes en un doux baiser qui suffit à l'enflammer, tandis que des frissons lui passaient dans le dos. Elle crispa les doigts sur ses épaules, et gémit lorsqu'il s'écarta légèrement.

— Je ne peux pas te résister, Celine, chuchota-t-il contre sa bouche, le souffle haché. J'ai essayé pendant des semaines d'oublier ce que tu signifies pour moi. D'ignorer ce que je ressens quand je te vois. Mais je n'y parviens pas.

— Darius...

Les paupières de Celine se fermèrent lorsqu'il l'embrassa de nouveau, la douceur remplacée par une urgence qui montrait bien la retenue qu'il s'était imposée auparavant, comme elle l'avait fait de son côté.

Il plongea la langue dans sa bouche et approfondit leur baiser, son odeur, son contact et l'intense chaleur qu'il dégageait privant Celine de toute pensée claire. Elle ne pouvait se focaliser que sur la tension qui grandissait au cœur d'elle, sur les flammes qui semblaient lui lécher les cuisses, tandis que son désir pour Darius se faisait de plus en plus vif.

— Dis oui, *amor*, murmura-t-il en lui mordillant le lobe de l'oreille. Dis oui à moi, à nous. Si les dernières semaines m'ont appris quelque chose, c'est que toi et moi, nous sommes faits pour être ensemble.

Celine relâcha un souffle tremblant. Les sensations qu'il lui faisait éprouver l'empêchaient de penser correctement. Elle devrait dire non, songea-t-elle. Leur relation n'était pas à ressusciter. Son cœur avait à peine guéri, et le choc de le revoir alors qu'elle ne s'y était pas attendue avait rouvert ses blessures. En outre, elle avait perdu confiance en lui, même s'il avait fait amende honorable et si elle avait compris pourquoi il n'était pas revenu.

— Dis oui, Celine, insista-t-il. Je te promets que je ne te ferai plus jamais souffrir.

De nouveau, il fit glisser la bouche sur la sienne, en un baiser très doux qui fit exploser de petits feux d'artifice sous sa peau. Et un brasier s'alluma en elle lorsqu'il lui caressa les cuisses sous sa nuisette.

Elle renversa la tête en arrière lorsqu'il sema une traînée de baisers brûlants sur sa gorge et sur sa poitrine, tandis que ses doigts remontaient lentement vers son sexe humide. Ses mains à elle allaient et venaient frénétiquement dans son dos ; elle était traversée d'ondes d'impatience et de désir.

Elle frémit quand les doigts de Darius effleurèrent la dentelle de son string, et ce fut le moment où elle craqua complètement, submergée par l'envie et le besoin d'être avec cet homme.

Il n'y avait plus de place pour la logique ou les arguments. Il n'y avait que la passion qui les unissait.

— Oui, dit-elle dans un souffle, ce mot restant suspendu entre eux.

Les mains de Darius s'immobilisèrent, et sa bouche remonta vers le visage de Celine. Son regard sombre plongea dans le sien, puis ses lèvres esquissèrent un sourire si beau et si sincère qu'elle ne put plus respirer. Elle noua les jambes autour de sa taille pour garder son équilibre et, les mains sous ses fesses, il l'emmena dans sa chambre.

Oui ! Un sentiment de triomphe parcourut le corps de Darius, tandis que la syllabe prononcée par Celine faisait de son désir une réalité. Si elle lui avait dit non, il aurait tourné les talons et se serait éloigné. Mais il réalisait à présent qu'il était bien trop engagé et qu'il n'y avait pas d'autre issue possible : il *voulait* être avec sa femme. Pas seulement au lit, pas seulement pour une nuit ou une semaine, mais pour de bon.

Pour la première fois depuis des années, il avait le cœur léger et pouvait respirer facilement. Cela grâce à la femme qui le ceignait de ses jambes et dont il pouvait sentir le désir à sa moiteur. Une sensation qui durcit encore son érection.

Il la déposa sur son lit et la contempla, étendue sur ses draps.

— Tu es magnifique, chuchota-t-il.

Elle se redressa sur son séant, les yeux étincelants de désir, et lui dit d'une voix sourde, pleine de promesses qui le transportèrent :

— Reste où tu es.

Elle s'avança pour promener les mains sur son torse nu, puis les fit descendre peu à peu en dessinant des cercles qui semaient une traînée de feu sur sa peau. Il émit un grognement de désir tandis qu'elle glissait les doigts sous sa ceinture. Il ferma les yeux en sentant son souffle l'effleurer, puis un frisson le parcourut lorsqu'elle pressa les lèvres juste au-dessous de son nombril. Ensuite, elle défit le bouton de son pantalon et l'en débarrassa, ce qui soulagea son sexe durci. Mais tout de suite après il éprouva un plaisir presque douloureux quand elle passa la main sur lui à travers son boxer.

— Celine...

Il posa les mains sur ses épaules, pressant les doigts sur sa chair tandis qu'elle achevait de le dévêtir. Il frémit lorsqu'elle prit son sexe entre ses doigts et se mit à le caresser lentement. Chacun de ses gestes lui faisait l'effet d'une torture exquise qu'il n'avait pas ressentie depuis longtemps.

C'était presque trop. Ses muscles étaient si tendus qu'il se dit qu'il allait exploser s'il ne jouissait pas bientôt. Et il songea à son bonheur d'avoir une seconde chance, d'avoir l'occasion de se racheter – ce qu'il n'avait pas osé espérer depuis qu'il était revenu dans la vie de Celine.

Ils allaient former la famille dont ils avaient toujours rêvé.

Puis ses lèvres chaudes se refermèrent sur lui, et son esprit se vida tandis qu'il s'abandonnait au plaisir fou qu'elle lui procurait.

Celine ferma les yeux en prenant dans sa bouche la verge de Darius, savourant le grognement qui tomba de ses lèvres. Soudain, il passa les mains dans son dos, attrapa le bas de sa nuisette et la força à s'écarter de lui pour la lui ôter. Lorsqu'elle voulut reprendre ses caresses, il recula pour s'agenouiller devant elle.

Elle baissa les yeux sur lui, et la passion qu'elle lut dans ses yeux lui coupa le souffle. À l'idée de ce qui allait se passer, elle sentit son sexe brûlant se contracter.

Darius eut un grand sourire, avec une expression espiègle qu'elle ne connaissait que trop bien.

— À mon tour, dit-il d'une voix enrouée qui accentua la tension de Celine.

Il la débarrassa de son string, puis cala ses jambes sur ses épaules. Alors il prit son temps, embrassant l'intérieur de ses genoux et remontant lentement le long de ses cuisses. Pendant ce temps Celine poussait les hanches en avant, ne pouvant dominer les pulsions de son corps. Elle voulait sentir sa langue à l'endroit exact où elle éprouvait depuis des semaines ce violent désir de lui.

Darius rit contre sa peau, lui donnant la chair de poule.

— Sois patiente, *amor*, murmura-t-il en levant une main pour lui caresser le ventre. Nous avons le reste de notre vie devant nous.

Le reste de leur vie... L'avaient-ils vraiment ?

Cette pensée s'insinua dans la brume de volupté que les caresses de Darius suscitaient en Celine, la ramenant en un endroit où elle n'avait alors pas envie d'être. Elle n'avait pas dit oui pour toujours à eux deux, à leur couple, et Darius le savait. Il n'y avait plus de « pour toujours », pour eux. Sinon, il ne serait pas parti six ans plus tôt. Non, elle avait dit oui à ce moment, à une nuit pour oublier son cœur lourd et ses blessures, pour être avec l'homme qu'elle désirait depuis qu'il était réapparu à sa porte.

Penser au lendemain pouvait attendre l'aube, se dit-elle. Après quoi son esprit se vida de toute pensée, tandis que son attention se fixait là où la langue de Darius la caressait.

— Oh ! *Deus...*

Le souffle court, un brasier la dévorant, elle pria pour que ce plaisir ne s'arrête jamais. Car à chaque coup de langue elle approchait un peu plus du précipice, devenait plus vivante qu'elle ne l'avait été depuis longtemps. C'était comme si le monde avait perdu ses couleurs quand Darius était parti, et qu'elle le voyait maintenant en technicolor.

— Tu es si délicieuse, murmura-t-il contre sa cuisse. Tu es prête à aller plus loin ?

Une gerbe de sensations fusa en elle quand il joignit les doigts à sa langue, et elle lança ses bras en arrière. Elle chercha à attraper un oreiller, pour enfouir le visage dedans avant que Darius la fasse…

Elle réussit à s'en emparer et le plaqua sur sa figure, tandis que la jouissance la submergeait avec une telle intensité que l'oreiller ne suffit pas à étouffer son cri.

Darius continua à la caresser après son orgasme, et lorsqu'elle osa enfin ôter l'oreiller pour respirer, il se tenait debout devant elle avec un sourire malicieux qui lui serra le cœur.

— Tu m'as manqué, dit-elle,

Le sourire de Darius s'adoucit, et l'expression de ses yeux la bouleversa. Elle avait au bord des lèvres les mots traîtres qu'elle avait dits si souvent et qu'elle avait envie de crier de nouveau, mais elle savait qu'elle ne le pouvait pas.

Pas alors qu'elle sentait encore les cicatrices douloureuses laissées par son départ.

Pas alors qu'il y avait de tels enjeux entre eux.

Cette nuit était tout ce qu'ils auraient.

Ce moment était si parfait que Darius ne voulait pas qu'il se termine, jamais. Debout devant Celine, il buvait des yeux sa splendide nudité.

Elle lui avait manqué aussi, c'était devenu très clair pour lui au cours des dernières semaines. Et lorsqu'il se mit au lit avec elle, il se rendit compte qu'il n'avait jamais cessé de l'aimer. Qu'à travers toutes ces années, une part de son cœur était restée fidèle aux promesses qu'ils s'étaient faites six ans plus tôt.

Il l'attira dans ses bras et posa sur ses lèvres un baiser empli de passion. Peu après, elle le fit rouler sur le dos et l'enfourcha. Avant d'aller plus loin, il prit dans le tiroir de sa table de nuit un préservatif qu'il enfila. Celine le regarda faire avec un regard affamé, puis se pencha vers lui pour l'embrasser.

Il eut l'impression de voir des étoiles lorsqu'il s'enfonça dans sa chaleur humide ; elle était exactement la même que dans son souvenir, tout en lui semblant différente. C'était à la fois étrange et merveilleux. Elle faufila la langue dans sa bouche, ses gémissements de plaisir emplissant ses oreilles tandis qu'il se laissait guider par elle.

Leurs souffles se mêlèrent lors d'un autre baiser, et Darius se redressa pour l'enlacer. Il glissa une main entre eux afin de caresser son clitoris tout en continuant ses assauts.

La respiration de Celine se fit plus irrégulière, elle pressait les seins contre son torse. Lorsqu'il baissa la tête pour prendre un téton dans sa bouche et le sucer, elle émit une plainte sourde.

— Darius, je t'en prie..., gémit-elle, crispant les doigts sur ses épaules. S'il te plaît, s'il te plaît, je suis si près...

L'attrapant par la taille, il l'ôta de lui, l'allongea sur le ventre et sourit quand il la vit tendre les mains vers l'oreiller. Sa poitrine se soulevait et s'abaissait rapidement, et lorsqu'il la pénétra de nouveau il sut que son orgasme n'était pas loin. Le sien non plus, mais il ne put résister à l'envie de caresser un moment son dos aux muscles fermes et lisses. Il songea que son travail de vétérinaire de campagne était exigeant, physiquement, et il se dit qu'il aimerait la décharger en partie de ce fardeau.

Comment feraient-ils, il n'en était pas sûr, mais il savait qu'il remuerait ciel et terre pour que les choses marchent avec elle, cette fois.

— Darius !

Sa voix était un mélange de supplication et de demande impérieuse, et il lui obéit avec plaisir. Leurs hanches se mirent à bouger au même rythme, Celine se pressant contre sa main dans un effort frénétique pour atteindre le comble de la jouissance.

Il entendit son long gémissement étouffé par l'oreiller en même temps qu'il la sentit trembler autour de lui. Il jouit à son tour, magnifiquement. Un moment plus tard, il se dégagea d'elle pour la prendre dans ses bras et la serrer contre lui. Il posa un baiser sur sa nuque, humant dans ses cheveux une bouffée de son parfum.

Cet instant était d'une perfection absolue, songea-t-il en fermant les yeux, heureux.

9

Le reste de la semaine à São Paulo passa en un éclair, et durant ce laps de temps Darius réussit à créer l'image d'une vie de famille harmonieuse à laquelle Celine souhaitait si désespérément croire. Tout ce qu'elle avait toujours désiré trouver dans son mariage avec lui était là – les journées passées avec leur fille, les nuits dans les bras l'un de l'autre, le tout empli de joie et de rires. Mais elle savait que ce n'était pas réel. Parce que même si elle aimait être avec Darius, si elle adorait qu'il la touche, elle retenait son souffle dans l'attente que la douleur la rattrape. Et elle ne pouvait ignorer ce danger.

Elle n'était pas détendue, du moins pas complètement, se préparant sans cesse à voir mourir le tourbillon qui ravivait leur attirance réciproque. Attirance, pas amour. Elle se le rappelait chaque fois qu'elle s'endormait dans ses bras, savourant sa chaleur au point qu'elle pouvait presque imaginer une vie avec lui.

Leurs vies étaient différentes, les voies qu'ils avaient prises aussi. Comment pourrait-elle laisser derrière elle Maria et le refuge, alors qu'elle devait tant à sa sœur ? Elle n'était pas libre de quitter Santarém, qu'elle en ait envie ou non.

Rien dans cette semaine n'avait été ancré dans la réalité, et ils devraient en parler. Une gageure, étant donné que Darius l'attirait dans ses bras dès qu'ils étaient seuls, empêchant tout dialogue. Ils ne voulaient pas troubler le fragile équilibre qu'ils avaient créé et étaient d'accord sur un point : ils n'auraient pas de gestes trahissant leur intimité devant Nina.

— Ton sac est prêt ? demanda Celine à sa fille.

Elles étaient assises à la table de la salle à manger, devant le plantureux petit déjeuner que Darius leur avait préparé pour leur dernier matin à São Paulo. Leur avion partirait cet après-midi-là pour Manaus, et de là elles prendraient un autre vol pour Santarém.

Nina hocha la tête, mordant dans un churro couvert de sucre glace.

— On doit vraiment partir ? demanda-t-elle avec une tristesse qui serra le cœur de Celine.

— Tu sais que je dois travailler, *filha*. Mais nous reviendrons bientôt, et papa viendra nous voir, aussi.

Elle était triste aussi à l'idée de rentrer chez elle, de mettre fin à cette semaine parfaite pour retourner à sa vie d'avant – même si elle savait que c'était la seule solution. Rien ne l'amenait à croire que cette fois serait différente. Darius et elle étaient peut-être toujours sexuellement compatibles, mais ce qui s'était passé six ans plus tôt montrait qu'ils n'étaient pas faits l'un pour l'autre. L'attirance qui les liait ne suffirait pas à faire durer leur relation.

— Tu n'as pas quelque chose à demander avant qu'on parte, chérie ? Rappelle-toi ce que tu m'as dit hier soir.

— Ah oui ! fit Nina en regardant Darius. Est-ce que je peux t'appeler papa, comme le fait maman ?

— Si tu peux… ?

La voix de Darius s'éteignit. Il ouvrit de grands yeux ronds, visiblement sous le choc de cette question. Puis il se ressaisit, mais il avait le regard embué.

— Oui, bien sûr, *princesa*. J'adorerais que tu le fasses.

— D'accord ! Alors papa, est-ce que tu viendras au défilé de chiens le week-end prochain ?

— Le défilé de chiens ?

— C'est le refuge de *tia* Maria qui l'organise pour tous les chiens de Santarém. Ils concourent pour des prix, et on peut les caresser, expliqua Nina, les yeux brillants.

Bien qu'elle soit souvent entourée d'animaux exotiques et parfois rares, c'était les chiens qu'elle préférait.

— C'est un événement à Santarém, ajouta Celine qui n'aurait peut-être pas invité Darius, mais qui se voyait maintenant contrainte de le faire. Tu devrais venir, si ton emploi du temps le permet. Je sais que c'est loin, mais c'est un peu une tradition familiale d'y assister.

En vérité, même si elle souhaitait que Nina voie souvent son père, elle avait espéré pouvoir faire une pause pour réfléchir à eux deux.

« Dis oui à moi, à nous. » Ces paroles résonnaient encore dans sa tête, avec le son rauque de la voix de Darius qui l'avait implorée comme si sa vie en dépendait. Mais avaient-ils bien conscience tous les deux de ce que cela impliquait ? Elle n'en était pas sûre. Il ne pouvait pas penser qu'ils allaient recommencer, si ?

— J'adorerais venir, répondit Darius avec un grand sourire destiné à Nina, mais qui troubla Celine.

Nina sourit jusqu'aux oreilles, tout excitée. Le cœur de sa mère se serra. Elle ne gâcherait pas la relation entre le père et la fille en entamant une histoire avec Darius. Ce qui s'était passé ici, à São Paulo, devrait y rester. Elle n'emporterait avec elle que le souvenir de ses caresses.

Celine n'avait pas exagéré en disant que le concours de chiens était un événement à Santarém. Darius était assis sur un banc où Maria et Celine l'avaient relégué pour qu'il ne gêne pas leurs préparatifs.

— Ah ! je vois que vous avez été exilé aussi. Bienvenue au club, dit une voix masculine.

Darius se tourna et vit un homme dont le visage lui parut familier.

— Vous êtes le mari de Maria ? demanda-t-il.

L'homme rit en lui tendant la main.

— J'étais Rafael Pedro, avant, mais maintenant je suis « le mari de Maria ».

— Darius Delgado.

Rafael hocha la tête, sachant visiblement qui il était.

— Ma réputation me précède ? fit Darius avec un sourire ironique.

Rafael rit de nouveau.

— Ne vous inquiétez pas, ce n'est probablement pas aussi grave que vous le craignez. Mais les deux sœurs sont proches, c'est certain, et elles doivent parler.

Darius soupira, un poids sur la poitrine comme toute la semaine précédente. La communication avec Celine avait été maigre, leurs échanges tournant autour de sa visite à Santarém. Il savait qu'avant qu'il rentre à São Paulo le lendemain, ils devraient discuter d'un planning. Ils avaient eu de la chance qu'il ait été libre au cours des semaines qui venaient de s'écouler, mais à présent que l'équipe de foot avait repris ses entraînements, il ne serait plus aussi disponible.

Néanmoins, au lieu de parler de vols et de week-ends, ce que Darius souhaitait faire, c'était demander à Celine de venir vivre à São Paulo avec lui. D'emménager avec lui, de reprendre la vie qu'ils avaient menée au cours de cette semaine idyllique. Le temps qu'ils avaient passé ensemble avait été un aperçu de l'avenir qu'ils pourraient avoir.

— Alors c'est ici qu'elles bannissent les maris encombrants ? demanda-t-il d'un ton badin.

— Oui. Mais comme d'habitude, ce concours est une idée de Maria, et la pauvre Celine est obligée de suivre.

— La pauvre Celine ? releva Darius, aux aguets.

Rafael haussa les épaules.

— Le refuge est la passion de Maria depuis toujours, mais ce n'est pas la même chose pour Celine. Elle se contente de laisser sa sœur prendre les décisions et de vaquer à son travail avec les fermiers, expliqua-t-il en regardant du côté des deux femmes qui arrangeaient les prix sur une table – des sacs de croquettes pour chiens et un monceau de jouets.

Darius émit un petit grognement.

— Celine n'est pas venue ici de son propre chef, mais par nécessité, dit-il d'un ton un peu trop bourru.

— Oui, confirma Rafael. Elle avait... besoin d'être aidée, et à l'époque ses parents, son frère et Maria se sont montrés prêts à la soutenir. Je pense que cela a instillé en elle le sentiment d'être redevable envers sa sœur, et l'obligation de lui être loyale. Quant à Maria, elle s'appuie de moins en moins sur Celine pour gérer le refuge, mais elle continue à l'impliquer pour ne pas lui donner l'impression qu'elle l'écarte parce que je suis arrivé.

Rafael fit un signe de la main vers les deux sœurs. Maria essayait maintenant de pousser Alexandre à se lancer dans la course d'obstacles qu'elles avaient organisée. Nina et Mirabel étaient avec elle et riaient aux éclats en tapant dans leurs mains. Celine, elle, se tenait en arrière, les bras croisés.

— Elle n'a pas envie de participer, conclut Darius, mais elle pense qu'elle ne peut pas refuser parce qu'elle a une dette envers Maria.

Qu'est-ce que cela signifiait pour eux ? se demanda-t-il. Envisagerait-elle de partir ? Il tourna la tête vers Rafael et plongea le regard dans ses yeux noisette.

— Quel est votre point de vue, Rafael ?

Ce dernier fronça les sourcils.

— À mon avis, elles sont prisonnières de cette situation, chacune pensant qu'elle fait ce que souhaite sa sœur. Et elles ne voient pas le moyen d'en sortir. Il faudrait que quelqu'un leur offre une autre option.

Une autre option ? Comme venir à São Paulo avec lui ?

— Je ne sais pas si l'option que j'ai à lui proposer est ce qu'elle veut, dit Darius, anxieux à l'idée que Celine la rejette.

Pourtant, ne lui avait-elle pas dit oui ? Il lui avait demandé de les choisir et chaque nuit elle s'était retrouvée dans sa chambre, dans son lit, dans ses bras.

Rafael haussa de nouveau les épaules.

— J'ai mon idée là-dessus, mais Celine est la seule à pouvoir vous le dire. Toutefois, il faut au moins qu'elle soit au courant que cette option existe.

Les yeux de Darius s'arrondirent. Qu'elle soit au courant ? Il savait maintenant de quoi il devait discuter avec elle. Il devait lui dire ce qu'il éprouvait, lui expliquer que son amour pour elle n'avait jamais cessé, qu'il avait simplement été en sommeil, attendant le bon moment pour se réveiller.

Le choix appartenait à Celine – encore fallait-il qu'elle sache que ce choix existait.

Les participants au concours canin étaient beaucoup plus nombreux que les autres années. Celine estimait que cela avait en grande partie à voir avec le succès d'une vidéo montrant Maria qui soignait un bébé ocelot et Rafael qui sauvait une chatte et ses petits. Une vidéo qu'elle avait réalisée. Les réseaux sociaux s'étaient emballés à propos de leur refuge, et elle en était contente, car plus de monde intéressé signifiait plus de dons, mais elle n'était pas du genre à se mettre en avant. Alors, au lieu de rester avec Maria et de se mêler aux habitants de Santarém, elle avait choisi de rester en marge du spectacle et d'observer – ce qu'elle faisait de plus en plus souvent depuis l'arrivée de Rafael qui avait pris en charge la clinique vétérinaire.

Elle avait particulièrement aimé voir Darius et Nina ensemble. Cette dernière avait pris son père par la main et l'avait entraîné d'un chien à l'autre, lui racontant leur histoire et lui déclinant leur pedigree. Darius l'avait écoutée avec patience et lui avait posé des questions, caressant les animaux pour lui faire plaisir.

À présent, il se trouvait à quelques pas d'elle, Nina sur les épaules, et le tableau qu'ils formaient fit naître en elle une folle aspiration. Elle sentit poindre dans sa poitrine le vif désir d'avoir sa propre famille. Un désir qui pourrait devenir réalité, si elle l'osait. Mais après huit jours de séparation, la semaine qu'ils avaient passée ensemble lui apparaissait comme un rêve. Serait-il possible de vivre la même chose à long terme, alors que leurs vies étaient si éloignées ? Celine en doutait. Et sa place était ici, avec sa sœur. En outre, pourrait-elle se fier à Darius pour traiter son cœur avec plus de soin, cette fois-ci ? Elle n'en était pas sûre.

Une boule grossissant dans la gorge, elle se dirigea vers lui. Il fallait qu'ils parlent. Le sourire qu'il lui offrit quand elle s'arrêta près de lui faillit briser sa résolution.

— Vous vous amusez, tous les deux ? demanda-t-elle.

Elle sourit quand Nina hocha la tête avec vigueur.

Ils regardèrent un moment le spectacle en silence, puis Celine posa la question qui la taraudait :

— Tu seras là pour dîner ? Je pense que nous devrions parler.

Darius lui lança un coup d'œil de côté.

— J'allais te dire la même chose.

Il ne restait plus à Celine qu'à attendre ce moment qu'elle redoutait, elle qui était incapable de savoir ce qu'elle souhaitait vraiment.

10

Vers la fin de l'après-midi, un incident se produisit. Un chien se blessa gravement à la patte en franchissant un obstacle. Celine offrit d'aller le soigner à la clinique pour que Rafael puisse rester avec Maria, qui devait remettre le concours sur ses rails.

Plus tard, Darius rentra à la maison avec Nina et décida de dîner avec sa fille, comme Celine n'était toujours pas revenue. Puis il la coucha et revint se poster à la fenêtre de la cuisine, regardant la clinique où de la lumière brillait encore.

Il avait les nerfs tendus à craquer, et son cœur battait dans sa gorge tandis qu'il se répétait les mots qu'il voulait lui dire ce soir-là. Des mots qu'il avait prononcés tant d'années auparavant, qu'il avait répétés maintes fois avant qu'ils se marient.

Un noyau de peur l'habitait depuis le matin, et là il grossissait de minute en minute. Celine avait demandé à lui parler, mais rien dans son expression ne lui avait indiqué si elle voulait discuter de la même chose que lui.

Ils ne s'étaient pas encore mis d'accord sur la fréquence de ses visites à Santarém, n'avaient pas décidé si Nina pourrait aller le voir seule à São Paulo. Mais ils n'avaient pas parlé non plus de ce qui s'était passé entre eux – du fait qu'ils avaient dormi ensemble chaque nuit durant le séjour de Celine chez lui. Elle avait parlé de mettre un terme à leur relation ; il lui avait demandé de le choisir, de les choisir, eux, et il avait été sérieux. Il ne s'était pas agi de paroles en l'air visant seulement à la mettre dans son lit.

Il était toujours amoureux de sa femme, et ce soir-là il allait le lui dire.

Quand la lumière s'éteignit à la clinique, il redressa le dos et retint son souffle lorsqu'il vit une silhouette sortir du bâtiment pour se diriger vers la maison. Un instant plus tard, Celine entra, paraissant fatiguée.

Elle le regarda, ouvrant de grands yeux.

— Tu m'as attendue ?

Il fronça les sourcils devant son étonnement.

— J'ai pensé que je ne devais pas laisser Nina dormir seule.

Le regard de Celine parcourut vivement la cuisine et la salle de séjour.

— Il n'y avait personne avec vous ?

Son ton coupant frappa Darius droit au cœur, lui causant une douleur physique. Après ces dernières semaines, après ce qui s'était passé entre eux à São Paulo, elle ne lui faisait toujours pas confiance ?

— Bien sûr que non. C'est mon enfant, Celine.

La blessure entraînée par sa question se retrouva dans son intonation, sourde et bourrue.

Celine crispa la mâchoire et fronça fortement les sourcils en relevant les yeux vers lui.

— Je l'avais laissée avec Maria pour une raison.

— Ta sœur avait fort à faire pour remettre le concours en route, alors elle m'a confié *ma fille* pour que je la ramène à la maison.

Darius ne pouvait croire ce qu'il entendait de la bouche de Celine. Que devait-il faire de plus pour lui prouver qu'il était sincère en disant qu'il voulait faire partie de la vie de sa fille, et qu'il ne laisserait jamais rien lui arriver ?

— Je t'ai dit que je n'étais pas à l'aise à l'idée de te laisser seul avec elle, pour le moment. Et tu ne respectes pas cette simple demande ?

Elle lâcha un rire amer, désagréable. Darius la reconnaissait à peine.

— Oh ! c'est vrai, tu ne prends pas les promesses trop au sérieux. Je n'aurais pas dû l'oublier.

L'estomac de Darius se noua, la douleur qui le lançait s'intensifia, prouvant que les paroles de Celine avaient fait mouche. Sa pique le toucha là où elle savait que cela lui ferait le plus mal. Il fut pris de l'envie de tourner les talons et de partir avant de dire quelque chose de désagréable. Mais il ferma les yeux, inspira profondément et choisit de lui répondre.

Il n'était plus l'homme qui avait rejeté sa femme, quoi qu'elle lui dise. Mais l'espoir qui avait grandi chaque fois qu'elle était venue le rejoindre dans sa chambre, à São Paulo, se brisa sous l'effet de ses mots cruels.

— Celine, il s'est agi d'une urgence. Tu devrais être la première à savoir ce que c'est. Je n'ai pas pris Nina avec moi pour te contrarier, mais parce que Maria avait besoin de s'en libérer – et que *je suis son père.*

Il avait la voix rauque sous l'effet de la blessure qu'elle lui avait infligée. Mais à voir la façon dont Celine croisait les bras sur sa poitrine, il était clair qu'elle ne voyait pas les choses comme lui. Comment était-il censé avoir avec elle la conversation qu'il avait préparée dans sa tête ? L'appréhension qui l'habitait lui coupa presque le souffle.

Si elle ne lui faisait pas confiance pour lui confier leur fille, quelles étaient les chances qu'elle accepte de le reconsidérer comme mari ? Darius savait qu'il devait lui exposer sa demande, même s'il voyait ses plans pour leur avenir ensemble s'effondrer sous ses yeux. S'il ne le faisait pas, il le regretterait.

Il fit deux pas en avant pour se rapprocher d'elle.

— Dès que tu m'as parlé de Nina, ma vie a changé pour toujours. Un endroit dans mon cœur s'est déverrouillé, s'emplissant de joie et de crainte tandis qu'à cet instant je devenais père – et que j'étais désormais responsable de sa vie, de son bien-être et de son bonheur.

Il porta une main à son cœur.

— Même avec cinq ans de retard, tu n'aurais pas pu me faire un plus grand cadeau, Cee.

Celine entrouvrit les lèvres pour intervenir – pour protester, à en juger par l'animosité qu'il pouvoir voir dans ses yeux – mais Darius continua.

— Je sais que je t'ai fait du mal, et je ne peux rien y changer. Mais je t'ai montré à chaque occasion, durant ces dernières semaines, que je ne suis *plus* le même homme. J'ai appris de mes erreurs et je ne les laisserai plus se mettre en travers de mon chemin.

Il prit une grande inspiration, se préparant à dire la chose qu'il avait à dire pour tout mettre sur la table – et ensuite la balle serait dans le camp de Celine.

— Celine...

Sa voix était enrouée par le mélange de joie et de souffrance qui formait un cocktail mortel dans son cœur.

— Je t'aime. Que dois-je faire d'autre pour te prouver que j'ai changé – que je suis digne de ta confiance ?

Les yeux de Celine s'arrondirent, les paroles de Darius chassant l'air de ses poumons. Les mots qu'elle avait redoutés – et brûlé d'entendre quand elle était en sécurité dans ses rêves – avaient franchi ses lèvres et flottaient maintenant entre eux. Avec la question qu'elle avait eu trop peur de considérer jusque-là.

Une part d'elle savait que sa réaction vis-à-vis de lui et de Nina était excessive, qu'elle provenait du farouche instinct protecteur qu'elle ressentait envers sa fille. Elle faisait ce qu'elle avait à faire pour protéger Nina, pour s'assurer qu'elle ne viendrait pas à regretter le retour de Darius dans sa vie, que ce retour ne lui causerait pas de chagrin. Et si elle devait être celle qui en souffrirait, elle voulait bien payer ce prix-là.

— Je ne peux pas te faire confiance, Darius. Je ne peux pas t'aimer, pas après tout ce qui s'est passé, déclara-t-elle, la voix tremblant de la douleur que ses propres mots lui infligeaient.

— Pourquoi ?

Le visage défait de Darius eut presque raison d'elle, et elle chassa vivement les larmes qui menaçaient de couler.

— Parce que tu m'as abandonnée quand j'avais le plus besoin de toi. Même si tes raisons étaient nobles, cela n'efface pas les cicatrices que tes actions ont laissées sur moi.

Elle avait la lèvre inférieure qui tremblait tandis qu'elle luttait pour garder une voix ferme.

— Revenir et me prouver que je peux compter sur toi quand les choses sont faciles n'est pas suffisant pour me montrer que tu as changé.

Les mots avaient un goût amer dans sa bouche alors qu'elle s'interrogeait sur la valeur de ses arguments. Elle pensait ce qu'elle disait, mais ses paroles venaient d'un endroit où elle était blessée et apeurée – un endroit d'où elle ne devrait pas prendre de décisions définitives. Ses blessures et sa peur étaient pourtant tout ce qu'il y avait à l'intérieur d'elle à cet instant-là, et elles y brûlaient comme un brasier tandis que la déclaration d'amour de Darius se propageait par vagues à travers son corps.

— Pour te prouver que j'ai changé, il faut que je te trouve en difficulté ? demanda Darius, incrédule.

Elle ravala le nœud dans sa gorge avant de s'obliger à répondre :

— Tu ne peux rien faire pour m'amener à changer d'avis.

Le silence s'étira entre eux, et une part de Celine pria pour qu'il s'en aille – comme il était parti six ans plus tôt. Elle voulait se rouler en boule et laisser la souffrance de ce moment se décanter.

« Je t'aime. » Ces mots résonnaient en elle, trouvant dans son cœur un écho qui les adressait à Darius. Mais elle ne pouvait pas les prononcer, n'en prendrait pas le risque. Pas alors que Nina avait enfin la chance d'avoir son père dans sa vie.

Ses sentiments à elle passeraient toujours après.

Le visage de Darius exprimait la douleur que ses paroles lui avaient causée, et elle dut serrer les dents pour s'empêcher de tendre les bras vers lui. Il déglutit avec peine.

— Alors pourquoi as-tu dit oui ? demanda-t-il.

Le souffle de Celine se coinça dans sa poitrine. Le moment où elle lui avait cédé lui revint à l'esprit – un souvenir qui lui faisait mal autant qu'il l'apaisait. Parce que durant cette semaine leur vie avait été parfaite ; leurs corps, leurs esprits et leurs cœurs, parfaitement accordés, et que, brièvement, elle avait cru que c'était possible. Qu'elle pourrait retrouver son mari.

Mais ce n'avait été rien d'autre qu'une vaine fantaisie.

— Je ne pensais pas qu'il s'agissait de s'engager, quand tu m'as demandé de dire oui à nous. Nous étions pris tous les deux par la fièvre du moment. Après ce qui était arrivé entre nous à la ferme de Juliana, je me suis dit que nous avions juste besoin de… d'évacuer une fois pour toutes ce désir dérangeant.

Ses propres paroles ne paraissaient à Celine que partiellement vraies. En fait, la vérité était floue. Elle avait eu envie de croire que Darius était sérieux, qu'il parlait de leur avenir ensemble, mais en même temps elle en avait été si terrifiée qu'elle avait immédiatement fait marche arrière – ramenant leur relation à du simple sexe.

— J'étais sérieux…, murmura-t-il, laissant ses paroles s'éteindre dans le silence. Et quand je disais « nous », je voulais parler de tout, de chaque baiser, de chaque caresse, de chaque émotion, de chaque décision. Tout ce que j'ai fait, c'était pour te montrer que je suis là pour de bon.

Elle prit une autre inspiration tremblante et secoua la tête.

— Pour moi, il vaut mieux que nous nous concentrions sur notre relation parentale.

Le regard de Darius se ferma à ces mots. La douleur en disparut, remplacée par une expression impassible qui ne laissait rien deviner de ses pensées. En silence, il passa près de Celine d'un pas raide pour aller prendre une liasse de papiers qu'il avait glissée entre le frigo et le micro-ondes – avec l'intention de s'en occuper plus tard.

Il laissa tomber les documents sur la table, et le cœur de Celine sombra lorsqu'elle se rendit compte que c'étaient les papiers du divorce. Puis Darius prit le stylo accroché à un magnet sur la porte du réfrigérateur. Un bruit de feuilles que l'on tournait emplit le silence, interrompu seulement par le grattement rapide du stylo.

Après ce qui sembla durer une éternité, il se redressa et remit le stylo en place.

Celine fit un pas en arrière lorsqu'il prit le dossier et le lui fourra dans les mains.

— Voilà, Celine. Tu en as officiellement fini avec moi, dit-il, sa souffrance filtrant à travers son attitude glacée. Je me mettrai en contact avec toi pour Nina.

Là-dessus, il franchit la porte et sortit une nouvelle fois de la vie de Celine, laissant derrière lui un trou béant.

11

Darius sentit son cœur se contracter lorsqu'il appuya sur le bouton d'appel, sachant que quelques secondes plus tard il allait voir...

Le visage de Celine apparut sur son téléphone, et une douleur déchirante le transperça à la vue de son amour perdu. Ses lèvres frémirent, comme si elle réprimait un sourire.

Il était rentré à São Paulo pour soigner ses blessures et se remettre – une tâche qui lui demandait beaucoup plus d'efforts qu'il n'avait d'énergie pour le faire. Son seul réconfort était ses échanges quotidiens avec sa fille en visioconférence. Mais ils présentaient l'inconvénient d'avoir d'abord à voir Celine, ce qui rouvrait constamment la plaie.

— Salut, Darius, dit-elle, le ton de sa voix inhabituellement morne.

Il ouvrit la bouche pour dire quelque chose, pour lui demander comment elle allait ou ce qu'elle avait fait ce jour-là – n'importe quoi pour rétablir un peu de normalité dans leur relation. Mais avant qu'il puisse trouver les bons mots, Celine tourna son téléphone, et Nina surgit sur l'écran avec un petit sourire.

— *¡ Hola ! mi princesa hermosa,* dit-il.

Le seul fait de voir son visage dissipait les nuages sombres qui s'amassaient dans sa tête.

— Coucou, papa ! Je suis chez ma *tia*.

Nina tourna le téléphone pour lui montrer l'intérieur de la maison de Maria – y compris Rafael allongé sur le canapé, son bébé dormant sur sa poitrine.

Darius regarda l'heure et demanda :

— Vous êtes là pour dîner ?

— Je vais dormir avec Mirabel parce que maman travaille…

Il dressa l'oreille en l'entendant traîner sur les mots avec une drôle de voix.

— Qu'est-ce qui ne va pas, princesse ? Tu aimes bien dormir chez ta cousine, d'habitude.

— Maman a beaucoup travaillé, ces derniers temps, et elle me manque. Je préférerais être à la maison avec elle.

Nina marqua une pause, puis regarda de nouveau le téléphone, ouvrant tout grands ses yeux bruns.

— Tu me manques aussi, ici.

Des larmes coulèrent sur ses joues, et le cœur de Darius se brisa en mille morceaux comme lorsqu'il avait quitté Santarém pour rentrer à São Paulo. Un sentiment d'impuissance l'envahit tandis que sa fille sanglotait.

— Trésor, ne pleure pas. Je vais venir te voir dans deux semaines, et nous nous amuserons beaucoup, je te le promets.

Nina continua à pleurer et, un instant plus tard, Maria fit irruption dans le cadre pour la prendre dans ses bras.

— Attends une seconde, Darius, dit-elle.

Et sans rien pouvoir faire il la vit abréger le temps qu'il passait avec sa fille.

L'angle de la caméra changea, lui montrant le plafond. Puis un visage familier apparut sur l'écran. Rafael lui sourit avec sympathie.

— *Oi, cunhado,* dit-il, avant d'ajuster le téléphone pour que Darius puisse voir le bébé endormi.

Son choix de mot planta une flèche dans le cœur de Darius.

— Je ne suis plus votre beau-frère, Rafael. J'ai signé les papiers du divorce avant de quitter Santarém.

Rafael rit doucement, comme s'il venait de faire une blague, ce qui l'énerva. N'était-il pas suffisant que sa fille pleure pour lui, et qu'il n'ait pas la possibilité de faire quoi que ce soit ? Maintenant, cet homme s'amusait de ce qui était la pire période de sa vie !

— Si vous voulez réduire un mariage à un bout de papier, je suppose que nous pouvons être d'accord, dit Rafael avec une expression de regret.

— Écoutez... Je ne sais pas ce que Celine vous a dit à tous les deux à propos de ce qui s'est passé, mais franchement je n'ai pas envie de me parler de ça. Tout ce que je veux, c'est parler à Nina, déclara Darius, le visage fermé, en s'intimant de rester calme.

Maria et Rafael n'étaient pour rien dans sa mauvaise humeur, songea-t-il, alors il ne devrait pas la laisser voir autant.

— Votre fille préfère rester avec vous qu'avec nous, observa Rafael. Apparemment, elle s'est habituée à vous avoir dans sa vie.

Le bébé toussa, et son père lui frotta le dos.

L'envie surgit de nulle part, transperçant Darius d'une flèche brûlante qui le laissa coi. Avant d'être venu à Santarém pour parler à Celine – pour lui demander de ne pas divorcer tout de suite –, il n'avait pas su ce qui manquait à sa vie. Mais maintenant qu'il savait à quoi cela ressemblait de vivre avec sa femme et sa fille, c'était comme s'il évoluait dans un monde aux couleurs atténuées. Il voulait être cet homme allongé sur un canapé avec son bébé endormi posé sur lui, et à ses yeux le fait qu'il ne le soit pas n'avait pas de sens. Pas alors qu'il avait fait tout ce qu'il pouvait.

Rafael sembla lire dans ses pensées d'après les expressions qui passaient sur son visage. Il lui décocha un sourire en coin.

— Je vais vous dire, Darius. J'étais dans la même situation que vous il y a un an, fuyant la femme que j'aimais parce que je m'étais persuadé qu'elle serait mieux sans moi.

Darius se redressa en entendant ça, les sourcils froncés. Il n'avait jamais entendu parler de cette partie de leur histoire. Chaque fois que Celine parlait d'eux, on pouvait penser que leur rencontre avait été un coup de foudre, chacun étant exactement ce dont l'autre avait besoin – comme Celine et lui lorsqu'ils s'étaient rencontrés.

Et lui ne fuyait pas. Certes, il était reparti pour São Paulo, mais non sans avoir demandé à Celine de réfléchir. Non sans lui avoir dit ce qu'il éprouvait.

— Je n'ai pas pris la fuite, affirma-t-il, ce qui fit rire Rafael.

— Alors pourquoi n'êtes-vous pas ici, à vous battre pour elle ?

Les yeux de Darius s'arrondirent à cette question, tandis qu'il bataillait pour trouver une réponse. Se battre pour elle ? Mais elle...

— Elle m'a dit de partir. Que pouvais-je faire d'autre ?

— Lui avez-vous proposé de venir avec vous ?

— Je...

La voix de Darius mourut tandis qu'il se remémorait cette soirée fatidique qui remontait à quelques semaines. Il avait été si sûr de ses sentiments, à l'époque, convaincu que Celine en était au même stade que lui. Il avait été dévasté de découvrir qu'il n'en était rien. Beaucoup de choses avaient été dites ce soir-là, blessantes pour la plupart, mais...

— Non, je ne l'ai pas fait. Elle est revenue à la maison après avoir soigné le chien, et quand elle a réalisé que j'avais été seul avec Nina, elle m'a accusé de ne pas respecter sa volonté. Les choses ont dégénéré à partir de là, et alors... je lui ai dit que je l'aimais.

N'avait-il pas été assez clair dans ses intentions ?

Rafael hocha la tête, son sourire remplacé par une expression de profonde sympathie. Quoi qu'il se soit passé entre Maria et lui, songea Darius, cela avait été assez grave pour qu'il comprenne sa douleur. Mais ils avaient réussi à retourner la situation, et menaient maintenant une vie qu'il rêvait de mener.

— Comment avez-vous fait, vous ? demanda-t-il.

— Je me suis battu pour elle. Nos charmantes sœurs Dias ont traversé beaucoup d'épreuves. D'abord Celine a été obligée de revenir à Santarém afin que votre fille puisse avoir une famille. Ensuite, leur frère a pratiquement acculé le refuge à la faillite en partant avec la femme de leur principal donateur, et en abandonnant en outre sa fille à leur garde.

Rafael s'arrêta pour tapoter le dos du bébé qui avait le hoquet.

— Toutes leurs expériences les ont rendues farouchement protectrices, et elles vont... vous tester. Inconsciemment peut-être, mais elles le feront.

Darius garda le silence, fixant l'homme qui apparaissait sur son écran et intégrant ses paroles.

— Offrez-lui le choix de venir avec vous, ajouta Rafael. Elle vous aime aussi. Quiconque a des yeux peut le voir. Mais elle n'est pas du genre à aller vers l'inconnu. Elle aime avoir un plan.

Darius eut un rire amer en réaction à cette remarque – et à la vérité qui le frappait en plein visage. Celine avait *toujours* voulu planifier les choses. Il avait pu si souvent le constater durant leur cursus universitaire. Et bien qu'il lui ait dit qu'il l'aimait, il ne lui avait pas offert de perspective d'avenir.

— Laissez-moi vous poser la question qu'un de mes amis m'a posée l'an dernier alors que j'étais sur le point de renoncer à Maria. Que se passerait-il maintenant si vous viviez ensemble comme si vous étiez vraiment mariés ? Qu'est-ce que cela donnerait ?

Darius ignorait vraiment une grande partie de l'histoire d'amour entre Maria et Rafael. Une part de lui avait envie d'en savoir plus, mais ce n'était pas le moment. Il parcourut du regard la pièce où il se trouvait, imaginant à quoi son appartement ressemblerait si Celine et Nina y vivaient avec lui.

Sa chambre d'amis deviendrait celle de Nina, et Celine dormirait chaque nuit dans son lit – pour se réveiller près de lui chaque matin. Il y aurait une place pour Alexandre dans le salon, là où le soleil du matin le réchaufferait. De son côté, il irait travailler, tandis que Celine… Elle aurait la liberté de continuer son métier de vétérinaire, qui la passionnait, sans avoir besoin de s'inquiéter que sa sœur ait besoin d'elle.

Ne souhaitait-elle pas échapper à cette situation, de toute manière ? C'était ce qu'elle avait dit chaque fois qu'ils en avaient parlé.

— Je dois y aller, marmonna Darius tandis que toutes les pièces se mettaient en place dans son esprit.

Celine lui avait dit non parce qu'elle ne disposait pas de toutes les informations – elle ignorait quel choix elle pouvait faire. Et elle ne choisirait jamais l'inconnu, alors qu'elle croyait que ses responsabilités la liaient à Santarém. Mais c'était parce que les deux sœurs étaient très habituées à compter l'une sur l'autre. Elles ne pouvaient imaginer que l'autre ne veuille pas de cette situation.

Rafael lui décocha un grand sourire.

— Ah ! je connais bien cette expression. À bientôt, Darius.

Il lui fit un signe de la main, et la communication coupa.

Darius se leva précipitamment, ses yeux allant sur le sac qu'il n'avait pas défait depuis son retour à São Paulo – comme s'il avait su qu'il en aurait besoin sous peu.

Le soleil venait à peine de se lever lorsque Celine arriva chez Maria. Un coup d'œil par la fenêtre lui indiqua que la famille dormait encore, alors elle entra avec son double de clé. Elle ôta ses chaussures et remonta le couloir pour aller dans la cuisine à l'américaine, qui était heureusement déserte.

Depuis que Darius était parti après leur dispute, elle s'était plongée dans son travail pour empêcher son esprit de divaguer. Plus elle passait de temps à aller et venir, moins elle avait le loisir de repenser à ce qu'il lui avait dit – et à ce qu'*elle* lui avait dit. Elle n'oublierait jamais la douleur qu'elle avait vue dans ses yeux.

Actuellement, les choses étaient difficiles avec Nina, aussi. Bien que Darius n'ait fait partie de sa vie que depuis deux mois, elle s'était tellement habituée à avoir son père avec elle que l'absence prolongée de ce dernier la perturbait. Avec la moitié du pays qui les séparait, Darius ne pouvait lui rendre visite qu'un week-end sur deux et pendant les vacances scolaires. Sa carrière étant la raison pour laquelle il était revenu au Brésil, pour commencer, Celine ne pensait pas qu'il y renoncerait pour venir vivre à la campagne – où les postes de médecins du sport étaient plutôt rares.

Et elle ne pouvait pas partir non plus. Même si le refuge ne lui tenait pas particulièrement à cœur, elle avait vu tout ce que Maria y avait investi – sans ménager sa peine pour l'aider, elle, quand Nina était bébé. Il était impensable qu'elle quitte sa sœur qui avait tant fait pour elle.

Celine secoua la tête, faisant de son mieux pour chasser ces pensées. Elle se tourna vers le comptoir de la cuisine, prit du café et un mug dans le placard et brancha la cafetière. Elle devait attendre que les enfants se réveillent.

— Ça t'ennuierait de m'en faire un aussi ?

Celine faillit lâcher la tasse qu'elle tenait lorsque la voix de Maria sortit de nulle part.

Elle pivota vivement, promenant les yeux dans la pièce, et vit soudain la main de sa sœur apparaître au-dessus du dossier du canapé. En riant doucement, elle s'approcha. Maria était allongée sur les coussins, sa petite fille posée sur sa poitrine. Sam avait les yeux grands ouverts et tétait son petit poing. Les mains de sa mère étaient posées sur son dos. Des cernes sombres soulignaient les yeux de Maria, qui battait lentement des cils pour chasser sa fatigue.

— La nuit a été difficile ? demanda Celine en contournant le canapé pour venir s'asseoir à l'autre bout.

— Samara fait ses dents, ce qui fait qu'elle ne dort qu'une demi-heure de temps à autre.

Maria soupira en regardant son bébé. Celine hocha la tête.

— La période où les bébés font leurs dents n'est pas drôle. Des jouets à mâcher, glacés, m'ont beaucoup aidée avec Nina. Apparemment, ça fait du bien aux gencives.

— Comment s'est passé ton travail ? demanda Maria.

Elle ferma les yeux, mais à sa respiration Celine pouvait dire qu'elle l'écoutait.

— Bien. Je fais des rondes pour vacciner tout le bétail né récemment, et je m'occupe de petites interventions chirurgicales que j'ai repoussées pendant un moment. Un des chevaux de Juliana ne cesse d'avoir un abcès à un sabot, et je n'arrive pas à savoir pourquoi.

Le travail avait été une bénédiction pour elle, au cours des semaines précédentes. Il lui avait permis de sortir de la maison et de se vider la tête.

Elle avait pris en charge beaucoup plus de visites qu'à l'habitude, son besoin d'échapper à ses pensées la poussant à passer de longues heures sur la route pour des consultations dans différentes fermes.

Maria s'était rendu compte de ses absences, car elle dit :

— Je ne t'ai pas vue à la clinique depuis un bon bout de temps.

La culpabilité envahit Celine. Elle avait espéré que son activité accrue ne serait pas remarquée, étant donné qu'elle donnerait lieu à un tas de questions auxquelles elle n'avait pas vraiment envie de répondre. Mais si elle devait la vérité à quelqu'un, c'était bien à sa sœur, qui s'était occupée de Nina lorsqu'elle travaillait la nuit.

— Je suis désolée, dit-elle. J'essayerai d'être plus présente. Je sais que j'ai abusé de votre gentillesse en vous laissant Nina pendant que je...

Elle n'acheva pas sa phrase, et Maria rouvrit les yeux.

— Tu n'as pas à t'excuser, Raf et moi comprenons.

Même si son regard était empli de chaleur, ces mots tombèrent sur l'estomac de Celine comme du plomb.

— Tu m'as beaucoup aidée ces dernières années pour garder notre... non, *mon* rêve en vie. Mais maintenant que tu te sers de ton travail comme excuse, il est de mon devoir de sœur de te laisser partir.

— Me laisser partir ?

La boule qui s'était formée dans la gorge de Celine rendit sa voix rauque. La fatigue d'avoir travaillé toute la nuit s'immisça jusque dans ses os, et elle lutta pour chasser cette lourdeur. Ce moment était-il bien choisi pour avoir ce genre de conversation ?

Maria semblait le penser, car elle continua.

— Je sais que tu te sens redevable envers moi et que tu penses avoir une obligation envers cette famille – envers ce que nos parents ont bâti. Mais... tu as donné suffisamment, maintenant. Tu n'as pas à renoncer à lui.

Les paroles de sa sœur transformèrent la lassitude de Celine en glace.

— À Darius ? Je ne veux pas parler de lui.

Leur dispute était la raison pour laquelle elle se sentait si vide

– et se plongeait ainsi dans le travail. N'importe quoi était bon pour se donner un répit le concernant, et pour oublier ce dont elle s'était privée.

— Tu as choisi de m'impliquer dans cette histoire en te servant de moi comme excuse, reprit Maria. Nina a encore pleuré pendant qu'elle téléphonait à Darius. Et ne prétends pas que tu n'as pas pleuré aussi. Pourquoi es-tu si déterminée à vous pourrir la vie ? Parce qu'il a commis une erreur il y a six ans ?

Celine s'adossa au canapé tandis que sa sœur l'incendiait. La férocité de ses paroles était inattendue, comme la douleur cinglante qu'elle faisait naître dans sa poitrine. En dépit de son jeune âge, Nina sentait que quelque chose n'allait pas entre ses parents. Et Celine savait par sa sœur que Darius lui manquait. Mais cela n'aurait pas été différent si elle avait répondu qu'elle l'aimait aussi.

— Il ne s'agit pas d'une simple erreur, Maria. Que ressentirais-tu si Rafael s'était enfui après t'avoir épousée, et non avant ? demanda-t-elle, avant de jurer à mi-voix quand un grand sourire se peignit sur le visage de sa sœur.

— Ah ! ainsi tu te souviens qu'il est parti après m'avoir entendue dire que je l'aimais. Te souviens-tu aussi de tous les sermons que tu m'as faits sur la vraie nature de mes sentiments pour lui ?

Celine s'en souvenait. Lorsque Maria et Rafael avaient traversé leur crise, c'était elle qui avait poussé sa sœur vers cet homme, croyant à l'histoire d'amour qu'elle avait vu se dérouler sous ses yeux. Maria n'avait jamais été plus heureuse que dans les moments qu'elle passait avec Rafael.

Mais Darius ne reviendrait pas.

— Il a signé les papiers du divorce.

— Mais tu ne les as pas envoyés à l'avocat.

Une autre vérité qui tomba au fond de l'estomac de Celine, y mijotant avec tout le reste et formant un tableau auquel elle ne voulait pas être confrontée. Un tableau qu'elle ne pouvait pas regarder, parce qu'il révélait l'erreur qu'elle avait commise ce soir-là, quand Darius lui avait dit qu'il l'aimait.

Elle aurait dû lui dire qu'elle l'aimait aussi. Son cœur, son âme et chaque centimètre de son corps lui appartenaient – lui avaient appartenu depuis qu'ils s'étaient rencontrés.

— Je ne peux pas lui demander de revenir. Et comment cela pourrait-il marcher entre nous, alors qu'il habite si loin ? Il ne voudra pas renoncer à son travail, et je...

Ses yeux s'arrondirent sous l'effet de la surprise tandis qu'elle réalisait ce que Maria lui avait dit, et pourquoi. On n'avait plus besoin d'elle ni au refuge ni à la clinique.

Sa sœur déglutit avec peine, le premier signe de nervosité que Celine lui voyait depuis le début de cette conversation.

— Rentre chez toi et dors, Celine. La nuit porte conseil. Je garderai Nina pour la journée. Essaye de définir ce que tu veux – et va le rejoindre.

C'était une possibilité que Celine n'avait jamais prise en considération. Elle ne s'était jamais *autorisée* à le faire. Parce que si elle avait songé à quitter Santarém, Darius aurait vu clair dans son cœur. Mais la peur et le rejet qu'il lui avait opposés par le passé avaient embrumé son esprit, la figeant et la rendant incapable d'accepter le fait qu'il avait changé – et qu'elle devait se montrer assez courageuse pour lui faire de nouveau confiance.

Elle relâcha longuement son souffle et se leva. Ses pensées étaient encore en désordre, mais un plan s'était formé dans sa tête. Maria avait raison. Rafael et elle avaient traversé une crise, qui n'avait fait que renforcer leur relation. Elle pouvait avoir ça, elle aussi. Il fallait seulement qu'elle en trouve le courage.

Le temps que Celine arrête sa voiture devant sa maison, elle était prête à réserver un vol pour São Paulo afin d'aller parler à Darius. La semaine qu'ils y avaient passée ensemble ne cessait de lui revenir à l'esprit, ces souvenirs étant parmi les plus heureux qu'elle avait. Et s'il était temps pour elle de partir ? Si la crainte que lui causait cette pensée avait été l'un des facteurs qui l'avaient amenée à repousser Darius ?

S'il était bel et bien son morceau manquant, la seule personne qui pouvait la compléter ? Pas le Darius qu'elle avait épousé, mais cette nouvelle version de lui – celle qui avait dû batailler avant de retrouver son chemin vers elle. Si c'était juste leur timing qui n'avait pas été bon ?

Elle sauta hors de sa voiture, allongeant le pas tandis qu'un sentiment d'urgence bouillonnait en elle, lorsqu'une voiture qu'elle ne connaissait pas attira son attention. Un homme se tenait à côté, le visage dans l'ombre, car il faisait à peine jour. Celine s'arrêta, puis se tourna pour le regarder en ouvrant de grands yeux. Elle n'aurait su dire si c'était l'instinct ou le destin qui le lui souffla, mais quand elle réalisa que c'était Darius, elle se mit à courir.

Son mari l'attrapa lorsqu'elle se jeta contre lui. Il enfouit le visage au creux de son cou, chuchotant son prénom contre sa peau. Les mains de Celine parcouraient son dos tandis qu'elle s'accrochait à lui.

— Cee..., commença-t-il.

Mais elle le fit taire en posant les lèvres sur les siennes, lui donnant un baiser qui lui fit trembler les genoux.

— Pardonne-moi, dit-elle quand leurs bouches se séparèrent.

Ses yeux ambrés étaient encore arrondis par la surprise.

— J'ai pris peur et je t'ai attaqué.

— Celine...

La gentillesse qui s'entendait dans sa voix ainsi que la chaleur qui rayonnait dans son regard arrachèrent un sanglot à Celine ; elle ne voyait que le pardon en lui.

— Je comprends, murmura-t-il contre sa joue, ses lèvres qui effleuraient sa peau la faisant frissonner. Je me suis fâché et je suis parti une nouvelle fois. C'est *moi* qui dois te demander pardon.

Elle secoua la tête et l'enlaça pour l'attirer à elle.

— La semaine que j'ai passée avec toi à São Paulo a été la plus heureuse de ma vie, mais j'étais trop effrayée pour le reconnaître, trop ligotée par tout ce qui m'attachait ici pour y voir clair.

— Mais maintenant tu y vois clair ? demanda-t-il.

Et lorsqu'elle hocha la tête contre lui, il l'écarta de lui pour la regarder dans les yeux.

Puis, il prit son visage entre ses mains, caressant ses joues des pouces.

— Alors dis oui – à *tout* cette fois. Dis oui à nous, à notre mariage, à notre famille... à notre vie ensemble à São Paulo.

Sa voix était grave et chaude, et Celine ferma les paupières en imaginant ce que serait leur vie si elle disait oui. Il était là, son morceau manquant, et elle ne le laisserait plus jamais repartir.

— Oui, répondit-elle.

Épilogue

Celine inspira l'air humide qui l'entourait. L'odeur du fleuve Amazone, mêlée à celle de la forêt vierge, lui monta au nez et l'emplit d'une étrange émotion. Cela faisait un an qu'elle avait quitté Santarém. La petite ville ne lui avait pas manqué, mais être de retour lui faisait éprouver une nostalgie qui lui serrait le cœur.

En un an, sa vie avait évolué d'une façon qu'elle n'aurait pas pu imaginer. Si quelqu'un lui avait dit qu'elle se réconcilierait avec le mari dont elle était séparée après lui avoir enfin envoyé les papiers du divorce, elle lui aurait ri au nez. Mais il était là, debout près d'elle, un bras passé autour de sa taille.

— Mirabel ! s'écria Nina en apercevant sa cousine.

Elle leva les yeux vers son père, qui hocha la tête, et courut rejoindre Mirabel.

Derrière celle-ci, ils reconnurent Rafael qui leur adressa un signe de la main tandis qu'ils se frayaient un chemin à travers la foule.

— Le défilé de chiens est chaque année plus important, dit Celine lorsqu'ils furent assez proches pour s'entendre, avant d'étreindre son beau-frère.

— Je sais. Maria dit qu'elle est simplement excitée, mais le stress qui règne à la maison raconte une autre histoire, répondit Rafael, les yeux pétillants.

Il regarda Celine de haut en bas.

— Tu as l'air en forme, Celine.

Elle sourit, son air sincèrement content lui réchauffant le cœur.

— Toi aussi. Tu m'as manqué.

— Tu nous manques beaucoup, ici. Laisse-moi aller chercher Maria. Elle voudra vous dire bonjour avant le début du concours.

Rafael adressa un signe de tête à Darius, puis se dirigea vers la table du jury où Maria préparait les feuilles de scores.

Celine frémit quand le souffle de son mari, qui se penchait vers elle, lui caressa la joue.

— Il n'en a aucune idée, n'est-ce pas ? demanda-t-il.

Elle rit.

— Aucune. Mais Maria s'en apercevra dès qu'elle posera les yeux sur moi.

Elle se sentait nerveuse.

Après être partie rejoindre Darius à São Paulo, Celine avait passé les premières semaines à la maison, le temps que Nina et elle s'installent dans leur nouvelle vie. Puis elle avait pris contact avec ses anciens amis de l'institut vétérinaire de Manaus, et des recruteurs avaient commencé à l'appeler, lui proposant des postes dans divers cabinets ou du personnel pour fonder sa propre affaire. Rien de tout cela ne lui avait convenu, jusqu'à ce que l'annonce qu'elle avait fini par accepter arrive dans sa boîte mail. Un membre de l'école vétérinaire de São Paulo avait entendu dire qu'elle s'était installée en ville et lui offrait un poste d'enseignante. Avec Darius qui travaillait toujours à plein temps comme médecin chef de l'Atlético Morumbi, la flexibilité de ce poste lui avait paru trop bonne pour le laisser passer.

En outre, le titre de « Professeur Dias-Delgado » sonnait bien, même si personne en dehors de Darius ne se donnait la peine de l'énoncer entièrement.

Depuis, ils avaient eu un autre grand changement dans leur vie – un changement auquel ni l'un ni l'autre ne s'était attendu.

— Oh ! mon Dieu ! s'exclama Maria.

Elle serra fort sa sœur dans ses bras, chassant son souffle de ses poumons. Près d'elle, Celine entendit Darius rire doucement. Il lâcha sa main pour leur permettre de s'étreindre.

Maria posa les mains sur les épaules de Celine et l'écarta d'elle pour la regarder, puis elle tourna la tête vers Rafael, les paupières plissées.

— Tu aurais pu me dire qu'elle était enceinte !

Rafael ouvrit de grands yeux, avant de les poser sur le ventre de sa belle-sœur qui montrait une légère rondeur.

— Je ne..., commença-t-il.

Mais Maria s'était déjà détournée pour étreindre de nouveau sa sœur.

— Pourquoi ne me l'as-tu pas dit ? demanda-t-elle.

La joie que Celine lut dans ses yeux était exactement la réaction qu'elle avait souhaité voir.

— Je voulais te faire la surprise, répondit-elle.

Elle tendit la main pour attirer Darius à elle, et il posa la sienne sur son ventre.

— Nous avons eu un autre... accident.

Darius caressa son ventre du pouce et sourit en plongeant les yeux dans les siens.

— Et cette fois, nous allons l'assumer ensemble.